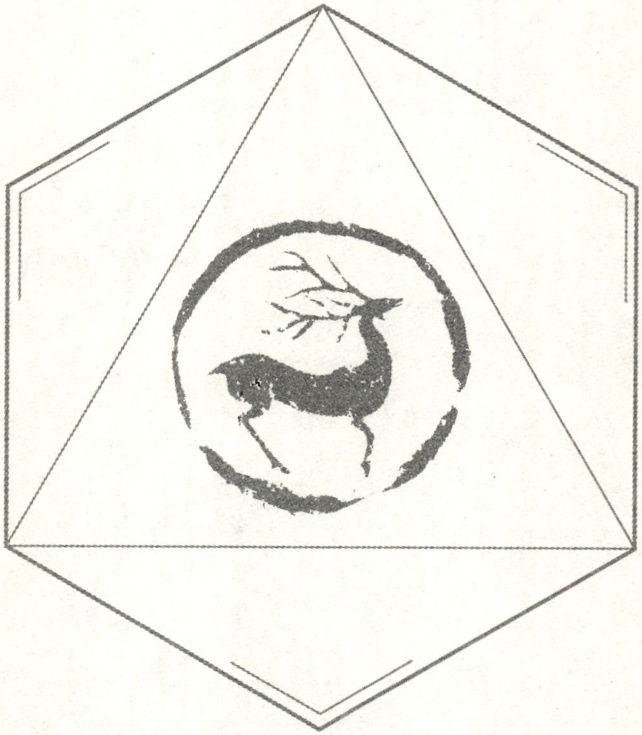

“十二五”国家重点图书出版规划项目

黑龙江省社会科学学术著作出版资助项目

HEILONGJIANGSHENG SHEHUI KEXUE XUESHU ZHUZUO CHUBAN ZIZHU XIANGMU

# 美国生态散文汉译语料库研究：以缪尔和巴勒斯生态作品为例

MEIGUO SHENGTAI SANWEN HANYI YULIAOKU YANJIU: YI MIUER HE BALESI SHENGTAI ZUOPIN WEILI

王雪玲◎著

哈爾濱工業大學出版社

## 内容简介

本书运用 Halliday 系统功能语言学的语言元功能理论，对约翰·缪尔和约翰·巴勒斯的4部生态文学文本进行定量分析，将语言元功能理论与翻译过程中语言转换的具体语料有机结合起来，研究翻译转换规律，并进一步研究译者所采取的翻译策略和方法，探讨中英两种语言词汇和句式之间的对应关系。通过研究和分析，希望引起译者对翻译理论的重视，进一步提高译者的水平和译文的质量。

本书可作为高校英语翻译等专业师生参考书，也可供翻译研究爱好者及计算机语言等工作者参考使用。

**图书在版编目（CIP）数据**

美国生态散文汉译语料库研究：以缪尔和巴勒斯生态作品为例 / 王雪玲著.—哈尔滨:哈尔滨工业大学出版社, 2015.11

ISBN 978-7-5603-5702-7

Ⅰ.①美… Ⅱ.①王… Ⅲ.①文学翻译 – 研究 Ⅳ.①I046

中国版本图书馆 CIP 数据核字（2015）第 266986 号

**责任编辑** 田新华
**封面设计** 王凯宏
**出版发行** 哈尔滨工业大学出版社
**社　　址** 哈尔滨市南岗区复华四道街 10 号　邮编 150006
**传　　真** 0451-86414749
**网　　址** http://hitpress.hit.edu.cn
**印　　刷** 哈尔滨市工大节能印刷厂
**开　　本** 787mm × 960mm　1/16　印张 13.25　字数 298 千字
**版　　次** 2015 年 11 月第 1 版　2015 年 11 月第 1 次印刷
**书　　号** ISBN 978-7-5603-5702-7
**定　　价** 48.00 元

---

# 前 言

作为一种比较成熟的语言学理论,以 Halliday 为代表的系统功能语言学理论已被广泛应用于翻译研究领域。Halliday 认为,人类语言包括概念、人际以及语篇三大元功能,而翻译过程中分析语言元功能有助于译者在充分了解原文的基础上,根据实际需要选择符合译入语习惯的语言来体现原文的三大元功能,并最大限度地实现原文与译文之间的元功能对等。国内外一些学者已尝试运用三大元功能理论来分析文学文本的翻译对等情况。此外,许多学者也开始利用语料库方法来研究和分析文学文本,尤其是近年来随着翻译理论的日趋成熟,相应研究成果也日益丰富,也有学者开始以系统功能语言学理论为基础,采用语料库研究方法分析文学文本翻译,但是针对生态文学文本的语料库翻译研究还不多见。生态文学作为一种警示性的文学类别,旨在揭示人类面临的生态危机、关注人与自然的平等关系、倡导人与自然的和谐发展、唤起大众的生态意识。国内外生态文学作品的交流为学者们开辟了新的研究视角,大量西方尤其是美国生态文学作品的引进和翻译,也引起了国内读者对生态文学的阅读兴趣和研究热情。

本书以 19 世纪美国生态文学作家约翰·缪尔和约翰·巴勒斯的 4 部作品及其汉译本为语料,通过语料库检索软件 AntConc 3.4.1w 和 WordSmith Tools 6.0 对语料库中词汇、短语、小句、句子、语篇等语言层面进行分析,探讨缪尔和巴勒斯生态散文的主要语言特征,同时借助英汉平行语料库检索软件 CUC ParaConc 0.3,以 Halliday 的系统功能语言学理论为基础,采用定量分析法探讨语料库中英汉语语言运用方面的差异,旨在为该类生态文学翻译提供一种科学的方法、提高译文的质量和译者的水平,进一步实现译者与作者以及文本之间的平等交流和对话,以期加快生态文学作品汉译速度,实现同类文学作品的规模性翻译,进而提高人们的生态意识,引起人们对生态主题和生态环境的关注。

本书期待为翻译专业研究生和翻译研究爱好者提供一些借鉴和参考。

书中内容主要来源于作者博士学位论文以及黑龙江省哲学社会科学规划

项目部分成果(项目批准号:15YYD05)。同时,也是2015年度黑龙江经济社会发展重点研究课题(外语学科专项:WY2015127-C):基于语料库的十九世纪美国生态文学汉译研究”主要成果;2014年度黑龙江省艺术科学规划项目“翻译中的文化移植观象及其翻译策略”(编号2014D022)阶段成果。该书的出版得到了黑龙江省社会科学学术著作出版资助项目(项目编号:201502-A)的全力支持。本书在撰写中参考了海内外作者的文献,在此一并表示谢意!本书的出版得到了哈尔滨工业大学出版社的鼎力帮助,尤其对田新华老师的悉心指导表示衷心感谢。

由于受客观条件和作者水平的限制,书中疏漏和不足在所难免,敬请广大同仁及专家学者批评指正。

王雪玲

2015年10月

# 目录

# 第一章 绪 论

## 第一节 研究背景

人们在享受着现代化的物质生活的同时，也在不断地破坏着人类赖以生存的生态环境，因此，今天，唤醒人们的自然生态意识也具有深远的时代意义。自然主义作家的研究视野始终关注一向被忽视的生态环境，希望能够借助文学的力量来唤起人们的自然生态意识，引起人们对生态环境问题的重视。

自然文学也称“自然写作”(nature writing)或“环境文学”(environmental literature)，虽然名称不同，但在内容方面却大同小异，现在一般统称为生态文学(eco-literature)。“生态文学的发端是一种以探索自然和个人的思想行为为主的自然散记，现今已经发展成为了主张人类与自然共生共存的生态文学。”[1]而自然文学能够在美国文学中占有一席之地，首先是因为它是一种与自然融为一体的文学形式，同时也是一种认识自然的方式，它为美国人提供了一种重新认识自己、进而认识自然的思想资源，这种文学形式也切合了美国精神。“从美国生态文学的发展趋势中，人们看到了自己的生态意识在不断地深化和发展。”[2]

作为一个文学流派，生态文学之所以能够引起人们的普遍重视，不仅仅在于它在形式上的新颖和独特，更在于它所包含的深刻思想以及对当下人类困境的揭示与认识。“生态文学属于非小说类散文文学，主要以散文、日记等写实的方式来描述作者从钢筋混凝土筑成的文明世界走向冰川荒野的自然环境时那种身与心的双重历险与朝圣”[3]，最典型的表达方式是以第一人称角度，将自我与自然合二为一。

从20世纪80年代开始，美国的很多大学都相继开设了“自然文学”这门课程，作为文学流派的一个分支，自然文学逐渐开始被承认和接受。这个新领域里汇集了18世纪以来众多对自然环境情有独钟的作家和作品，其中许多作品都是今天的生态文学读者们非常熟悉的，比如梭罗(Henry David Thoreau，1817—1862)的《瓦尔登湖》(*Walden*)、缪尔(John Muir，1838—1914)的《夏日走过山间》(*My First Summer in the Sierra*)、利奥波德(Aldo Leopold，1887—1948)的《沙乡年鉴》(*A Sand County Almanac*),等等。相比之下,国内高校英语专业开设的美国文学史及选读课程中涉及的生态作家仅有华盛顿·欧文(Washington Irving,1783—1859)、詹姆斯·费尼莫尔·库柏(James Fenimore Cooper,1789—1851)、拉尔夫·沃尔多·爱默生(Ralph Waldo Emerson,1803—1882)、梭罗、杰克·伦敦(Jack London,1876—1916)等人,但是入选该课程的原因在于他们在整个美国文学史上的综合地位,而不是因为其在生态文学方面的贡献和造诣。19世纪末20世纪初的生态作家缪尔和巴勒斯及其作品并没有纳入到国内美国文学课程当中,但是他们在美国生态文学领域仍具有很大的影响。

近几年来,随着生态环境的日益恶化和众多生态问题进入到大众视野,研究者们也开始关注美国生态文学和生态批评方面的研究,学术刊物上也陆续出现相关的研究论文,介绍和论述欧美一些生态作家的生态理念,有些出版社也开始积极组织翻译一系列的"绿色丛书"。例如吉林人民出版社的"绿色经典文库"、安徽人民出版社的"绿色经典生态文学丛书"、三联书店的"美国自然文学经典译丛"、百花文艺出版社的"美国生态文学经典译丛"、鹭江出版社的"经典游记译丛",等等。这些丛书的翻译以及其他原版生态文学作品的引进都为国内学者和读者了解欧美生态文学的发展概况及生态思想起到了积极的促进作用,加深了读者对全球一体化的生态观念的认识。

在全球化的今天,研究生态文学作品、解读其中的生态意蕴或人与自然的关系,鼓励读者在身体上亲近自然环境,唤起和增强读者对人类生存环境的认识,具有更重大的现实意义[4]。上述译丛的引进有效地提高了人们对生态问题的重视和对生态文学作品思想性的认识。但是,编选者自身的生态文学理念和生态思想积累程度,决定着生态译丛的选材取向以及作品的翻译质量。

无论是以语料库方法分析文本,还是利用系统功能语言学理论研究文本,国内外学者都曾进行过有益的探索,尤其是随着翻译理论的日趋成熟,相应的研究成果也颇为丰富。但是,国内针对生态文学文本的类似研究还不够充分。本书以Halliday的系统功能语言学理论为基础,采用语料库语言学的方法,分析19世纪美国生态作家约翰·缪尔和约翰·巴勒斯4部具有代表性的生态散文的语言特征以及译文语言特征。

国外很多学者已经开始尝试运用Halliday的系统功能语言学方法成功地解决了翻译中的一些具体问题,如Catford(1965)、Hatim和Mason(1990)、Bell(1991)、Baker(1992)和Munday(1997),等等。以胡壮麟等(1989,2008)和黄国文

（2001,2002,2003,2006,2014）为代表的许多国内学者也对系统功能语言学理论在翻译实践中的应用做了比较深入的分析和研究，研究范围已经涵盖系统功能语言学的大部分领域。这些研究有效地推动了我国翻译理论与实践的发展，尤其是语料库语言学的出现，为翻译研究提供了新的研究工具和研究视角，它进一步拓展了翻译研究的范围，语料库翻译研究反过来也促进了语料库语言学研究的进一步发展。

## 第二节 研究内容

本书主要包括七个部分：第一章为绪论部分，简要介绍研究背景、研究内容、研究方法与目标。第二章为文献综述部分，包括系统功能语言学与翻译研究、语料库翻译研究两部分内容，分别从国外、国内两个方面进行论述。第三章介绍约翰·缪尔和约翰·巴勒斯生态散文的语言特征及其汉译研究概况，主要包括美国生态文学及汉译概况以及缪尔和巴勒斯生态散文的语言特征两部分内容。借助语料库检索软件进行统计分析，从而了解缪尔和巴勒斯生态散文的大致语言特征。第四章利用系统功能语言学的元功能理论对缪尔和巴勒斯的生态作品进行总体研究设计，包括理论基础、研究问题、研究方法、研究样本选择与分析 4 个方面。第五章借助语料库对比分析缪尔和巴勒斯生态散文原文与译文的概念功能，从及物性和环境成分两个层面对选取的语料进行英汉对比分析。具体操作上分别以原文语料库中表示物质、关系、心理以及存在过程的高频词汇为例进行分析，环境成分的对比分析包括时间、空间以及方式环境成分。第六章以语料库方法对比分析缪尔和巴勒斯生态散文原文与译文在语篇功能上的体现情况，包括英汉主位结构和衔接手段的对比分析，其中主位结构部分以原文中复项主位和句项主位两类为例进行分析，衔接手段部分则主要分析原文语料库中的部分连接词与照应手段及其汉译对应情况，连接词方面主要分析并列连词和从属连词，照应则主要分析人称指称和指示指称两个方面。第七章为结语部分，对全书有关内容进行概括和总结。

## 第三节 研究方法

本书以 19 世纪美国生态文学作家缪尔的作品《加州的群山》(*The Mountains of California*)、《阿拉斯加之旅》(*Travels in Alaska*) 和巴勒斯的作品《延龄草》(另译《醒来的森林》*Wake-robin*)、《自然之道》(*Ways of Nature*)4 个文本为语料建成单语语料库。通过语料库检索软件 AntConc 3.4.1w 和 WordSmith Tools 6.0 对语料库中的高频词、词长、词汇密度、关键词、特色词、词簇以及句子层面进行检索和分析，探讨缪尔和巴勒斯生态散文的主要语言特征。再以缪尔和巴勒斯两位生态作家的 4 部原文及其汉译本为语料，通过语料选择、预处理、语料标注与赋码、语料对齐与检索、数据统计与分析等过程，建立小型缪尔和巴勒斯生态散文英汉平行语料库，并借助已有和改写的语料库建设软件以及人工调整，做到英汉平行语料库的句子层面对齐，再以系统功能语言学理论为研究视角，借助平行语料库检索软件 CUC ParaConc 0.3 进行检索，采用定量方式对比分析翻译中英汉语言的概念和语篇两大元功能的对等情况。

## 第四节　研究目标

首先，利用自建的小型缪尔和巴勒斯生态散文原文语料库，考察其生态散文的语言特点，通过对原文语料中的词汇密度和平均句长等方面进行定量分析，来确定缪尔和巴勒斯生态散文的基本语言特征。其次，借助自建的小型缪尔和巴勒斯生态散文英汉平行语料库，分析英汉文本中概念和语篇功能的对等情况，即翻译中不同过程类型、环境成分、主位结构及衔接手段等方面的对等情况。如体现概念意义的环境成分短语（主要为介词短语）中英文对应情况，体现语篇意义的主位结构、衔接关系对应情况。

运用语料库能够将翻译过程中语言转换的语料实例科学地结合起来，比较英汉两种语言之间的异同，研究翻译转换规律，并进一步研究译者所采取的翻译策略和方法，探讨中英两种语言在词汇和句式之间的对应关系。建成的语料库具有一定的数据统计功能，能够统计出文本的类符数、形符数、类/形符比、词频、平均句长、词汇密度、不同词性词汇使用频率等信息，能够对文本的语言特征进行定量和定性分析，从而分析不同译者翻译的语言特点。

通过英汉平行语料库，对缪尔和巴勒斯生态散文文本进行分析，可以在很大程度上解决翻译过程中出现的一些问题。例如过程类型、环境成分、主位结构及衔接手段等对应问题。借助语料库检索软件对缪尔和巴勒斯的 4 个生态文本及其译文进行分析，了解译者在翻译过程中在 Halliday 语言概念和语篇功能的对等情况。例如，汉语的语篇意义不像英语那样主要依靠衔接词或虚词实现，所以汉语衔接成分的使用率远远小于英文，但是译文语料库中的衔接成分使用的频率却比较高，译者可能是受到原文衔接手段的影响；汉语主位成分虽不像英语那样自由，但也基本没有语言成分的限制，在这一点上两种语言的差异并不显著。

通过现有语料库软件和翻译理论分析生态文学作品原文和译文，从中总结译者翻译的基本特点和规律，结合系统功能语言学语言元功能理论（因所选文本涉及的人际功能不多，主要研究其概念和语篇两大功能），希望能够为今后的生态文学作品汉译提供一种比较科学的方法，从而加快同类作品的汉译速度、实现规模性翻译，同时也希望能够进一步提高译本质量。

# 第二章 文献综述

本章首先介绍国内外基于系统功能语言学的翻译研究历史及现状，然后概述国内外语料库翻译研究以及语料库手段的文学翻译研究情况。

## 第一节 系统功能语言学与翻译研究

Halliday 的系统功能语言学理论对翻译本质、标准以及翻译过程等一系列问题都具有一定的指导意义[5]56。翻译研究的系统功能语言学定位奠定了语言和语篇翻译的根本属性，在翻译理论与实践的研究过程中，Halliday 注重翻译研究的语言学基础，从而建立了翻译与语言学的连接，注重翻译过程中意义的创造和对意义潜势的阐释，注重翻译对等的系统性、语境性、或然性以及多维性，注重解决涉及翻译的各种实际问题，为当代翻译学研究中语言与文化的有机融合提供了一定的理论依据，具有一定的参考价值[6]22。

### 一、国外研究概况

#### （一）Halliday 系统功能语言学理论对翻译研究的影响

Halliday 的翻译研究源于其 20 世纪 50 年代对机器翻译研究方面的兴趣与尝试。在 1956 年 10 月召开的机器翻译大会上，他做了题为"The linguistic basis of a mechanical thesaurus"的报告，并发表于 MIT 的 *Mechanical Translation* 杂志上[7]17-18。在该研究中，Halliday 引入了语言学中的系统（system）、语境（context）、或然率（probability）和范畴（category）等概念，将理论研究与应用研究合理地结合了起来。Halliday 认为，同义词库是系统和语境（上下文）的结合体；而且，因为受语境限制因素的影响，同义词库中的每一个条目所包含的对等词汇系列具有不同的或然率，因此构成一个具有不同或然率的对等词汇封闭系统——翻译对等语系统，并且进一步建立一个类似语法聚合体的词汇类比——同义词库系列；并以英语、汉语、法语和俄语为例，阐释了影响对等翻译的目的语限制性语境特征。这既体现了他对 Firth 语言学思想的继承和发展，同时也表明他的翻译研究从一开始就带有深刻的语言学烙印。1962年，在“Linguistics and machine translation”一文中，Halliday进一步探讨了语言学理论对机器翻译的促进作用，在对翻译研究的描写性对比语言学定位问题展开讨论的同时，还研究了词汇语法层次（lexicogrammar）下的翻译对等问题，并且探讨了翻译过程中的语言学模式[8]18。1985年，他在《功能语法导论》（*An Introduction to Functional Grammar*）一书中提到了系统功能语言学的21个研究领域，其中有两部分内容与翻译研究有关，说明Halliday本人也很重视翻译领域的研究。之后，Halliday还陆续撰文阐述自己的翻译研究观点，讨论了翻译理论、翻译对等以及翻译研究的定位等问题。2001年，他撰写了“关于好译作的理论”（Towards a theory of good translation）一文，探讨了翻译研究中的一个重要问题：什么是好翻译的理论（What is a theory of good translation？）他认为“好的译作是在特定的翻译语境下语言特征得到最大限度呈现的对等翻译语篇”[9]123。另外，2009年，Halliday还在《中国翻译》发表了“The Gloosy Ganoderm: Systemic Functional Linguistics and Translation”一文，讨论了翻译概念界定、翻译对等和翻译转移的多维性及其价值等问题[10]20。

**（二）国外其他理论家的研究**

Halliday的系统功能语言学理论对翻译研究中的很多问题都具有启示作用。从系统功能语言学理论问世以来，很多学者以该理论为基础进行过翻译研究。例如，语言学家及翻译理论家J. C. Catford（1965）提出了等值论及翻译转换论；House（1977/1981，1997）提出了功能－语用评估模式；Bell（1991）以6位忠实的仆人生动地解释了Halliday语域变量；Hatim和Mason（1990）将语域和语篇翻译理论扩展到语用分析层面；Baker（1992）引入Halliday理论自下而上地进行了语篇比较与分析；Munday（1997）以系统功能语言学为基础进行了语言分析，等等。下面将他们的主要翻译理论分别作简要介绍。

首先是Catford的等值论及翻译转换论。他在1965年的时候就开始尝试使用级阶理论和范畴语法理论创建语言学模式的翻译理论，其中对翻译的方法、类型、性质以及限度等方面进行了比较系统的探讨，并通过层次、级阶以及范畴等方面的概念分析语际转换的依据，指出根据词素、词汇、短语、句子等不同级阶可以将翻译分为逐词翻译、直译和意译等。然后对各种翻译类型展开解释：逐词翻译的基础是单词级阶层面的等值关系；直译介于逐词翻译与意译之间；意译没有一定的限制，能够在上下级之间进行转换，但总是趋向高一级别变动,有时会超越句子层面。他指出翻译对等实质上是指话语和功能的对等,为翻译理论研究开辟了新的途径[11]。

House 的翻译质量评估模式运用了功能语言学的语篇分析理论,尤其是语域理论,探讨了决定翻译质量的 8 个方面因素,包括关于地点、时代、社会阶层 3 个语域的使用者参数和参加者、媒介、社会角色关系、社会态度等 5 个语言应用参数,按照言语行为所涉及的形式、功能、情景 3 个要素以及要素之间的互动关系,分别对原文和译文的语境与形式(言语)特征进行分析和对照,发现并确定译文与原文之间在功能上是否对等[12]13。关于翻译对等,House(1997)确立的基本标准就是译本与原本不只是功能相符,而且要能够应用对等的语境维度和方式来取得这样的功能。在分析原本和译本时,可以根据其所确立的翻译质量评估模式中涉及的 8 个维度来评价是否能够获得相应的功能。原文与译文的相符程度越高,则说明翻译的质量就越好。

Bell 将语言学理论系统地应用于翻译探究中,并写出了研究专著《翻译与翻译过程:理论与实践》(*Translation and Translating: Theory and Practice*,1991/2001),他因此成为翻译研究的语言学派的代表人物之一。Halliday 曾经表示:"用一个语言学模式来描写翻译过程是有意义的。我们根据语言活动本身来描写它, 而不是以先入为主的观点从语言研究领域外部去描写它"[13]F36。而 Bell 在研究翻译问题的过程中, 也是尝试从语篇角度以及系统功能语言学方面进行研究。他努力探求一种比较客观的方法对翻译现象进行解释,研究涉及系统功能语言学中概念、人际及语篇三大元功能,凭借个人对各种语言学理论以及对语言本身的掌握,把系统功能语言学包含的三大元功能与修辞、语法及逻辑三大系统有机地结合起来,他进一步论述了语言的认知、交际和语篇意义,以及它们通过语言的及物性、情态、主位实现的过程。因此,贯穿系统功能语言学语言研究中的语境、语用和功能理念成为他探索翻译问题、建构翻译理论的认识论和方法论[14]147。

Hatim 和 Mason 则比较重视翻译研究的概念功能和人际功能在翻译中的体现, 以及翻译过程中的语用分析和话语符号的推敲过程。在 Hatim 和 Mason 看来,交际过程、语用行为和符号交际都属于交际的一组程序,译者在交际中处在中心位置,是跨文化交际的媒介[15]36。他们所说的交际过程就是 Halliday 语篇分析模式中的语域内容,即通过分析话语的主题、参与者及其相互关系、话语的方式等因素,来考察说话人或译者的语言使用恰当与否。

符号交际理论则涉及 Halliday 语言模式的各个部分内容，从词汇、短语到话语、语篇等[16]37–38。

Baker 认为对语言的结构进行比较和分析可以帮助译者进一步了解不同语言对同一事物的不同表达方式，从而译出合适的译文[17]45。Baker 在语篇翻译过程的分析中还引用了 Halliday 信息分析理论以及布拉格学派的功能句法理论，讨论了主述位和信息结构等问题，以及替代、省略、连接和词项衔接等词语连接手段，全面论述了实现篇章层面翻译对等的具体措施。探讨语篇在实际应用中的各种因素，包括作者、读者和文化语境。Baker 认为："主述位区分的基础是文本，它的真正价值在于解释如何从多个方面控制信息流向的问题，而不是解释个别句子的结构"[18]124。翻译中的译者理论对其在构建目标文本时具有一定的启发性[19]50。

Munday 以系统功能语言学的语言分析模式为基础对翻译文本进行分析和研究。他利用系统功能语言学理论将作者实际的选择与可能的选择进行对比，从而把握实际选择的措辞所表达的意义，这一模式将语言层面的选择与社会中个体的、社会的、文化的和意识形态的等诸多方面因素系统地连接起来，从而提供了探索翻译中的转移所需要的社会文化框架[20]3。可见，国外对于系统功能语言学的研究和运用涉及诸多方面，成果颇丰。国内的相关研究在结合本国的语言和文化特色的基础上，又进行了有益的发展和延伸。

## 二、国内研究概况

在最近 40 年，国内陆续引进了很多西方翻译学理论，例如，Nida 在 1964 年提出的功能对等理论，以及次年 Catford 提出的翻译语言学理论，还有之后的语义翻译或者交际翻译理论。1992 年以后，Lefevere 等人提出的翻译描写论、翻译规范论、女性主义翻译理论、翻译政治文化与意识形态论等也相继进入国内研究者的视野。Chesterman（1997）提出的"翻译模因论"，以及 Bassnett 等人（1998）提出的"后殖民主义翻译理论"等也已经被国内研究者所熟悉和接受[21]4。中国翻译学者对这些翻译思想的脉络，以及各种研究范式进行了深入的分析，结合中国传统翻译思想进行了个性化的思考，并将这些翻译理论灵活地运用在自己的翻译研究中。在我国，与翻译研究相关的其他学科，如语言学、哲学、美学、诗学、修辞学、社会学、生态学等，均与翻译研究产生了巧妙的结合[22]7。翻译研究从语言到文化，逐渐形成了描写翻译学、功能主义、阐释学、心理学、解构主义、语料库研究、社会学等不同研究领域。在诸多理论中，系统功能语言学理论对我国翻译研究的理论与实践都起到了很大的影响和推动作用。

国内有许多研究者在系统功能翻译理论的引介、实践和推广等方面做了大量的研究工作，取得了丰硕的研究成果。总体说来，国内学者从以下几个方面利用系统功能语言学理论进行了翻译研究和发展：功能语言学与翻译理论建构、语境理论与翻译研究、纯理功能理论与翻译研究、功能句法理论与翻译研究、评价理论与翻译研究、语法隐喻理论与翻译研究。这些研究同样涵盖了系统功能语言学的大部分领域，无疑对推动我国翻译理论和实践研究的发展发挥了积极的作用[23]2。虽然 Halliday 的系统功能语法对翻译研究具有重要作用，但是，由于该理论涵盖的内容过于庞大，操作起来非常复杂，一般研究者都是各取所需，选择其中的一项或几项内容进行研究，或将其简化后运用到翻译研究中。

在我国，最早运用 Halliday 语言学理论讨论翻译问题的是胡壮麟，他运用系统功能语法关于语言三大元功能的论述对翻译研究的对等概念做了深入挖掘和剖析，并由此论述了翻译的实质和标准："翻译一般是寻求原文和译文在意义上的对等。……翻译应寻求两种语言的语篇在同一整体情景语境中具有相同的意义和相同的功能。"[24]188-189"翻译的对等关系不能只建立在一种意义（通常是概念意义）的基础上；在实现源语和译语语篇在概念意义上对等的同时，还考虑两种语言的语篇在人际意义上的对等，包括说话人的态度、动机、判断、角色等，此外还要考虑媒介、渠道、修辞方式等语篇意义的对等。即优秀的译文需要在 3 种意义上都与原文对等"[25]148。

此外，黄国文、张美芳等人运用 Halliday 的系统功能语言学理论成功地进行了一些具体的翻译文本分析。功能语言学与翻译的目的一样，都是通过语言来实现交际功能[26]15。黄国文比较系统、全面地运用 Halliday 功能语言学理论探索了具体文本的翻译问题。例如从 2001 年到 2004 年这段时间，他陆续发表了从功能语言学角度讨论翻译实践的系列文章，其中大部分是从 Halliday 的语篇分析的视角分析唐诗英译的问题，以此验证系统功能语言学理论对翻译实践的实用性。研究涉及唐诗英译中的主位结构、信息结构、经验功能、人际功能、逻辑功能、语境、时态、语气、形式对等、引述现象等，既有理论阐述，也有实证支撑。他还探讨了翻译中的"及物性"（transitivity）、"概念功能对等”(equivalence of ideational function)和“语法隐喻”(grammatical metaphor)等问题,从系统功能语言学视角初步尝试翻译并进行研究,对翻译研究的功能语言学探索具有一定的启示意义[27]84。

张美芳也从系统功能语言学视角研究过翻译问题,“语篇语言学与翻译研究”(2003)一文中比较系统地阐述了功能翻译观。例如,意义与体现形式之间的关系,语境与语言选择、语篇特征、语篇体裁与情景语境等,将语篇分析作为基础对翻译中的对等关系进行分析,从各个方面研究和分析英汉翻译中的对等问题。2005 年,在其专著《翻译研究的功能途径》中,从理论到实践分别论述了功能视角的翻译问题。在理论篇中,她以 Halliday 系统功能语法理论做翻译的微观分析,以德国功能派理论做翻译的宏观分析。在实践篇中,对英汉语翻译实例进一步分析,从功能语言学角度,联系文本体裁和语场、语旨、语式等要素,分析了翻译中的种种问题和疑难,对比了功能途径与其他途径在翻译研究中的不同之处,解释了以往理论所不易解释的许多翻译现象[28]VII–VIII。

另外,王东风通过系统功能语言学里的一些重要概念探讨了翻译的理论与实践问题。他在“时态推进的连贯功能与英汉翻译”中提出,译者经常通过汉语词汇和语序来对应英语语篇中以时态建构的连接关系。但是在翻译过程中,以汉语为母语的译者,受汉语语言习惯的干扰,常常会误读或误构原文的时态连贯,从而造成英汉两种不同的语言系统之间的不一致。王东风(2007)还从诗学角度探讨了小句的被动结构在发生变译时可能出现的功能上的亏损。以《简·爱》一个片段中所出现的几个被动结构为例,考察这些语句的翻译情况。主要选取翻译时将原文中的一些被动结构作主动化处理的片段。从语言学以及诗学方面的分析显示,翻译时语态方面的改变虽然不会改变原文语言层面所具有的概念功能,但是却无法保证原文的语篇功能和诗学功能得到完整体现。

2006 年的“功能语言学与翻译研究”国际研讨会将主要成果汇编成论文集《功能语言学与翻译研究》,展现了我国翻译学界从功能语言学角度进行翻译研究的最新成果。如黄国文的“关于功能语言学与翻译研究”,张美芳和钱宏的“翻译研究领域的功能概念”,司显柱的“从功能语言学的语篇功能论语篇翻译对等”,刘泽权和范哲巍的“‘大爷’、‘嫂子’及其人际距离”,等等。该论文集对过去 30 多年来国内功能语言学界在翻译研究领域所做的研究工作进行了系统的梳理，目的是为了让读者能够把握系统功能语言学这一研究视角，并能够理出该理论在我国翻译研究中的发展脉络及概貌，通过系统梳理，尝试找出目前研究者还没有涉及的或还没能解决的、有关功能翻译研究方面的课题进行讨论和分析，希望能够对今后功能翻译方面的研究具有一定的启发。基于国内外学者对系统功能翻译理论的前期探讨，张敬源(2010)提出了从系统功能视角研究翻译的基本路向、模式以及翻译质量评估模式，研究成果代表了系统功能翻译理论的基本框架，为功能语言学翻译研究指明了基本方向以及需要遵循的基本范式。

司显柱(2004)简要地梳理和阐释了系统功能语言学的发展渊源和语言哲学观，论述了功能语言学与翻译研究之间的天然联系性，对于国内外通过系统功能语言学的有关理论展开翻译研究的现象进行了分析，并指出所取得的一些成就以及现存的一些问题。作者在翻译批评研究现状综述的基础上，从功能语言学的角度建构了翻译质量评估的内容以及思路。2007年，他以翻译质量和翻译本质等为基础，通过回顾和评述翻译研究的现状，提出了基于汉英互译文本的翻译质量评估模式。司显柱也从系统功能语言学和翻译研究的学科性质与特征为基础，探讨了二者之间的密切关系以及前者对后者的指导意义，为今后的翻译研究指出了方向和研究重点。在对各种翻译研究范式进行评论的基础上，他论述了翻译研究范式创新要以系统功能语言学理论为指导的根本原因，并且对以系统功能语言学理论为基础进行翻译研究新范式的建构提出了建议。除外，他还提到了对翻译研究范式进行优化的问题、系统功能语言学体裁分析理论在语篇翻译研究中的重要性问题，等等[29]87。在此基础上，文章阐述了应用体裁语篇翻译的实质，提出了评估这类译本质量的具体方法。

另外，尚媛媛、赵军锋、陈旸、张威等也从系统功能语言学角度研究了具体的翻译问题。尚媛媛(2003)对政治语篇英汉翻译中存在的翻译转换现象进行了描述和探讨，进一步拓展了系统功能语言学理论在翻译研究中的运用范围，不仅将该理论作为一种语篇分析的理论和工具，同时在对具体翻译现象进行讨论的过程中，提供了一种语言学的阐述视角。赵军锋(2009)对比研究了以系统功能语言学理论和批评话语分析（CDA）为视角的交际学理论，构建了一个分析框架来观察和分析法律语篇，并进行了英汉法律语篇信息结构的对比研究。陈旸(2009)通过对比《论语》原文与3个英译本的功能参数评价了3个译文的翻译效果。张威(2010)通过剖析《游子吟》不同英译文的语言及物性属性及其表现，讨论各译本在概念功能上与原文本的形式等效问题,进一步证实系统功能语言学在翻译研究与实践中的适用性。

总之，从系统功能语言学角度进行切入，评价译本质量的研究最为集中,涉及的语料也最为广泛。国内研究集中在几位知名学者身上,如黄国文(2002a,2002b,2003)、李发根(2006)、郑元会和苗兴伟(2005)等,他们关注的焦点为中国古诗英译质量,研究成果也比较丰富。虽然运用系统功能语言学进行翻译研究具有广阔的发展前景,目前,尤其是近几年也取得了不菲的成绩,但是不能否认,也有诸多的问题存在。比如在整体上,研究的还比较零散,涉及的问题范围有限。更多的研究还只是应用该理论其中的少数几个原理来阐释翻译实践中的几个有限问题。因此,今后应该加强系统功能语言学对翻译的系统化和可操作性研究，致力于系统功能语言学与翻译研究的理论融合,促进以系统功能语言学为基础的翻译研究,进一步强化系统功能语言学及其三大元功能理论在翻译研究中的可行性。如司显柱和陶阳(2014)认为，可以借鉴语料库方法对大型英汉平行语料库的原文与译文开展更为广泛的研究[30]101。

# 第二节　语料库翻译研究

D. Crystal将语料库语言学(corpus linguistics)定义为“以语料为语言描写的起点或用语料验证有关语言的假说的方法”[31]86。语料库语言学是一种全新研究技术和方法,与之前在研究过程中采用的直觉数据不同的是,语料库语言学研究是以定量的描写和概括的方式对实际使用的语言事实进行定性,研究结论也更加科学和准确。以语料库为基础开展语言分析与研究,能够真实反映人们实际使用的语言,即社会中的语言。语料库语言学为语言研究提供了全新的思路和方法,它以真实语料和数据为对象,对大量语言事实进行系统研究和分析,研究的对象是语言行为(performance)而不是语言能力(competence)。通过考察语言的实际运用,找出语言使用的规律——语言使用频率与典型性之间的关系、实例和规范之间的关系等。

因其应用范围的广泛性,语料库语言学的研究一直处于方兴未艾状态。现已被应用于句法学、语音学、应用语言学、心理语言学、语义学、语用学等语言学的各个领域。随着语料库语言学的发展,语料库的研制类型也呈现多样化，对翻译研究也产生了巨大的影响，双语甚至多语的平行对应语料库逐渐成为语料库翻译学的研究热点。平行语料库的开发有助于通过对比深入了解语言特点，揭示出语言的共性、某种语言特有的文化差异、原文与译文、母语与非母语之间的差异等，具有较高的理论和应用价值。

1965年以后，翻译研究进入到一个多元化发展时期，逐渐发展成为综合性研究学科，具有跨学科的特色。在这一发展过程中，除了翻译研究自身所积累的理论以外，还广泛吸收了其他邻近学科的原则、理论和方法。翻译学今天的繁荣发展离不开现代语言学的有力支撑，也离不开西方文艺理论的滋养，翻译语料库的产生也离不开现代科学技术和语料库语言学的发展和推动。翻译活动涉及两种或两种以上语言之间的转换，而语言研究就离不开对语言材料的充分收集、整理和分析。语料库翻译学是以语料库为基础，以真实的双语语料或翻译语料为研究对象，以数据统计和理论分析为研究方法，依据语言学、文学和文化理论及翻译学理论，分析翻译本质、翻译现象和翻译过程的翻译学分支学科。语料库翻译学的诞生受益于描写性译学和语料库语言学的研究[32]380。近年来，国内外翻译研究学者们以现代计算机技术为基础，将翻译理论与实践相结合，积极建立翻译语料并探索翻译学的方法论。

## 一、国内外研究概论

“翻译语料库为翻译研究提供了新的工具，扩展了翻译研究的范围，也提出了新的研究思路。”[33]383 基于定量的数据分析，语料库研究方法能够从具体数据推导出理性结论，能有效克服翻译研究中的主观性因素。但是，翻译语料库的应用也可能会导致翻译理论家过度注重翻译的共性问题而忽略语料库操作中的个性问题。此外，翻译研究也不能孤立地观察语料库中的数据，同时要注意文本的语言环境因素。虽然借助语料库在翻译定量研究和分析过程中具有一定的优势，但也不能因此忽视了质的分析，具体操作上要做到定量和定性分析相结合。“翻译的研究范式要求学者重视客观描述，加强理论概括，并运用准确的科学证据和严谨的科学方法，在借用其他学科的理论和方法的同时，也要保持翻译学科相对的独立性。”[34]56

### （一）国外研究概论

语料库翻译研究是20世纪90年代以来兴起的翻译研究方法，其根本思想是用语料库语言学的工具、技术和方法对大量真实的翻译现象进行描述并从所描述的翻译"自身"的语言特征中寻找翻译现象固有的规律性特征[35]214。语料库翻译研究在描写、理论和应用等方面对翻译研究、翻译教学以及翻译培训上起着越来越重要的作用，激发了众多学者的研究兴趣，已经成为描述翻译研究领域中一种新的研究范式，产生了一系列研究热点。如以 Baker 为代表的翻译的普遍特征，包括明晰化、简略化、平整化和规范化，以及围绕这一主题的其他研究（Munday，1998；Kenny，1998，2001；Laviosa，2002；Olohan，2004；等等）。他们中既有人验证了 Baker 的假设，也有人以共时语料作为研究对象，运用计算机技术对数据进行了统计和分析，考察了类符 / 形符比、词汇密度、平均句长等方面，将翻译理论和实证数据相结合，从不同侧面探讨了翻译文本的主要特征。

经过二十几年的发展，国外以 Baker、Kenny、Laviosa 等为代表的语料库翻译学研究异军突起，已经发展成为重要的翻译学分支学科，并在译学研究语料库的建设、译者风格、翻译语言特征、翻译规范、翻译教学和口译等研究领域取得了很大进展。

翻译的语言特征研究中涉及的领域主要有翻译的共性特征和翻译的文本特征实证研究。其中的共性特征即普遍性特征，是"译文中呈现的有别于源语文本的一些典型的、跨语言的、有一定普遍性的特征"[36]303。Baker（1993）认为这是翻译本身固有的典型属性，因为作为两种语言的中介，翻译过程本身就是产生这种属性的必然结果，而产生这种结果与源语和目的语都没有关系[37]243–246。

译者风格，即翻译文体或译者文体。广义上的译者风格指的是译者在语言应用方面的个性特征以及译本选择、翻译策略应用等非语言特征；狭义上的译者风格指的是译者在语言应用或语言表达上的喜好，或者译者在译文中复现的表达方式。从语料库方法引入到翻译学研究以来，研究者们开始运用语料库方法对大规模语料进行数据统计和分析，运用语言、文化等理论对译者风格产生的原因进行深入剖析。利用语料库研究译者风格，学者既可以从宏观角度描述译文的总体特征，又可以从微观角度考察某一特定词汇、短语结构或语句结构的使用特点，同时辅以统计数据，从而准确、科学地对译者的风格进行描写和研究[38]127。

翻译规范是指影响或制约人们翻译行为的准则或原则。在传统翻译学研究框架下，学界强调译文应与原文等值，译者应尽量再现原文的意义和风格。但是在描写性翻译学框架下，学者们开始从社会文化和意识形态等视角考察翻译规范，并尝试客观地描写这些规范。自20世纪90年代以来，语料库翻译学的兴起进一步推动了翻译规范的发展，促使翻译规范由规定性研究向描写性实证研究转型。当前，如何描写、分析和比较翻译语料的语言特征，并在此基础上归纳总结翻译规范，即归纳实证研究方法已成为翻译规范研究的重点。语料库在翻译规范研究中的应用可以实现翻译规范研究方法的重大变革，确保翻译规范研究的客观性和科学性[39]174。

1993年，英国学者Mona Baker发表了“语料库语言学与翻译研究：启示与应用”（Corpus Linguistics and Translation Studies: Implications and Applications）一文。文中指出在大型原文和译文语料库中运用语料库研究方法，能够帮助研究者揭示作为沟通媒介的译文的本质[40]243。1995年，以Baker为首的英国曼彻斯特大学科技学院语言工程系的翻译研究中心在英国科学院的资助下，创建了世界上第一个可比语料库，即翻译英语语料库（Translational English Corpus，TEC），并就该语料库进行了一系列语料库翻译学相关课题的研究，主要有译本特征研究和不同译者的文体风格研究。作为一种研究方法，语料库已经广泛地应用在西方翻译领域，对探讨句型受到源语、翻译文本性质、译者个人风格等方面的影响或者源语对翻译文本类型的影响都具有积极的意义。语料库翻译学从根本上改变了传统翻译研究方式，能够从整体上考察大规模文本，从微观角度描写双语转换过程中的宏观性特征，对语料的分析增加了语言、认知、社会文化等方面的内容。语料库翻译学研究方法是对建立新研究范式的尝试，也是各种传统翻译研究方法的延续与整合。它本身只是一种研究途径，研究过程中涉及的假设、发现、原则与方法等都属于方法论方面的内容，只有结合研究者们系统的研究思想，才能够成为一种研究范式。

语料库语言学和翻译研究的结合形成了“一种连贯的、全面而丰富的研究范式。该范式涉及翻译理论、描写和实践等方面的问题，如今也已成为当代描写性译学研究的新范式。”[41]474 Laviosa认为“语料库翻译研究的问世主要受到两个研究领域的影响，一个是语料库语言学，另一个是描写性译学研究。”[42]5Laviosa（2002）指出，语料库翻译研究的本质就是对提出的假设进行检验，具体表现为以下步骤：（1）针对某种现象提出假设；（2）建立研究目标并对假设进行验证;(3)对数据进行描写和分析;(4)从理论层面对研究发现进行阐述;(5)将假设进一步精确化;(6)在此基础上,为将来的研究提出新的假设,在重复运作的基础上对理论进行修正和完善并建立初步的方法论体系[43]2。以翻译共性研究为例,首先是通过语料库对翻译语言模式进行描写和归纳,然后从语言内部以及跨语言的角度分析各种翻译模式出现的原因。在此基础上,从语言外部,如认知、社会等角度探究各种翻译模式产生的深层原因。

Laviosa(2013)从语料库翻译学的概念、方法论以及近年来学者们在描写性语料库翻译学(Laviosa,1998,2002;Kenny,2001;Olohan,2004;Xiao,2010 等)和应用性语料库翻译学(Bowker 和 Pearson,2002;Bowker,2000,2001,2003;O'Hagan,2009;Ke,2009 等)领域所做的主要研究工作及其取得的研究成果[44]228-236。另外,她还对语料库翻译学在具有翻译研究中的辅助作用及未来研究趋势进行了展望,重点介绍在翻译共性研究中所取得的成绩以及理论上在该领域进一步研究的基本原则和方法论。

Bell 认为在对译文分析时可以发现翻译过程中的特定因素以及系统性的关联关系,借此可以分析译者具体翻译行为[45]39。语料库可以帮助研究者揭示词汇使用频率和典型用法、翻译实例和规范之间的关系。通过分析译文的文本特征,可以发现翻译作为一种过程与产品之间的关联关系,这也激发了研究者创建译文语料库的兴趣。

Olohan(2004)从不同层面和维度对翻译本质进行了分析,阐释了语料库语言学与翻译研究的关系,为翻译的语料库研究提出了几种假设,通过实例分析论述了两种可以运用到翻译研究的语料库(平行和可比语料库)。简明扼要地介绍了语料库的设计和建立方法,数据选择和分析方法等,帮助读者了解该书的核心内容。此外,他认为翻译的语料库研究具有以下明显优势:可以将翻译的普遍性研究从最初的直觉形式转变为可操作的具体研究假设;将小规模的、人工的、仅限于两种语言个别文本的研究变为大规模、系统、比较性的研究;把从前零散不成体系的研究变成了能够诠释连贯性和发展趋势的研究[46]25。Olohan 还提到了 Baker 和 Toury 等学者对翻译规律等的假说,如翻译共性假说,等等[47]91。

通过对词汇共现和规范程度、用词特点、句法模式以及每一个文本的附带信息进行分析,翻译的语料库研究能够有效地分析出译者特有的语言使用习惯、特殊句法结构、主述位结构、语言连贯性、标点符号使用特点以及语言行业偏好等,帮助读者了解译语文本的文体特征和译者风格。翻译活动在特定的社会、历史、文化环境中会出现的一些规律性特征,即 Baker 的翻译规范(norms of translation)或 Toury 的翻译操作规范(operational norms)[48]380。今天,我们再进行翻译的文本风格和语体研究时,在翻译语料库和计算机的辅助下能够迅速发现这些翻译规范并进行分析,使翻译研究更方便快捷,结论更充分有力。

Munday(2011)以英国国家语料库(BNC)和一个西班牙语语料库(CREA Spanish Real Academia Corpus)为参照库,考察了英语 loom(large)与其西班牙语对应词 cernerse 在语义韵律上的差异。他认为语义韵律并不是直觉性的,在翻译过程中译者往往会仿照源文本的韵律模式,但是直接将源文本的模式应用在目标文本中有时候并不一定得体,而语料库检索就可以弥补这方面的不足。

House(2011)的研究视角更广泛一些,她讨论了运用语料库方法,来考察英语如何通过翻译和多语文本生成等语言接触方式来引发并推动其他语言的变化。她首先提出了一系列假设,然后具体考察了英德翻译过程中德语是否表现出这样的变化趋势:一是德语强调语言的概念功能,而英语强调语言的人际功能;二是德语文本强调信息显性,而英语强调信息的隐性和命题的不透明性;三是德语属于词汇信息密集性、综合性、层级性信息结构,而英语属于松散、线性、句子的信息结构;四是德语属于非连续的语序而英语是连续、并置的语序。考察结果显示这些假设并不完全成立。House 的研究表明翻译语料库既可以研究翻译现象,还可以透过翻译来探索翻译活动导致的语言变化,这也是语料库翻译学研究的一条新的思路[49]918。

**(二)国内研究概论**

语料库中的语言数据是对实际使用语言的记录,大规模真实的语料大大提高了翻译研究的客观性。实证过程的可观察性和可重复性增加了翻译研究的科学程度[50]49–50。

双语对应语料库最初只用于英语与其亲属语言之间,直到 20 世纪 90 年代中期才开始应用到英语与欧洲之外的一些语言之间,现在几乎覆盖到世界上所有主要语言之间。借鉴国外语料库建设经验,我国也陆续建立了一系列英汉平行语料库。例如北京大学计算语言学研究所的新闻机助类平行语料库 Babel,北京外国语大学中国外语教育研究中心的通用汉英平行语料库(PCCE),上海交通大学外国语学院的英汉平行语料库、莎士比亚戏剧英汉平行语料库和汉英会议口译平行语料库，南京国际关系学院的英汉平行语料库(PECC),外研社的英汉文学作品语料库,中科院软件所的英汉双语语料库,燕山大学的《红楼梦》中英文平行语料库,哈尔滨工业大学的英汉双语语料库,等等。

国内的语料库翻译学研究也是从 1993 年开始的,当年杨惠中撰文“语料库语言学与机器翻译”后,语料库翻译学的研究方法逐渐受到国内学者们的重视,并陆续出现了语料库翻译学相关课题的研究。尤其是最近几年,以语料库为基础的翻译研究成果迅速增加，具体表现在国内外语类刊物上刊登的相关文章数量大幅增加。作为一种研究方法,语料库翻译研究已经得到越来越多人的关注[51]128。从近几年的研究成果看,国内相关研究主要集中在以下几个方面:第一,语料库与翻译研究综述和介绍,如廖七一(2000),刘康龙、穆雷(2006),王克非、秦洪武(2009),胡开宝、毛鹏飞(2012),宋庆伟、匡华、吴建平(2013),卢卫中、王福祥(2013),司显柱、陶阳(2014),秦洪武、李婵、王玉(2014);第二,语料库与翻译普遍性研究,如胡显耀(2004),黄立波、王克非(2006),吴昂、黄立波(2006),胡显耀、曾佳(2011);第三,语料库与翻译教学,王克非等(2004),倪传斌(2005),秦洪武、王克非(2007),刘泽权、刘鼎甲(2009,2011),肖忠华、戴光荣(2011),卢卫中、陈慧(2014);第四,语料库的建立及其在翻译中的运用,如王克非等(2004),何莲珍(2007),王克非(2012),王克非、黄立波(2012),王克非、秦洪武(2012),黄立波、朱志瑜(2013),等等。

迄今为止,国内的语料库翻译研究已经取得了不菲的成绩,尤其是在语料库建设、翻译共性和译者风格等方面的研究都作出了有益的探索。20 年间,特别是近几年,一大批研究者进行过语料库翻译学方面的研究,从公开发表的论文、出版的专著以及近几年国家社科基金和教育部人文社科基金相关课题数量的增加，可以证实研究者们对该领域的兴趣和重视程度[52]25。以中国知网 1993 年至 2013 年外语类核心期刊中收录的有关语料库翻译学的学术论文共计 141 篇(见表 2.1),出版专著 13 部(胡开宝,2011,2012;黄立波,2007,2014;李颖玉,2012;刘泽权,2010;孙会军、郑庆珠,2012;王克非,2012;文秋芳、王金铨,2008;肖忠华,2012;戴光荣,2013;任晓霏、冯庆华,2014;武光军,2014),而且呈递增趋势。

表 2.1 1993–2013 国内语料库翻译学论文类型

| 类别 | 语言特征研究 | 译者风格研究 | 应用翻译研究 | 翻译语料库建设与应用 | 语料库翻译学介评 | 口译研究 |
|---|---|---|---|---|---|---|
| 数量 | 58 | 14 | 27 | 20 | 19 | 3 |
| 比例 | 0.411 | 0.099 | 0.192 | 0.142 | 0.135 | 0.021 |

统计的论文和专著已经涉及语料库翻译研究的各个领域。其中,翻译研究语料库建设的内容包括语料库的总体设计、语料收集方式、语料标注、原创语料与翻译语料的可比性、双语平行语料的对齐,等等;翻译语言特征研究中涉及翻译的共性研究以及翻译文本语言特征的实证性研究;译者风格研究主要描述译者在词语、句式结构和标点符号等方面的使用情况、语篇结构上的喜好,以及译者个人的语言表达习惯;翻译规范研究指的是在一定的社会文化背景中对翻译作品和翻译行为进行研究,探讨影响翻译行为的各种社会文化因素,阐明翻译与社会文化之间的互动关系,描写和分析影响翻译行为的各种规范,揭示出翻译的社会属性;翻译教学或口译培训方面则侧重于语料库在翻译课堂教学、翻译教材编写以及翻译评估中的应用[53]25。

1.翻译语言特征研究

(1)关于翻译的语言特征研究方面,国内主要关注的是翻译共性特征研究,即翻译普遍性特征研究,研究者们关注的翻译文本共性特征涵盖了显化(explication)、隐化(implication)、简化(simplication)、规范化(normalization)、整齐化(leveling out)、消歧化(disambiguation)、净化(sanitization)、集中化(convergence)、拟化(imitation)以及呈现不足(under representation)等方面。

过去 20 年里,关于翻译共性特征的研究发展最为迅速,如今在语料库翻译学研究中已经占据重要位置。国内的翻译共性研究主要集中在概念阐述和研究意义等方面[54]26。比如,廖七一(2000)指出了翻译共性研究的积极意义和存在的局限性;胡显耀(2004,2011)也对语料库翻译研究的共性特征进行了研究,从共性概念、理论及方法等方面分析了研究的趋势,既指出共性研究的优势所在,也指出要避免以语料库为迷惑手段进行没有意义的空洞研究;王克非和黄立波(2008)对翻译共性中的一些概念作出解释,并提出了净化、消歧化等理念,同时也对翻译共性的发展状况和研究方法进行了讨论。

(2)关于翻译共性研究,国内学者们的研究重点还是放在显化特征上[55]26。例如,柯飞(2003)对英汉转换中“把”字句的分布特点进行分析,验证了翻译文本中存在显化现象;刘泽权和侯羽(2008)综述了翻译共性研究中关于显化特征的研究现状;而王克非和秦洪武(2009)通过实例分析发现,对于不同的语言类型或者不同文本来说翻译的显化特征是相对的,借此对翻译的共性假说提出质疑;王克非和胡显耀(2010)通过对比发现,翻译中人称代词的显化和变异是汉语翻译文学的主要特征之一。此外,吴昂和黄立波(2006)、胡开宝和朱一凡(2008)、胡显耀和曾佳(2009)、戴光荣和肖忠华(2010)等也从不同角度对翻译共性中的显化现象进行了分析。

(3)基于语料库的词汇特征研究,主要集中在汉语“被”字句和“把”字句上。例如,胡开宝(2009)分别对梁实秋和朱生豪的《哈姆雷特》汉译本中“把”字句的分布和应用进行了定量分析,并从语用以及认知语法角度探讨了汉语应用“把”字句的内在原因;胡显耀和曾佳(2010)发现,翻译汉语“被”字句频率高于原创语料,而且结构复杂,体现了杂合的趋势;郭鸿杰和韩红(2012)研究发现现代汉语“被”字句的使用频率比从前有了显著的增加。在词汇搭配方面,肖忠华和戴光荣(2010)对汉语译文中词簇,以及习语的使用特点进行了研究;武光军和王克非(2011)认为,英语译文文本中整体上的搭配模式不同于英语原文文本。在句法研究方面,王克非(2003)通过英汉双语平行语料库对英汉和汉英之间的对应结构进行过研究;秦洪武和王克非(2004)曾对“so...that”结构与相应的汉语结构进行过系统分析;秦洪武(2010)对结构容量和句段长度进行过分析,他认为二者能够反映出汉语翻译语言的基本特征,建议用结构容量来评价汉语翻译语言的质量;胡显耀和曾佳(2009)也对汉语翻译小说中定语成分的容量和结构进行过分析。

此外,语料库语言学研究近几年又开发了语义韵(semantic prosody)方面的研究,但是我国对此课题的研究不多,还没有引起研究者的重视。语义韵指的是某些节点词总是习惯性地与某一类具有相同或相似语义特点的词语相搭配。如果对语义之间相互感染的因素进行研究,就需要建构一个系统的理论框架,同时也需要技术方法方面的支持,尤其需要提升语义趋向和语义韵自动计算技术,双语词语对应率的计算方法也需要改进[56]38。总之,基于语料库的翻译共性研究以及翻译文本其他语言特征的研究都加深了人们对翻译本质的认识[57]60。

不过,研究的发展空间还很大,比如研究的范围不够宽广,一般分析都限制在少数典型词语、固定搭配和特殊句式方面,研究结果不够客观,代表性也不强,今后的研究中可以借助复杂一些的定量方法进行分析,对于两种不同的语言所具有的共性特征进行对比,能够发现规律性的翻译现象以及翻译规律。

2.译者风格研究

Baker 是较早发现语料库方法对译者风格方面的研究优势,而且率先进行了文学翻译中译者风格方面的研究,研究过程中展现了独特的范式和视角。Baker 的研究为国内外学者提供了全新的研究思路,我国学者近几年也开始进行译者风格方面的研究,而且成果显著。例如,刘泽权等(2011)将《红楼梦》4 个英译本在词汇和句子层面的特征进行量化分析,探讨了不同译者在翻译风格上的异同。黄立波(2009,2011)也以文体与翻译间的关系为出发点,尝试将语料库翻译为基础建立翻译文体学研究框架,对翻译的本质进行深入的探讨。而且,其他学者也对翻译风格的不同翻译策略进行了研究。例如,刘泽权和朱虹(2008)分析了译者处理《红楼梦》中习语规律性方面所采取的策略;严苡丹(2011b)以《红楼梦》前五十六回英译本中出现的所有母系亲属称谓语为语料,探讨了译者翻译策略选择上的原因。如今,以语料库为基础的译者风格研究已经得到了学者们的广泛重视,而且选用的语料规模以及研究规模也有更大的拓展空间。然而对该领域的研究深度及广度还有待进一步加强,研究者们如果能够注意到这些问题并逐步寻求到解决问题的办法,则能有效地提高译者风格研究的质量。

3.翻译语料库建设及应用

随着一些翻译语料库逐步建成,出现了一批自建语料库经验介绍的成果,具有代表性的有王克非等(2004)对通用汉英对应语料库的介绍,以及谢家成(2004)对小型英汉平行语料库的建立与运用的介绍。在其他语料库方面,黄忠廉(2009)和刘泽权(2010)分别介绍了莎士比亚戏剧英汉平行语料库、变译语料库和《红楼梦》中英文平行语料库。他们详细介绍了语料库建设的具体流程和存在的困难,对后续语料库建设具有很强的指导意义。

在翻译教学方面,我国也用到了翻译语料库,包括定量的实证分析和定性的功能介绍。如秦洪武等(2007)将汉英对应语料库在翻译教学中的应用原则进行了分析;王克非、秦洪武和王海霞(2007)探讨了双语对应语料库翻译教学平台的应用效果；罗选民和刘彬（2009）等人以不同类型的语料库为基础，对翻译教学与改革作出了有益的探索和尝试。刘泽权和刘鼎甲（2009，2011）将多媒体计算机技术与语料库方法尝试改革翻译教学方式。另外，朱晓敏（2011）、李德超和王克非（2011）等也做了语料库翻译教学方面的研究。

不过，不能由于语料库有一定的优势就过分夸大它在翻译中的作用，因为语料库毕竟是一种静态文本，翻译中的模式化策略也会限制译者的创造性[58]167。但在教学过程中对语料库的使用和具体方法可以灵活多样，能够让学生真正学会模仿，并在此基础上进行适当的创造。

4.语料库翻译学研究的问题与趋势

过去 20 年，语料库翻译学从研究途径到研究方法论，再到研究范式的发展过程中，研究范围在不断地扩大，同时，也出现了一些问题。

（1）研究范围过窄。主要集中在翻译共性和译者风格上，研究领域也主要体现翻译语言特征上，缺乏结合文化、社会等理论的跨学科研究。

（2）定量研究仅限于对检索软件统计出的基本数据（类 / 形符比、词频、词长、关键词等）进行比较和分析。这种初级的定量分析虽然客观，但是不能从深层次揭示出翻译规律，如果能够采用复杂的定量统计分析方法，对获取的数据进行详细分析，从深层揭示翻译规律形成的内在原因，会有效提高翻译研究的解释力和科学性。

（3）在建设语料库方面要加大力度，尤其是要重视口译语料库的建设。翻译研究的物质基础就是语料库，要想进一步发展语料库翻译研究，必须建立更大规模的综合语料库，以满足不同类型和层次的翻译研究。

此外，语料库应用翻译研究主要集中在翻译教学方面；语料库翻译学介评则侧重该领域的发展动向和研究展望。

总的来说，作为一种可信度较高的研究方法以及研究手段，语料库的优势非常明显，应用前景也非常广阔。研究者们必须努力加强翻译语料库的建设，同时尝试各种可能的定量统计方法对翻译数据进行详细的分析，增强翻译语料库的解释力和应用性，最主要的是要加强翻译语料库的本土化研究。

## 二、基于语料库的文学翻译研究

1993 年以后，随着语料库研究热潮的到来，翻译研究的语料库方法受到了空前的重视。与过去规范性研究中个人主观性和局限性不同,基于语料库的翻译研究能够充分观察和发现更多的语言事实,从而进行充分的描写和解释。实证性的描写翻译研究在研究翻译过程和译文功能时,把翻译还原到相应的政治、意识形态、经济、文化等语境中去解释翻译现象,同时描述翻译的普遍性特征。近年来,人们对于使用语料库来研究文学翻译产生了浓厚的兴趣,从而"导致了基于语料库的翻译研究作为一种新的研究范式出现"[59]281。

**(一)文学翻译语料库建设**

随着语料库检索软件的检索能力不断增强,越来越多的研究者开始尝试运用语料库方法对文学翻译文本进行分析,进一步凸显了语料库在文学翻译研究中的优势。Laviosa(1998)认为:"基于语料库的研究方法是随着语料库的发展与时俱进的,通过理论阐述和实证分析,它已发展为连贯的、综合的和多样的模式,解决了从理论描述到翻译实践的各种有关问题。"可以说,1993 年后,语料库翻译学研究得到了迅速发展,这也促进了语料库文学翻译研究的发展。

英语 – 挪威语平行语料库(ENPC)含有英语原文及其挪威语译文和挪威语原文及其英语译文,属于可比语料库。其库容为 260 万词次,文本为小说和非小说体裁的文本片断,长度约 10 000~15 000 词。它对文本的参考文献、文本类型、文本章节、段落、句子边界、注释等特征都进行了标注。原文以及译文都进行了自动对齐以及纠错,在研究的过程中采用了 POS 方法对英文进行标注[60]90。

2001 年,Dorothy Kenny 建立了德英文学文本平行语料库(GEPCOLT),用于调查和研究翻译中的标准化和创造性特征。由于文本中作者性别以及文本类型等各个方面难以平衡,因此 GEPCOLT 主要收入的都是女性作家、男性译者的作品。多数译文来自翻译英语语料库(TEC),语料库中还包括了文本出版与翻译过程等信息,Kenny 对语料库中的文本进行了分页、页码、脚注和尾注等标注[61]91。

英语 – 瑞典语平行语料库(ESPC)同时具有翻译语料库和可比语料库的特点,建库的基础是 ENP。最新版本的 ESPC 包含 72 个瑞典语原文文本及其英语译文和 64 个英语原文文本及其瑞典语的译文。语料库选取的文本一般在 10 000~15 000 词之间,分为小说和非小说两类。文本标注遵循 TEI 标码规则、语外信息标注采用文本附加信息方式。

Lincoln Fernandes 建立的儿童怪诞文学语料库收入了双语、单向、英语原文以及巴西－葡萄牙语译文整篇文本。由英语译成巴西－葡萄牙语的全部儿童怪诞小说组成了一个容量为 20 万词左右的平行语料库，出版时间在 2000~2003 年间，收集的信息包括译者基本信息（名字、年龄、国籍、居住地和语言）、原文出版发行时间、翻译方向和要求等[62]91。

葡英平行语料库的目前库容已达 100 多万词次，含有葡萄牙语原文及其英语译文和英语原文及其葡萄牙语译文的开放式双向平行语料库，由葡萄牙语作家或译者的 62 个葡－英当代小说片段构成。可以用来对比分析英、葡两种语言的不同特征，研究翻译中用词方面的差异。

北京外国语大学建立了 2 000 万字的日汉对译语料库，其中汉译日和日译汉分别进行段对齐，内容分为文学与非文学两个类别。平行对应语料文本分别存放，整个语料库分合自如，分则进行单项研究，如翻译文体、翻译教学等研究，合则进行对应词、词频、搭配、句型、文体、语体等研究，也可以分别作单语研究、双语对比研究以及原文与译文对比研究[63]91。

**（二）国外学者的相关研究**

1985 年，Vanderauwera 将 5 部荷兰语小说及其英译本为语料，讨论了翻译语言的基本特点，包括简化、范化和显化等。该语料库基本具有翻译共性研究功能。1986 年，Gellerstam 对瑞典语翻译和非翻译小说文本进行对比研究，以语内类比为视角分析“翻译体”的语言特点。以上研究摒弃了多年来翻译研究中的核心内容——翻译对等理论，逐渐转向研究翻译中语言转换过程中的语言变化以及造成语言变化的语言内部和外部因素，为翻译研究开辟了新的视角。同时，学者们也开始运用这种方法进行语言对比研究。

Baker 利用语料库研究了影响译者的文体与风格的社会文化因素，打破了唯译文和原文“文体对应”至上的研究局面，即文体研究主要关注译文中对原文文体和原作风格的体现程度。通过翻译语料库，Baker（1995/2000）考察了英国翻译家 Peter Bush 和 Dorothy S. Blair 的翻译风格，从类符 / 形符比（type/token ratio）等方面考察了两名译者的多部译作。类符 / 形符比是利用语料库对作者所用的词类范畴和种类进行分析或衡量，即不同词类的出现次数与文本总字数的比率。比率低表示作者所用的词汇量较少，涉及的词汇范围较窄；反过来，比率高则意味着作者使用的词汇数量多、范围宽。Baker 通过语料库检索得出数据显示 Blair 的类符 / 形符比是 45∶38，低于 Bush 的类符/形符比 49:86,这说明 Blair 在不同译文之间的表述范围比较小,词汇的选择范围较少。Blair 译文中的形符/类符比和平均句长均低于 Bush 译文。此外,她还比较了两名译者使用缩略/完整形的情况,提供了两个对比分析的数据图表。通过对 Bush 和 Blair 译作中缩略形式的比较,可以发现 Bush 倾向于使用缩略形式,而 Blair 则更倾向使用完整表达方式。Bush 青睐直接引语和过去时态进行表达,即使源语文本用的是现在时态,他在翻译时也惯用过去时态表达,而且不太使用间接引语。与 Blair 的译文相比,Bush 的译文不够简洁、明了。研究词语出现的频率和小说的叙事结构,可以体现译者风格、语言习惯,以及原作者的叙述模式。翻译文本研究的关键在于对比两种语言所表达的意思,如果仅就其中之一的文字意思加以评述,脱离了原文和译文的比较,也就谈不上是翻译研究。语料库翻译研究不仅关注语言形态和结构的分析,而且要把语言结构分析与译者本人文化背景、思想背景以及社会背景相联系。Baker 认为 Bush 和 Blair 两位译者风格的不同首先在于源语文本的难易度不同,其次译者对目的语文本读者的态度、译者各人的经历、翻译的理念和目的等各方面存在着差异[64]55。

2001 年,Kenny 利用德英文学文本语料库分析了德语文学文本中异常搭配和罕用词的英译情况,研究发现在一定程度上异常搭配和罕用词的英译也呈现范化趋势。她指出"有些译者更倾向于范化,范化可能特别适用于凭借系统的构词过程而形成的词汇特征以及利用常规词汇组合而成的创造性复合词或搭配"。[65]211 同时,Kenny 也提出仅仅利用类比语料库对翻译共性特征进行研究可能出现对源语文本分析不足,对比研究不够充分等问题[66]59。因此,应该将可比语料库与平行语料库结合起来研究翻译的共性特征。

2003 年,Mason 和 Serban 利用罗马尼亚语小说和短片故事及其英语译文组成的双语平行语料库研究了原文和译文中的指示词,重点分析语料库里 11 篇原文文本及其英语译文中方位和方向(proximal)指示代词之间的转换。研究发现英语译文中存在距离化的倾向,即译文很大程度上将原文的方向变为距离(distancing),这种倾向性在语料库中选取的文本是一致的[67]91。

Olohan(2004)比较了翻译英语小说和英语原创小说中颜色同义词的使用频率,发现翻译英语小说的颜色同义词使用频率低于英语原创小说,即翻译英语小说中颜色同义词的使用缺少变化性。此外,Olohan 利用翻译英语语料库和英国国家语料库对缓和词。例如,quite,rather,pretty 和 fairly 等在翻译英语和原创英语中的使用频率及搭配情况进行了分析。研究显示 pretty、rather 和 quite 在翻译英语语料中的搭配范围比原创语料更广,但是,这些词在翻译英语语料中的出现频率低于原创语料[68]122–143。Olohan 还分析了出现这一现象的主要原因:语料库中源语文本缓和词的使用频率本身就低;其次缓和词主要表达模糊的、不确定的事情。受到翻译显化影响,翻译文本往往消除了源语文本中的模糊表达;最后缓和词主要表达说话人或作者自己的态度或情态,体现说话人或作者和听话人或读者之间的互动情况。但是由于翻译本身属于互动性不太显著的文本生成形式,所以翻译文本中缓和词使用的频率往往要比原创文本要低。

Bosseaux 对英国作家 Virginia Woolf 的作品《到灯塔去》(*To The Lighthouse*)的 3 个法语译本进行比较分析,介绍了法语译本在情态、指示、及物性和间接话语等方面的具体特征,并分析了不同翻译者表现出的各自翻译风格以及产生这些风格的具体原因,强调了不同译本在叙事结构方面存在差异的原因在于译者所采用的翻译策略和方法[69]107–122。Bosseaux 还统计了 Woolf 的另一部作品《海浪》(*The Waves*)两个法译本中的形符/类符比、平均句长等基本数据,探讨了法译本在专有名词和文化词汇等方面采用的不同翻译策略,以及翻译方法。研究还指出两译本分别采用了归化和异化两种完全不同的翻译策略。异化策略侧重在目的语文本中展现异域文化,而归化策略则努力消除目的语文本中的异域文化[70]599–610。

Malmkjaer 借助语料库手段对丹麦作家安徒生童话《豌豆上的公主》(*The Princess and the Pea*)的英译作品进行了分析,研究发现作者在原文中反复使用"rigtig"和"virkelig"两个词语。"rigtig"意思是"符合惯例"(conventional),而"virkelig"指的是"真实"(genuine)。译者在翻译过程中既要忠实于原著,又要避免重复,因此就不容易作出选择。她对安徒生的作品分析后发现,"表面上顺从社会惯例",而内心则"坚持真实价值"是作者写作中坚持的"一贯主题"。所以 Malmkjaer 认为,在翻译安徒生的这篇小说时"我们要尽可能保留作者原文语言中的重复模式"。基于安徒生作品英译本分析,Malmkjaer 提出了"翻译文体学"的概念[71]13–24。翻译文体学研究译者以特定的方式塑造译文的原因,主要包括语言因素和非语言因素两个方面。

Hoey 以 Bill Bryson 的游记散文《不是故乡非客乡:旅欧纪游》(*Neither Here Nor There*:*Travels in Europe*,1991)开篇句子原文和 3 个葡萄牙译文为

语料，对比分析了英语原文与葡萄牙语译文中的词汇触发现象（lexical priming）。同时，将葡萄牙语语料库作为参照库对研究中的相关词汇进行了检索，检索发现，译者决定了翻译中采用源语还是目的语词汇触发形式，语言变化的主要动因就是译者本人的选择倾向[72]167。

**（三）国内相关研究**

国内已有研究者运用语料库方法进行英汉文学作品及其不同译本的比较研究。近年来的研究热点在基于语料库的莎剧汉译研究和《红楼梦》英译研究。

国内很多研究者（胡世荣，2006；胡开宝、朱一凡，2008；胡开宝，2009；孟令子，2011；任晓霏、朱建定、冯庆华，2011；侯钰璐，2012；李晓倩，2012；李涛、徐芳，2013；刘慧丹、胡开宝，2014 等）采用语料库研究方法进行了一系列的研究，比方说莎剧中话语标记“why”的汉译、“which”引导的定语、称呼语从句汉译研究、汉译本中“被”字句、虚化动词、程度副词强化 / 弱化研究等一些方面。其中《哈姆雷特》汉译本研究者较为集中，研究的重点是该剧的汉译本中存在的显化、“把”字句以及具体翻译策略等现象。胡开宝教授主持建立了莎士比亚戏剧英汉平行语料库。他介绍了莎士比亚戏剧英汉平行语料库的创建过程和具体应用情况，例如，莎剧汉译本中的“把”字句和“被”字句的应用情况，并且分析了该类句式出现的原因，还对莎剧汉译本中的显化现象进行了实证研究。此外，他还对梁实秋和朱生豪的翻译策略应用和翻译风格进行了比较研究，等等。

燕山大学刘泽权教授及其团队的国家社科基金项目《红楼梦》平行语料库的汉英文化词典编纂研究取得了丰硕的成果，发表论文若干篇（刘泽权、闫继苗，2010；刘泽权、刘超朋、朱虹，2011；刘泽权、张丹丹，2012；侯羽、刘泽权，2012a，b；张丹丹、刘泽权，2014；等等），指导多名硕士研究生撰写该方面的毕业论文（许翠敏，2008；范旭，2013；等等），内容涉及《红楼梦》中英语料库的创建及应用、译者风格与翻译策略、英译本主语位置名词化及虚义动词结构等。而且，刘泽权教授的专著《〈红楼梦〉中英文语料库的创建及应用研究》（2010）介绍了《红楼梦》中英文语料库建设过程中遇到的问题，还阐述了实践研究过程中探索出来的解决具体问题的方法，其中包括平行语料库的概念与设计、中英文版本的介绍、检索软件功能介绍与全库数据统计分析等；以建成的语料库为基础，采用定性与定量相结合的研究方法，进行了全面、细致的应用性研究，研究涉及许多具体翻译现象，如叙事标记语、报道动词、委婉语、习语、称谓、人物形象塑造等。

冯庆华教授的专著《母语文化下的译者风格》(2008)中采用定性与定量分析相结合的方法，通过计算机统计，参照英国国家语料库(BNC)的词频数据对《红楼梦》霍、杨两个译本进行了比较与研究，深入细致地分析了母语文化对译者的翻译思维模式和翻译文化观的影响。严苡丹(2011a，b)和陈琳也做过《红楼梦》语料库翻译策略、译者风格以及亲属称谓和说书套语方面的研究。陈琳博士学位论文《基于语料库的〈红楼梦〉说书套语英译研究》(2012)将系统功能语言学等相关理论引入语料库翻译研究中，采用定性、定量相结合以及多元视角相补充的研究方法，尝试通过原著章回套语、分述套语、称呼套语以及诗赞套语等典型说书套语的英译语料进行全方位的研究。

其他研究者(邱进、周洪亮，2011；赵晴，2011；唐广磊，2011；张丽梅、王峰，2011；洪涛，2011；黄勤、王佳怡，2013；姚琴，2013；谭业升，2013；冯全功，2014，等)分别从《红楼梦》语料库建设、翻译策略、衔接显化、意义显化、“被”字句、颜色词、元话语、委婉语、附加疑问句等方面开展了研究。

另外，一些中国古诗词英译研究者们(刘艳，2008；张李贝，2011；高博、陈建生，2011；杨晓琳，2012)也将语料库作为辅助手段对古诗词英译进行了分析，研究涉及较多的是《诗经》、宋词以及杜甫、李清照等诗人的作品；也有学者以语料库方法进行《论语》英译(黄勇，2012；姬岳江，2013；)和《水浒传》英译研究(仵丹，2011；刘克强，2013)。以语料库方法对汉语文学翻译进行研究的学者主要有胡显耀和王克非等(胡显耀，2007；王克非、胡显耀，2008，2010；胡显耀、曾佳，2009；胡显耀，2010)，他们对汉语翻译小说的词语特征、语法标记显化特征、人称代词显化与变异以及汉语翻译语体特征进行过深入研究；其他还有基于语料库的莫言小说葛浩文英译风格研究(侯羽、刘泽权、刘鼎甲，2014)、基于语料库的《尤利西斯》汉译句式特征、译者风格、意识流语言汉译研究(韩佳霖、夏廷德，2010；王青，2011；王青、刘莉，2014)、《老人与海》风格传译的研究(王琳琳，2009)、《傲慢与偏见》三译本对比分析(徐欣，2010)，等等。黄立波(2011，2014)借助双语平行语料库考察了《骆驼祥子》不同英译本中叙述话语翻译体现的译者风格、人称代词主语和叙事视角转换两个方面，比较译出与译入文本的翻译文体特征。秦洪武(2010)以多译本文学翻译语料库为基础，分析了对汉语翻译文本的语言运用质量产生影响的主要因素——句段长度和结构容量。其中结构容量会对句段长度产生直接影响，译本结构容量的差异导致句段长度上也会存在差异；句段长度和结构容量两个要素决定了行文的流畅和语言运用质量。夏云（2010）也采用语料库方法研究英汉翻译小说的常规化特征。其研究表明英汉翻译小说的常规化特征均与源语导向的反常规特征同时存在；相对于词汇与搭配特征而言，句法层面受源语影响更大，体现出明显的非常规趋势；翻译常规化研究也反映了原创汉语“欧化”趋势的存在。

## 本章小结

在自然科技的发展过程中，计算机技术的出现对语言类人文学科的研究起到了不可估量的促进作用。而作为一门新兴的边缘学科，语料库语言学凭借其大规模的语料资源、先进的语料库检索软件和工具对语言文本进行深加工和再创造，将自然科学与人文科学有机地结合起来。语料库语言学通过其强大的加工、分析以及统计功能，较为客观和理性地提取出文学文本的主题、人物以及情节发展脉络，能够从文字中提取出文本的框架结构，再结合文本主题，从全新的视角进行文学文本的分析和研究。比如说，语料库检索软件中的关键词查找（key word searching）、情节勾勒（plotting）以及词语搭配（antconcordance）等功能，就是通过语料库检索工具对文本进行的较为深入的数据分析和研究（王雁，2007）。运用语料库检索工具，能够对文本中要检索的词语的出现频率、词汇搭配情况和文本关键词出现频率和密度等进行统计和分析。

过去文学鉴赏和文学批评对著作本身研究时，一般只局限在对原文词句特点的研究，或者通过分析语言的内涵和外延意义得出个人对某文学作品人物塑造或情节转化等方面的理解与阐释。传统的研究和分析方法继承了文学研究的精髓内容，为我们今天分析和鉴赏佳作提供了很好的借鉴和参考[73]100。但是，我们必须指出，传统的分析方法具有很强的主观性，分析的内容选择带有个人喜好，得出的结论也不一定很公允。因此，以语料库检索为辅助手段的文学文本分析方法被引进到文学鉴赏和文学批评研究中。该方法能够更为客观地对文本进行加工和分析，再结合传统的主观鉴赏，研究结论是主客观有机结合的结果，能够得出更令人信服的鉴赏结论，是对传统文学鉴赏和文学批评方式的有益补充。而平行语料库属双语语料库，能将源语文本及其译语文本进行全文检索并对照显示，具有双语对照、语域广、时效性强、语言实例数量多、语境丰富等优势，能够广泛地应用到翻译研究、翻译教学、双语对比分析、双语词典编撰等领域。利用语料库检索软件对平行语料库中的文本进行分析，可以充分体现出检索软件对文本语言特色和翻译特点等方面的检索优势。

# 第三章　缪尔和巴勒斯生态散文语言特征及汉译概况

本章首先介绍美国生态文学的历史发展概况，然后简述我国已经引进和翻译的美国生态文学作品情况，最后以生态作家——缪尔和巴勒斯——的代表作为语料建成英语单语语料库和英汉平行语料库，以便对缪尔和巴勒斯生态散文语言特征及汉译情况有一个概括性的了解，并为有识者就此课题继续做深入、系统的分析和研究提供资料。

## 第一节　美国生态文学及汉译概述

美国生态文学的源头可以追溯到17世纪初北美的第一批欧洲移民，他们对新大陆这片广袤的土地充满希冀，期望能够在这里建立起自己的"伊甸园"。同时，他们也渴望用文学的方式歌唱这片美丽壮阔、深邃富饶的土地。在美国早期，有许多作家用日记、旅行笔记、书信和散文等形式记录下北美新大陆的美丽，这些早期的文学形式也为美国自然文学的产生奠定了扎实的基础。

美国独特的自然人文传统给生态文学的发展和繁荣奠定了牢固的基础，业已产生许多重要的代表作家[74]88。比方说惠特曼（Walt Whitman，1819~1892）和梭罗，他们的作品已经被译成汉语并收入到我国第一套美国文学丛书（1949）中，之后又有译者陆续翻译并出版了爱默生以及海明威（Ernest Miller Hemingway，1899~1961）等生态文学作家的作品。然而，在他们之后的一些重要生态文学作家，在我国并没有系统的介绍。

### 一、美国生态文学概述

十七八世纪的自然文学作家把眼光转向了美洲的自然景观，这对包括19世纪作家在内的后期自然文学的创作起到了开创性的作用。就文体来说，十七八世纪的自然文学为19世纪自然文学创作提供了可以参考的文体，推进了19世纪自然文学文体上的成熟。约翰·史密斯(John Smith)的《新英格兰记》(*Description of New England*)和威廉·布雷德福(William Bradford)的《普利茅斯种植园记事》(*History of Plymouth Plantation*)都是以描述性的散文体写就,语言清丽、充满活力,这种文体逐渐发展成了今天的生态文学[75]3。

美国建国初期本土作家欧文的作品,如《见闻札记》(*The Sketch Book*),多是描写居民在纽约附近地区以及美国东海岸地区的奋斗经历,故事描写中侧重自然风光和个人感受。库柏是19世纪初美国第一个通过文学形式对美国本土进行描写的作者,他也是美国第一个边疆冒险小说、航海、战争史小说作家。他的代表作《皮袜子故事集》(*The Leatherstocking Tales*)就是以美国本土特别是美国西部为素材,开辟了美国小说的新领域,而且提高了小说的艺术水平。《皮袜子故事集》对西部做了全景式的描绘,反映了18世纪下半叶到19世纪初,60年间美国边疆生活的情景,小说展现了一幅生动的美国边疆图景,描写了大自然的雄伟气势,众多的美国西部的自然景物出现在作品中,库柏也因此获得了国际上的认可。

19世纪美国超验主义哲学的代表、文学家爱默生发表过很多散文、诗歌甚至讲演录等,但是总的说来,贡献最大的还是他的散文。爱默生的作品以松散的结构、散文般的描述手法而著称。他的《论自然》(*Nature*)被誉为一首长长的散文诗。清丽的语言既描写自然,又反映其理性的自然观。他呼吁建立独立的美国文学,开始把新大陆的风景作为文学艺术的灵感源泉。继爱默生之后,出现了梭罗、缪尔、巴勒斯、利奥波德等一大批以描写自然著称的作家。梭罗秉承了爱默生的衣钵,以一部散文体写就的《瓦尔登湖》闻名于世。梭罗提倡使用一种与泥土接壤的语言,他认为句子应当像农夫播种一样自然。散文的文体不仅使19世纪的自然文学作家得以细腻地书写自然,同时这种文体也使得作家的思想得以流畅地表达。

在19世纪自然文学作家笔下,除了散文这种文体外,他们还使用了诗歌、小说等文体。但对于自然文学而言,17、18世纪文学家率先将散文文体引入自然文学的创作中,这对于19世纪包括后期的自然文学都起到了奠基作用,也为自然文学创作文体的发展起到了开拓性的作用。库柏创造了第一个美国主人公的形象,爱默生呼唤作家用新的目光审视美国的风景,而惠特曼创做了真正属于美国的诗歌。惠特曼的《草叶集》(*Leaves of Grass*)中没有一首诗是按五步抑扬格书写的。他独创的自由体诗,从根本上动摇了自莎士比亚时代以来传统格律诗的垄断地位(黄俏,2007)。美国的自然文学融自然科学与文学风格为一体,从爱默生的《论自然》、梭罗的《瓦尔登湖》、惠特曼的《典型的日子》、利奥波德的《沙乡年鉴》,以及其他许多不容忽视的自然文学作家的作品,直到今天仍然深受人们的热爱和推崇。例如巴勒斯,他非常关注鸟类的状况,一生著有《延龄草》《鸟与诗人》(*Birds and Poets*)等 25 部作品;再如缪尔,几十年跋涉在美国西部山区之中,写出了《加州的群山》《阿拉斯加之旅》等散文[76]6。

20 世纪的下半叶,美国文坛上逐渐产生了一个全新的文学流派——美国自然文学(American Nature Writing)。它的主题是描写自然,内容包括人与自然的关系,可以说是美国文学史上的一次"新文艺复兴"。如今,在美国将自然文学为题材的出版物已达几千种之多。很多大学里也开始为研究生开设专门的生态文学课程。到了 1992 年,它已经成为美国文学的一个重要流派,吸引着越来越多的作者和读者群体[77]2。

近年来,随着国内引进的美国自然文学经典作品越来越多,也有研究者开始从理论层面研究美国自然文学的出现背景、发展现状以及该文学流派的主要特点。"就文学形式而言,美国自然文学是一种散文文学,它以散文、日记以及诗歌等形式记录自然环境。在内容方面,它主要关注人与自然的关系。这种文学形式的典型特点是以第一人称为视角进行写实表达、描述作者从人类社会走向自然环境的个人体验与感受"[78]2。它以农村与荒野为主要题材,并不关注城市环境及城市生活。作品默默地培养着人们对自然环境的关注与兴趣,鼓励人们重新认识自己所生活的自然环境,并通过文学的形式对人与自然的伦理关系进行描写,倡导人类与自然界的和谐共处,使人类重新找回原本具有的纯朴精神和生活态度。

## 二、美国生态文学汉译概况

西方国家的生态学时代始于 1970 年,当年的 4 月 22 日被确定为世界首个"地球日"。在文艺学领域,生态文学的影响也日益强大,相继产生和发展出生态文学、生态批评、生态美学等文学范畴。作为直接反映人类社会生活的文学形式,生态文学也逐渐引起研究者们的兴趣,并发展成文学研究的课题之一。

2000 年以前,国内选择引进的美国生态文学作品,主要是依据作者在美国文学史上的地位和作品本身的文学影响力，并非以生态作品身份进入中国读者视野。如1949年出版的《美国文学丛书》中就包含徐迟翻译的《华尔腾》(1982年重译时更名为《瓦尔登湖》)和高寒翻译的《草叶集》。2000年以后，国内翻译的美国生态文学作品也比较零散。如美国早期本土作家欧文的作品《见闻札记》(或译为《见闻录》)在国内已有多个版本的翻译；如刘荣跃(2003)、李长兰、樊培绪(2004)、费解和苏勇强(2005)、高健(2011)，等等；欧文的另一部作品《大草原之旅》也被李玉瑶(2005)译成中文出版。与欧文同时代的边疆小说家库柏的代表作边疆五部曲《皮袜子故事集》(包括《拓荒者》《最后的莫西干人》(《草原》《探路者》和《杀鹿人》)也已被原版引进，其中的《最后的莫西干人》已被张顺生(2007)、宋兆霖(2008)等译为中文。美国生态文学奠基者爱默生的作品《论自然》被吴瑞楠(2010)翻译出版、《爱默生随笔》由蒲隆(2010)翻译出版。

梭罗的代表作《瓦尔登湖》(1854)是美国文学史上第一部完整的、以生态环境为中心的文学著作。作家在写作中开始反省人类行为对自然生态的影响，并在不断探索自然的过程中真实记录下足迹所至的自然状况，属于真正意义上的"生态文学"作品。因此，1854年成为美国生态文学形成的标志性时间[79]V。王诺(2011)认为，生态文学主要反映人类社会发展与生态环境的直接关系，它考察的是生态系统的整体利益、主要表达自然与人类之间的关系。美国的生态作家在这一领域贡献颇多，他们率先认识到生态文学作品对人们环境意识的引导作用。早在2000年以前，国内已经引进并多次翻译梭罗的《瓦尔登湖》(例如，徐迟，1949；吴明实，1978；徐迟重译，1982；孟祥森，1995；张玲，1999；等等)，迄今已有30多个译本出版。梭罗的其他作品，例如《河上一周》(*A Week on the Concord and Merrimack Rivers*)(深幻，2005)和《缅因森林》(*The Maine Woods*)(戴亚杰，2009)等作品也被译成汉语出版。

1997、1999和2000年，吉林人民出版社分3次翻译出版过16部西方国家的经典生态文学——"绿色经典文库"，包括梭罗的《瓦尔登湖》(1997)、利奥波德的《沙乡年鉴》(1997)、卡森的《寂静的春天》(*Silent Spring*，1997)、缪尔的《我们的国家公园》(*Our National Parks*，1999)，等等。可以说"绿色经典文库"对我国生态文学类图书起到了重要的补白作用，它唤起了国内有识之士对生态文学作品的重视，成为国内生态文学爱好者和研究者进行鉴赏、研究以及学习的重要宝库。这个时候，生态文学在我国不再陌生，其他出版社也开始组织翻译类似的文库，引发了一场“绿色”出版热潮，“绿色”书籍的出版也提高了我们对环境以及可持续发展思想的认识。

到了2001年以后，三联书店陆续出版了程虹教授翻译的“美国自然文学经典译丛”，其中包括国内第一部系统研究美国自然文学的专著《寻归荒野》（2001），以及巴勒斯的散文《醒来的森林》（*Wake-robin*，2004）、亨利·贝斯顿（Henry Beston）的《遥远的房屋》（*The Outermost House: A Year of Life on the Great Beach of Cape Cod*，2007）和特丽·T·威廉斯（Terry T. Williams）的《心灵的慰藉》（Refuge: An Unnatural History of Family）。随着人们的生态意识不断加强，读者对生态作品的阅读需求也在不断增加。因此，2012年，三联书店再次出版了程虹教授的“美国自然文学经典译丛”，包括早年已经翻译的《醒来的森林》《遥远的房屋》《心灵的慰藉》，以及新译著《低吟的荒野》（Singurd F. Olson，*The Singing Wilderness*）4部书。书中以优美的文学语言揭示了大自然的美丽、神秘和气象万千，展现了人类回归自然后所获得的心灵自由与内在宁静，反思了人类与自然、人类精神与自然这些古老但被现代人渐渐忘却的问题（引自“百度百科”——译著简介 http://baike.baidu.com/view/10033692.htm-fr=aladdin）。译丛收入的都是4位作家的代表作，被视为美国自然文学的经典之作，在美国自然文学中也颇有影响，并被收入美国权威性文选及高校文学教材《诺顿自然文学文选》（*The Norton Book of Nature Writing*）中。

2006年，鹭江出版社的“经典游记译丛”选取了《清新的原野·冬日阳光》（巴勒斯）、《阿拉斯加的冰川》（缪尔）等10部作品。2008年，百花文艺出版社则出版了“美国生态文学经典译丛”，译丛包括缪尔的《山间夏日》、奥斯汀的《无界之地》、惠特曼的《典型的日子》和巴勒斯的《鸟与诗人》。2009年，北方文艺出版社出版发行了世界名家自然散文选——梭罗作品集，包括《河上一周》《瓦尔登湖》《缅因森林》和《心灵漫步科德角》4部汉译作品。2012年，安徽人民出版社与时代出版传媒股份有限公司合作出版的“绿色经典生态文学丛书”，选取了奥斯汀、巴勒斯和缪尔3位作家的作品，包括《无界之地》《清新的原野》《延龄草》《河畔小屋》《自然之道》等14部作品，从不同视角讴歌了人类生活的自然环境、深入剖析了人类与自然之间的关系，希望通过这些具有代表性的生态文学作品进一步唤起人们对生态环境的关注。

2004年，厦门大学成立了自己的生态文学研究队伍，它以厦门大学中文系和厦门大学比较文学与世界文学研究所为依托，如今该研究团队已经取得了较为丰硕的成果。团队带头人为中文系王诺教授,成员包括该校相关领域的多名教师和研究生。研究出版了几十部学术专著和生态文学作品,发表了几百篇相关学术论文,同时还培养出了多名生态文学研究方向的研究生。

美国生态文学作品的引进与汉译有效地促进了中国学者生态意识的觉醒,并尝试在中西方的比较过程中,积极拓展我国生态批评的研究视域。随着生态危机的日益加剧,人类的居住和生存环境受到极大的威胁,保护生态环境,缓解生态危机成为全社会共同关注的热点问题。生态文学的迅速发展正是迎合了人们对生态环境的重视态度。作为一种特殊的文学形式,它揭示了目前存在的生态危机、批判了人类中心主义的危害、展现了人与自然和谐共生的追求,培育了人们健康的消费观、发展观,提高了人们的生态意识,促进了人与自然和社会三重生态的和谐发展[80]16。当前的生态文学研究为新时期中国立足于生态视角的文艺学与美学研究提供了可以借鉴的思想资源。

从 1949 年徐迟翻译的《瓦尔登湖》出版,梭罗的生态思想开始在中国文坛生根,到 21 世纪初西方生态文学成果的系统引进,这些努力为我国生态文学的发展和逐渐走向深入都有重要参考作用。原版引进的弊端是显而易见的,读者群受到限制,受众群体和影响面都很小。美国生态文学作品的翻译出版,对提高我国读者对生态文学的认识和对生态环境的重视大有裨益。

国外生态文学的引入与传介对建构 21 世纪的中国生态文学、推进生态文学与翻译批评在中国的现代演进具有重要的启示意义。为了壮大生态文学作品读者群,翻译文本的质量至关重要,也就需要越来越多的高端翻译人才参与进来,对翻译事业与翻译产业的规划与管理也相应提上日程。从翻译批评的角度看,要有理论的支撑和实践的体验。

## 第二节　缪尔和巴勒斯生态文学作品的语言特征

19 世纪下半叶,美国自然文学中,继梭罗之后最具代表性的自然文学作家有缪尔和巴勒斯等人。他们的笔下体现着不同的地域风情和写作特色。缪尔以美国西部的优胜美地山脉作为自己的写作素材,缪尔笔下的“山之王国”,气势磅礴,雄伟浑厚,他也因此获得了“山之王国中的约翰”的美誉。巴勒斯则以美国东部的卡茨基尔山作为自己的写作背景,巴勒斯笔下的“鸟之王国”,鸟语花香,清新宜人,他因此获得了“鸟之王国中的约翰”的称号。

## 一、缪尔和巴勒斯简介

约翰·缪尔，活力无限的博物学家、“大自然的推销者”和“美国自然保护运动的圣人”，他倾其一生呼吁人们建立国家保护公园，发动了许多群众性的自然保护运动。他在几十年的时间里，以徒步的方式走遍了美国中西部壮丽的山川，尤其是在内华达山脉考察的时间最长。与梭罗现场笔记方式一样，他随身携带着笔和纸，随时描绘并记录下所看到的自然景物，一路上边看边记，用完了 60 个日记本，写出了 300 多篇文章来描写美国西部山脉的自然风光，还完成了 10 部游记散文，内容主要体现心灵与自然的对话。比如 1894 年出版的《群峰与山涧》和《加州的群山》，1902 年出版的《我们的国家公园》、1911 年出版的《夏季走过山间》、1915 年出版的《阿拉斯加之旅》等，都是描写自然风光为主的散文。1868 年，当缪尔第一次看到内华达山脉时，就深深地为其壮丽的景色所吸引。在之后的岁月里，他的足迹几乎遍及美国西部各个山区，他观察细致并且博闻强记，以日记的形式详细地记录下所到之处的山脉，山上的河流、湖泊、溪水、草地、森林、花鸟等自然状况。在《加州的群山》一书中，缪尔对内华达山脉的景色进行了深入而细致的描写，书中充满了作者对大自然的热爱和景仰。他表示，人们对美的渴望丝毫不逊于对食物的需求，人类需要一定的空间进行休息以及祈祷，大自然能够平复人类的心理创伤，给予他们灵魂与肉体的力量，让他们重拾欢乐与幸福。

1879 年至 1890 年，在十多年的时间里，缪尔无数次冒着生命危险将亲眼所见的阿拉斯加的景色真实而详细地记录下来，完成了散文游记《阿拉斯加之旅》(1915)。这段旅行也成为缪尔人生的转折点，此后他开始专注于写作和登山。书中描述了湛蓝晶莹得如瀑布一般的阿拉斯加冰川、终年不化的雪山、潺潺流淌的清泉、湍急清澈的小溪里银光闪烁的大马哈鱼、广袤无垠的大海上数不尽的冰山，夜空中绚丽的极光，以及北极特有的极昼现象。

缪尔知识渊博，其作品语言既生动又朴实，文字简洁，朗朗上口，他用真实的笔触描绘了自己对大自然的热爱和对理想的追求，也向广大读者亲自示范了热爱自然、亲近自然、感受自然和保护自然的方式，他的作品一直吸引着众多的现代读者。他的作品被称为感动过一个国家的文字。正是在他作品的感召和呼吁之下，美国才陆续创建了许多国家保护公园。

美国另一位重要的生态作家约翰·巴勒斯，同样被冠以众多卓越的称号,如“美国自然文学之父”“走向大自然的向导”“美国乡村的圣人”“鸟类王国的代言人”,等等。美国很多知名人士都是沿着他的脚印渐渐走向自然的,包括西奥多·罗斯福总统在内。巴勒斯的一生中,大部分时间都是在哈德逊河畔乡间的河畔小屋里生活,他的身份既是农夫又是作家,他的一生以研究自然、书写自然、歌颂自然为主。从1871年出版第一本自然散文集《延龄草》开始,留下了25部优美的自然散文,散文主要书写自然以及自然界中的各种动物,涉及的鸟类最多,因此获得了鸟类王国代言人的称号。他的散文文笔优美、语言生动,颇受读者喜爱。例如,散文《延龄草》原文题目是Wake-robin,常被误以为是“醒来的知更鸟”,其实,Wake-robin是北美大陆早春时节常见的一种白色小花,花的开放标志着候鸟将陆续归来。巴勒斯在该书中描述了森林里各种鸟类的生活习性,尤其详尽地描写了各种鸣鸟的特点。当时的《大西洋月刊》主编曾经说过:“这是一部由一个熟悉并热爱鸟的人写就的关于鸟类的书——它不是一本干巴巴的鸟类目类,而是在我们面前展现出一幅幅生动的鸟的画面。林中暮色和清新宁静的氛围使得这本书的读者无法自拔,翻阅着它,有一种夏日度假的感觉。”而对于久居城市的现代人来说,阅读该书仿佛亲身徜徉于美丽的大自然中。《延龄草》一出版即获得了巨大的成功,巴勒斯也因此跃居美国当时最受欢迎的作家行列[81]14。直到现在,这本书仍然深受推崇,可以说是一部经典的生态文学作品。

在1905年出版的《自然之道》中,巴勒斯对动物的感官描写深入而且独到,他认为动物的知识仅限于现在和现场的东西,无法做到反思或回想。它们能够使用的唯一语言就是各种呼喊和叫声,以及痛苦、警觉、快乐、爱意和愤怒的表情。它们只能通过叫声互相交流,分享各自的心理感情。在书中,作者通过细致入微的观察和常年与动物的亲密接触,将动物的生活习性和交流方式展示在读者面前。

巴勒斯所描绘的各种景物都是人们所熟悉并且是容易接近的。比方说郊外的农场、农场院落、原野、树林、各种鸟类以及动物,所以读起来更感觉熟悉和亲切,因其朴素的写作风格和真实的自然主题吸引了众多的读者,在当时就曾创下了150万册的销量纪录,成为当时最受欢迎的作家之一。他最大的写作特点就是以纯真的方式去观察、感受和描写自然,引导着读者去亲自阅读自然之书,认真倾听大自然的声音。他向人们彰显了一种贴近自然、善待自然的生活方式,并使之成为一种时尚,也为后人确立了自然文学的写作范式。

## 二、语料库建设

本书选择美国生态文学作家缪尔和巴勒斯比较有代表性的4部作品——*The Mountains of California*, *Travels in Alaska*, *Wake-robin* 和 *Ways of Nature*——建立符合研究要求的小型英语语料库。语料以电子文本的形式存储，通过计算机自动处理和人机互助加工，能够对词汇密度、词频、句子长度、搭配模式、特定词汇的使用等方面进行对比分析[82]60。

建库前首先查找网络上现有的英文原著电子文本，本书语料来源于互联网免费电子书 *Project Gutenberg*(http://www.gutenberg.org/)，该网址免费提供46 000多部纯文本UTF-8格式电子书。下载4部作品原文后再结合原版书籍进行对照并修正格式、排版和乱码等错误信息，建成大约300 000词容量的英文单语语料库。另外还下载了梭罗的《瓦尔登湖》(*Walden*)和《缅因森林》(*The Maine Woods*)两部原著作为参照语料库(约200 000词)。为防止某些软件不识别其他编码格式的文本，或者一些特殊格式标识符号在读取中出现乱码，继而可能会影响处理结果，我们把电子文本统一储存为纯文本格式，建成适用性较强的语料库，能够支持多种软件的检索，并满足研究需要。

然后，将处理后的清洁文本进行词性附码和分词标注。采用兰卡斯特大学计算机语料库研究中心的CLAWS网络版词性赋码器(http://ucrel.lancs.ac.uk/claws/trial.html)对原文语料库文本进行词性标注。

再利用美国西北大学信息技术中心提供的网络版sentence splitter为语料进行分句(http://morphadorner.northwestern.edu/morphadorner/sentencesplitter/)。将处理后的文本建成英语单语语料库，再进行缪尔和巴勒斯生态散文语言特征的检索和分析。

在单语语料库基础上，扫描并校对4部散文的中译本，建成英汉双语平行语料库，进行语言对比和翻译研究。中文译本采用的是安徽人民出版社与时代出版传媒股份有限公司合作出版的“绿色经典生态文学丛书”(2012)中的《加州的群山》《阿拉斯加之旅》《延龄草》和《自然之道》，以及三联书店出版的“美国自然文学经典译丛”(2004、2012)中的《醒来的森林》(*Wake-robin*)、鹭江出版社“经典游记译丛”(2006)中的《阿拉斯加的冰川》(*Travels in Alaska*)，根据以上译本选取的语料合计约为700 000字，分别建成两个“一对一”和“一对二”的双语平行语料库，两个语料库的总库容约1 000 000

词(字)。汉译本均从纸质本扫描成 PDF 文件再转换为 word 格式,参照纸质本进行校对后分别保存为纯文本 UTF-8 和 unicode 编码格式，并采用中国科学院计算所的汉语词法分析系统(ICTCLAS)进行中文分词、分句和词性标注。

## 三、词汇层面检索与分析

运用语料库检索软件 AntConc 3.4.1w 和 WordSmith Tools 6.0 提取文本的基本数据信息,然后对取得的信息做深入分析,进而了解缪尔和巴勒斯 4 部散文的语言特征,达到对原著更加理性化的理解,从而为生态文学研究开辟一个更新、更深入的途径，了解缪尔和巴勒斯生态散文语言的基本特征。AntConc 3.4.1w 是一款免费检索软件，由日本早稻田大学 Laurence Anthony 博士编写，软件的开发得到日本教育科学运动文化提高社团和日本早稻田大学的共同支持和财政补贴。WordSmith Tools 6.0 软件是由英国利物浦大学 Mike Scott 设计,牛津大学出版社出版的付费商业软件,它是基于 Windows 平台的索引软件(http://www.lexically.net/wordsmith/index.html)。利用两款检索软件可以对以下数据进行统计:文本字节数(bytes)、形符数(tokens,文本单词总数)、类符数(types,文本不同词形的单词总数)、类符 / 形符比(type/token ratio)、标准化类符 / 形符比(standard type/token ratio)、平均词长(average word length)、句子数(sentences)、平均句长(sentence length)、句长标准差(standard deviation of sentence length)、段落数 (paragraphs)、平均段落长(paragraph length)、段落长标准差 (standard deviation of paragraph length)，等等。类符(type)指文本中不同的词,排除重复并忽略大小写,即一个文本中重复出现的形符只能看作一个类符。形符(token)指文本中出现的所有词,形符总数是最常用的语料库容量测量单位。Baker 指出,词汇密度能够反映文本用词的多样性,可以用类符 / 形符比(type/token ratio,TTR)来计算文本的词汇密度,类符 / 形符比值的高低和作者词汇使用的丰富程度和多样性成正比[83]250。类符 / 形符比值在不同长度的文本中会受到类符聚集的均匀程度的影响,因此常以标准化的类符 / 形符比作为考察依据。运用语料库手段对文学文本进行分析,能够有效减少研究者主观因素对研究结果的影响,研究结论更加精确可信。

借助语料库工具 WordSmith Tools 6.0,分别获取 4 个原文本中词汇的基本数据,包括类符、形符、类符 / 形符比、标准化类符 / 形符比、平均词长、句子数目、平均句长等。同时,将梭罗的生态散文《瓦尔登湖》和《缅因森林》作为参照语料库,从高频词、词长分布、词汇密度等方面进行探讨,对比分析4个文本的语言特征。统计数据详见表3.1至表3.7。

### (一)基本信息分析

表3.1 原文语料库基本数据 WordSmith Tools 6.0 检索统计

| 文本 \ 考察项 | 考察语料库 | | | | 参照语料库 | |
|---|---|---|---|---|---|---|
| | 缪尔 | | 巴勒斯 | | 梭罗 | |
| | 加州的群山 | 阿拉斯加之旅 | 延龄草 | 自然之道 | 瓦尔登湖 | 缅因森林 |
| 类符 | 8 223 | 7 376 | 7 011 | 7 004 | 10 881 | 7 903 |
| 形符 | 91 002 | 84 344 | 58 293 | 67 980 | 107 293 | 97 810 |
| 类符 / 形符比 | 9.04 | 8.75 | 12.03 | 10.3 | 10.14 | 8.08 |
| 标准化类符 / 形符比 | 47.72 | 46.48 | 46.17 | 41.81 | 45.2 | 43.83 |
| 平均词长 | 4.59 | 4.41 | 4.36 | 4.24 | 4.25 | 4.23 |
| 句子数 | 2 677 | 2 839 | 2 487 | 2 893 | 3 748 | 3 612 |
| 平均句长 | 33.99 | 29.71 | 23.44 | 23.5 | 28.63 | 27.08 |

利用 WordSmith Tools 6.0 软件中 wordlist 功能对文本进行统计后发现(表3.1),在类符数量方面,梭罗的两部作品最多,共1.8万多;巴勒斯的最少,仅1.4万多;缪尔的居中,1.5万多。在形符数量方面,梭罗的两部作品最多,达到20万左右;巴勒斯的最少,仅12.6万多个;缪尔的居中,有17万多。此外,6部作品的标准化类符 / 形符比, 即文本每1000词的类符 / 形符比,也不相同。从表3.1可以看出,6部作品的标准化类符 / 形符比在41.81~47.72之间,作者使用的词汇变化并不大,用词不算丰富。在相同文字数量的情况下,缪尔的词汇使用可能更为多样。平均词长是4.23~4.59。平均句长方面,缪尔的为33.99、27.71,梭罗的为28.63、27.08,巴勒斯的为23.32、23.10。相比较而言,缪尔的《阿拉斯加之旅》中的句子要稍短一些,更容易读懂;《加州的群山》句子偏长,阅读难度较大。巴勒斯的作品总体可读性最强,梭罗的居中,缪尔的阅读难度较大。通过这些数据分析,我们可以大致断定语料库中作品的词汇长度适当,但是句子相对偏长。

### (二)高频词分析

为了便于单项考察和对比分析, 下面将原文语料库整体词频和单个文本词频表前20项列出:

**表 3.2　考察语料库和参照语料库高频词 WordSmith Tools 6.0 检索统计**

| 次序 | 考察语料库 | | 参照语料库 | | 次序 | 考察语料库 | | 参照语料库 | |
|---|---|---|---|---|---|---|---|---|---|
| | 单词 | 频率 | 单词 | 频率 | | 单词 | 频率 | 单词 | 频率 |
| 1 | the | 24 131 | the | 13 862 | 11 | as | 2 494 | as | 1 964 |
| 2 | of | 12 011 | and | 7 713 | 12 | with | 2 435 | he | 1 749 |
| 3 | and | 11 596 | of | 5 912 | 13 | or | 2 180 | is | 1 725 |
| 4 | a | 7 556 | a | 5 512 | 14 | on | 2 177 | we | 1 713 |
| 5 | to | 6 521 | to | 5 036 | 15 | was | 1 846 | for | 1 697 |
| 6 | in | 6 467 | in | 3 573 | 16 | from | 1 663 | on | 1 655 |
| 7 | is | 3 161 | I | 2 862 | 17 | are | 1 579 | with | 1 612 |
| 8 | it | 2 932 | it | 2 796 | 18 | but | 1 507 | which | 1 538 |
| 9 | I | 2 808 | that | 2 325 | 19 | by | 1 487 | or | 1 516 |
| 10 | that | 2 670 | was | 2 139 | 20 | at | 1 486 | not | 1 505 |

**表 3.3　缪尔作品高频词 WordSmith Tools 6.0 检索统计**

| 加州的群山 | | | | 阿拉斯加之旅 | | | |
|---|---|---|---|---|---|---|---|
| 次序 | 单词 | 频率 | % | 次序 | 单词 | 频率 | % |
| 1 | the | 7 816 | 8.5 | 1 | the | 6 444 | 7.58 |
| 2 | of | 4 208 | 4.58 | 2 | and | 3 456 | 4.06 |
| 3 | and | 3 749 | 4.08 | 3 | of | 3 182 | 3.74 |
| 4 | in | 2 056 | 2.24 | 4 | a | 2 210 | 2.6 |
| 5 | to | 1 799 | 1.96 | 5 | to | 1 966 | 2.31 |
| 6 | a | 1 765 | 1.92 | 6 | in | 1 607 | 1.89 |
| 7 | is | 939 | 1.02 | 7 | I | 992 | 1.17 |
| 8 | with | 845 | 0.92 | 8 | on | 824 | 0.97 |
| 9 | as | 742 | 0.81 | 9 | was | 797 | 0.94 |
| 10 | on | 714 | 0.78 | 10 | with | 672 | 0.79 |
| 11 | are | 688 | 0.75 | 11 | we | 652 | 0.77 |
| 12 | from | 626 | 0.68 | 12 | that | 649 | 0.76 |
| 13 | that | 613 | 0.67 | 13 | as | 633 | 0.74 |
| 14 | I | 583 | 0.63 | 14 | it | 593 | 0.7 |
| 15 | it | 580 | 0.63 | 15 | at | 492 | 0.58 |
| 16 | by | 502 | 0.55 | 16 | were | 482 | 0.57 |
| 17 | their | 461 | 0.5 | 17 | or | 480 | 0.56 |
| 18 | at | 457 | 0.5 | 18 | from | 475 | 0.56 |
| 19 | or | 439 | 0.48 | 19 | is | 454 | 0.53 |
| 20 | they | 424 | 0.46 | 20 | for | 440 | 0.52 |

**表 3.4　巴勒斯作品高频词 WordSmith Tools 6.0 检索统计**

| 延龄草 | | | | 自然之道 | | | |
|---|---|---|---|---|---|---|---|
| 次序 | 单词 | 频率 | % | 次序 | 单词 | 频率 | % |
| 1 | the | 4 804 | 8.17 | 1 | the | 5 034 | 7.35 |
| 2 | and | 2 310 | 3.93 | 2 | of | 2 559 | 3.74 |
| 3 | of | 2 062 | 3.51 | 3 | and | 2 074 | 3.03 |
| 4 | a | 1 745 | 2.97 | 4 | a | 1 813 | 2.65 |
| 5 | in | 1 332 | 2.27 | 5 | to | 1 660 | 2.42 |
| 6 | to | 1 095 | 1.86 | 6 | in | 1 470 | 2.15 |
| 7 | is | 715 | 1.22 | 7 | it | 1 172 | 1.71 |
| 8 | I | 677 | 1.15 | 8 | is | 1 053 | 1.54 |
| 9 | it | 579 | 0.98 | 9 | that | 950 | 1.39 |
| 10 | as | 490 | 0.83 | 10 | or | 806 | 1.18 |
| 11 | with | 465 | 0.79 | 11 | as | 628 | 0.92 |
| 12 | or | 453 | 0.77 | 12 | not | 582 | 0.85 |
| 13 | that | 451 | 0.77 | 13 | I | 542 | 0.79 |
| 14 | his | 447 | 0.76 | 14 | he | 507 | 0.74 |
| 15 | was | 426 | 0.72 | 15 | they | 460 | 0.67 |
| 16 | on | 370 | 0.63 | 16 | with | 450 | 0.66 |
| 17 | but | 331 | 0.56 | 17 | his | 443 | 0.65 |
| 18 | he | 328 | 0.56 | 18 | but | 423 | 0.62 |
| 19 | one | 310 | 0.53 | 19 | its | 416 | 0.61 |
| 20 | from | 298 | 0.51 | 20 | have | 387 | 0.57 |

**表 3.5　梭罗作品高频词 WordSmith Tools 6.0 检索统计**

| 瓦尔登湖 | | | | 缅因森林 | | | |
|---|---|---|---|---|---|---|---|
| 次序 | 单词 | 频率 | % | 次序 | 单词 | 频率 | % |
| 1 | the | 6 822 | 6.34 | 1 | the | 7 024 | 7.17 |
| 2 | and | 4 212 | 3.92 | 2 | and | 3 463 | 3.54 |
| 3 | of | 3 227 | 3 | 3 | a | 2 696 | 2.75 |
| 4 | a | 2 804 | 2.61 | 4 | of | 2 682 | 2.74 |
| 5 | to | 2 749 | 2.56 | 5 | to | 2 271 | 2.32 |
| 6 | in | 1 939 | 1.8 | 6 | in | 1 630 | 1.66 |
| 7 | I | 1 798 | 1.67 | 7 | was | 1 304 | 1.33 |
| 8 | it | 1 512 | 1.41 | 8 | it | 1 279 | 1.31 |
| 9 | that | 1 188 | 1.1 | 9 | we | 1 263 | 1.29 |
| 10 | is | 1 181 | 1.1 | 10 | that | 1 113 | 1.14 |

**续表 3.5　梭罗作品高频词 WordSmith Tools 6.0 检索统计**

| 瓦尔登湖 | | | | 缅因森林 | | | |
|---|---|---|---|---|---|---|---|
| 次序 | 单词 | 频率 | % | 名次 | 次序 | 频率 | % |
| 11 | as | 1098 | 1.02 | 11 | he | 1 049 | 1.07 |
| 12 | not | 901 | 0.84 | 12 | I | 1 041 | 1.06 |
| 13 | for | 871 | 0.81 | 13 | on | 979 | 1 |
| 14 | was | 834 | 0.78 | 14 | as | 863 | 0.88 |
| 15 | or | 814 | 0.76 | 15 | for | 808 | 0.83 |
| 16 | with | 811 | 0.75 | 16 | with | 796 | 0.81 |
| 17 | which | 788 | 0.73 | 17 | had | 787 | 0.8 |
| 18 | my | 726 | 0.68 | 18 | which | 745 | 0.76 |
| 19 | but | 708 | 0.66 | 19 | at | 712 | 0.73 |
| 20 | he | 690 | 0.64 | 20 | or | 696 | 0.71 |

根据表 3.3~3.4 可以看出，考察语料库 4 个文本中使用频率最高的前 6 个单词均为虚词 the, of, and, in, to 和 a,而且排列顺序也基本相同,与 4 个文本作为整体检索的词频结果(见表 3.2)前 3 项排序(the, of, and, a, to 和 in)完全一致,第 4 至 6 项顺序略有不同,但词项一致,说明文本在前 6 个高频词的使用上是一致的。在参照语料库中,使用频率排在前 6 位的为 the, and, of, a, to 和 in(表 3.2)。可见,4 个文本在前 6 个高频词的使用方面与参照语料也基本相同。4 个文本中排在第 7 位的是系动词 is,第 8、9 位分别是人称代词 it 和 I,加上虚词和短词的大量使用,充分说明 4 个文本非常明显地属于第一人称为主的日记散文类文体。另外,使用频率排在前 20 位的其他词汇中除了 was 和 are 外均为虚词 (that, as, with, or, on, from, but, by 和 at),其中介词的比例较大,也体现文本中关于时间、地点和方式的描述较为集中。为了方便观看，下面采用折线图的方式直观地显示语料库中各个文本高频词的出现频率。

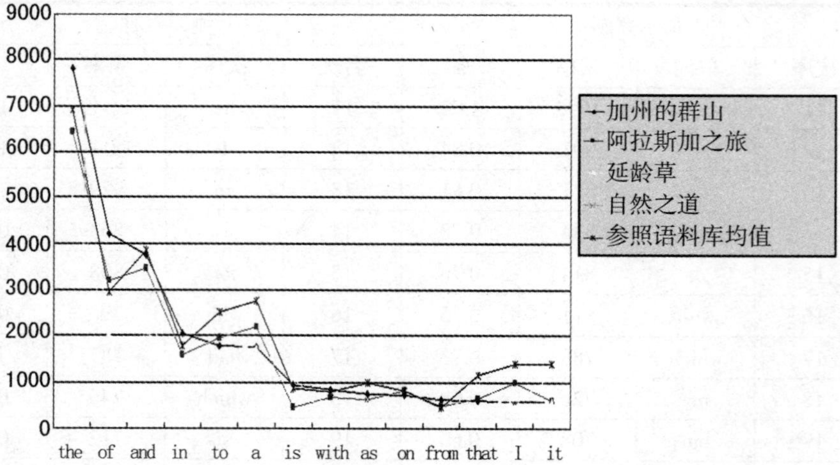


**图 3.1 原文语料库高频词折线图**

从图 3.1 可以看出考察语料库 4 个文本中的高频词与参照语料库两个文本高频词平均值中冠词 the、介词 of 和 in 走势一致；但 4 个文本中连词 and 比例均低于参照语料库均值,《阿拉斯加之旅》中 of 比例略高于参照语料库均值;4 个文本中词项 to 和冠词 a 远低于参照语料库均值;4 个文本的高频词总体走势均低于考察语料库均值。

**(三)词长分布分析**

"词长是决定文本难易程度的一个重要指标。由 2~5 个字母组成的词被视为常见词，这些词在整个语料库中的比例越高，语料库中使用的小词或常见词越多,文章就越浅显。单词越短小,文本越易理解,难度越低,文本的正式程度就越低;反之,单词越长,文本越不易理解,难度越大,文本越正式。"[84]71 表 3.6 是通过运行 WordSmith Tools 6.0 软件并将数据汇总得出的结果。可以看出,文本中 2~5 个字母的"小词"比例最大,其中 2 个字母的词数量最多,分别为 21.18%、22.02%、22.95%、23.08%、22.70% 和 23.26%;3 个字母的单词所占比例在 17~18% 左右(17.43、17.57、18.85、17.69、18.50 和 17.42)。通过软件检索出整个语料库中文本的平均词长(mean word length)为 4 个字母,说明文本词长适中,适合阅读。

**表 3.6　原文语料库词长分布 WordSmith Tools 6.0 检索统计**

| 词长＼文本 | 加州的群山 | 阿拉斯加之旅 | 自然之道 | 延龄草 | 瓦尔登湖 | 缅因森林 |
|---|---|---|---|---|---|---|
| 1- 字母 | 14 462 | 13 799 | 13 049 | 9 688 | 19 719 | 17 519 |
| 2- 字母 | 19 460 | 18 824 | 15 839 | 13 571 | 24 396 | 27 177 |
| 3- 字母 | 16 059 | 15 020 | 13 008 | 10 400 | 19 877 | 20 355 |
| 4- 字母 | 12 171 | 11 175 | 8 003 | 7 326 | 12 882 | 14 418 |
| 5- 字母 | 8 724 | 7 068 | 5 320 | 5 191 | 8 455 | 9 762 |
| 6- 字母 | 7 204 | 6 945 | 4 414 | 3 881 | 6 761 | 7 995 |
| 7- 字母 | 4 750 | 4 102 | 2 521 | 2 632 | 4 167 | 4 923 |
| 8- 字母 | 3 099 | 2 478 | 1 843 | 1 790 | 3 005 | 3 600 |
| 9- 字母 | 1 819 | 1 286 | 1 018 | 971 | 1 737 | 2 001 |
| 10- 字母 | 934 | 647 | 574 | 466 | 927 | 1 074 |
| 11- 字母 | 470 | 279 | 309 | 232 | 459 | 469 |
| 12- 字母 | 195 | 130 | 132 | 91 | 242 | 235 |
| 13- 字母 | 62 | 23 | 49 | 55 | 62 | 55 |
| 14- 字母 | 44 | 15 | 10 | 18 | 21 | 18 |
| 15- 字母 | 2 | 2 | 4 | 1 | 2 | 8 |
| 16- 字母 | 2 |  |  |  | 2 | 2 |
| 17- 字母 |  |  | 1 | 2 |  |  |
| 18- 字母 | 1 |  |  |  |  | 1 |

下面以折线图形式反映语料库中不同长度单词的数量。见图 3.2。

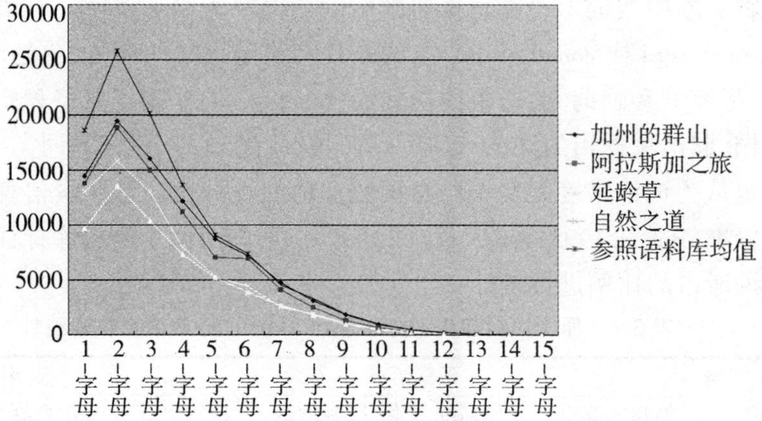


**图 3.2　原文语料库 WordSmith Tools 6.0 检索词长分布折线图**

为便于比较，将参照语料库两个文本不同长度单词数量取平均值，但因参照语料库单个文本单词总数高于考察语料库中单个文本单词量，所以参照语料库单词均值总体分布也高于考察语料库的单个文本。以 1~6 字母单词作为考察对象，可以看出每个文本中不同长度单词的总体分布与该文本单词总数呈正态分布(即折线图升降趋势一致,无交叉现象):单词数量最多的均为2个字母单词,其次依次为3个字母、1个字母、4个字母、5个字母和6个字母单词。

**(四)词汇密度分析**

词汇密度的计算方法有两种，常用的是TTR值词汇密度计算方法[85]168。这种计算方法将词语的变化性视为词汇密度。一般认为，词汇密度大于60~70%的文本密度较高,而低于40~50%的文本密度较低。但是,TTR值对语料库的容量和选材都很敏感，不一定能够反映真实的词语变化程度。此外,STTR也做不到真实反映文本的信息量,因为STTR统计的类符除了实义词还有功能词,如果文本随着功能词的增加被过度修饰的话,其STTR值也相应提高,但这不代表文本的信息量增加了。从表3.1可以看出缪尔和巴勒斯4个文本的词汇密度分别约为47.72、46.48、46.17和41.81；梭罗两个文本的词汇密度分别约为45.2和43.83。由此可见,《加州的群山》《阿拉斯加之旅》和《延龄草》的词汇密度均高于梭罗的两个参照文本,《自然之道》的词汇密度较低。4个文本的语言特征比较明显，其中巴勒斯的作品更易读懂，而缪尔的作品由于其词汇的丰富和变化可能更加难以阅读。

词汇密度的另一种计算方法是J. Ure(1971)和M. Stubbs(1986)提出的，他们将文本中实词形符在总形符数中的比例视为词汇密度。英语中的实义词(lexical word或content word)指的是具有稳定意义的词语,包括名词、实义动词、形容词和副词。英语中的功能词(function word)指不具备稳定词义或意义模糊、起语法作用的词语,包括介词、连词、助动词、冠词等词类[86]17。Baker等人也认为词汇密度是实词与总词数比值的百分比，是文本信息量大小的衡量标准(Baker,1995;Biber,et al.,1999)。下面对两个语料库标注后的文本中实词所占的比例进行统计：

**表3.7 原文语料库实词分布WordSmith Tools 6.0检索统计**

| 考察项＼文本 | 考察语料库 | | | | 参照语料库 | |
|---|---|---|---|---|---|---|
| | 加州的群山 | 阿拉斯加之旅 | 延龄草 | 自然之道 | 瓦尔登湖 | 缅因森林 |
| 名词% | 23.86 | 23.35 | 22.27 | 22.17 | 18.9 | 14.47 |
| 动词% | 13.88 | 15.3 | 15.15 | 17.39 | 15.65 | 11 |
| 形容词% | 10.33 | 8.98 | 9.67 | 6.39 | 6.19 | 4.29 |
| 副词% | 7.28 | 6.94 | 7.15 | 6.47 | 6.59 | 5.16 |
| 数词% | 1.44 | 2.46 | 1.93 | 1.42 | 1.62 | 1.53 |

依据表 3.7 中的数据计算出考察语料库 4 个文本的词汇密度分别约为 56.79%，57.36%，55.26%和 53.84%；参照语料库的两个文本词汇密度分别约为 48.96%和 36.44%。可以看出，考察语料库词汇密度远高于参照语料库，分析结果与 STTR 值略有不同（即《自然之道》的词汇密度高于参照语料库的两个文本）。原因在于参照语料库中的两个文本总形符数量最多（分别为 107 293 和 97 810），功能词的数量相对较多，存在过度修饰现象；而《自然之道》中的总形符数较少（仅 67 980 个），相应功能词的数量和比例也少，所以词汇密度有所增加。

**（五）关键词检索**

语料库语言学的快速发展为语言学研究提供了新的研究思路和分析方法，也进一步拓宽了语言学研究的领域。通过语料库软件 AntConc 3.4.1w 自动生成的词表（wordlist），可以看出文本的高频词表（以词的频率多少排列）。通过对这些词的初步分析，可以了解文本内容的相关信息，但是不能确定哪些信息是重要的，哪些是次要的。通过选择关键词（key words），才能确定出关键信息[87]41。确定一个词为某一文本的关键词，需要考察该词在该文本中出现的情况，同时还要考察该词在与之相对比的参照语料库中出现的情况。以定冠词 the 为例，如果它在某一长度为 1 000 词的文本中出现了 50 次，那么它的现频率为 5%，但是我们不能认定 the 为这个文本的关键词，因为 the 在任何文本中的频率都很高，它在参照语料库中的频率可能高于 5%，显然不能单就 the 在该文本中出现的频率来确定它是关键词。所以，要选择一个参照语料库（篇幅上比被检索文本长），运用检索软件的关键值（keyness value）功能自动生成关键词词表或主题词词表（keyword list），再通过观察关键词词表排在前列的关键词，就能确定该文本的最关键信息。关键值的高低代表着信息的重要程度，如文本中的主题、人物、时间、地点、背景等信息通常会出现在关键词表靠前的位置。分布选用梭罗的《瓦尔登湖》作为参照语料库，使用 AntConc 3.4.1w 语料库检索软件中的 keyword 功能，按照关键值生成关键词词表（keyword list），主题词主要是按照 keyness（关键值）取排在前 25 位具有明确意义指向的主题词（表 3.8）。

表 3.8 原文语料库前 25 位关键词 AntConc 3.4.1w 检索统计

| 次序＼文本 | 加州的群山 | 阿拉斯加之旅 | 延龄草 | 自然之道 | 次序＼文本 | 加州的群山 | 阿拉斯加之旅 | 延龄草 | 自然之道 |
|---|---|---|---|---|---|---|---|---|---|
| 1 | Sierra | glacier | nest | nest | 14 | canons | Mr | warblers | dog |
| 2 | range | miles | bird | bird | 15 | rocks | feet | lake | knowledge |
| 3 | mountain | glaciers | birds | birds | 16 | groves | salmon | her | does |
| 4 | glacier | fiord | song | animals | 17 | sequoia | we | note | nature |
| 5 | feet | camp | thrush | her | 18 | snow | Stickeen | robin | is |
| 6 | glaciers | moraine | warbler | instinct | 19 | canon | Toyatte | manner | robin |
| 7 | species | bergs | species | she | 20 | flowers | hundred | Audubon | seems |
| 8 | lake | canoe | female | animal | 21 | storm | chief | wren | crows |
| 9 | summit | mountain | branch | song | 22 | trees | islands | strain | sense |
| 10 | branches | Indians | male | intelligence | 23 | bees | grand | creek | crow |
| 11 | mountains | bay | mountain | reason | 24 | Yosemite | rocks | marked | tree |
| 12 | peaks | Wrangell | sparrow | act | 25 | sheep | Alaska | thrushes | species |
| 13 | glacial | mountains | seems | young | | | | | |

其中《加州的群山》中与山脉有关的关键词有 Sierra, range, mountain(s), glacier(s), feet, summit, branches, peak, canon(s), rocks, Yosemite 等等；与山脉中的自然景物、动植物等有关的关键词有 species, lake, groves, snow, flowers, storm, tree(s), bee(s), sheep, 等等。

在《阿拉斯加之旅》中与冰川有关的关键词 glacier(s), moraine, bergs; 表示地理位置的 Alaska; 阿拉斯加地区地貌特征的 fiord, canoe, mountains, bay, island, rocks, 等等；该地区典型种族 Indians、典型生物 salmon; 长度距离单位 miles 和 feet; 其他关键词 camp, 等等。

在《延龄草》中与鸟类有关的关键词 nest, bird(s), song, thrush(es), warbler(s), species, female, branch(es), male, sparrow, note, robin, manner, wren, strain, 等等；与鸟类生活环境有关的 mountain(s), lake(s), creek, 等等；以及著名鸟类研究者 Audubon。

在《自然之道》中关于动物的关键词有 bird(s), animal(s), dog, robin, crow(s), species, 等等；动物行为等特征的关键词有 instinct, song, act, young; 与动物生活环境相关的有 nest, nature, tree， 等等； 与动物智力有关的有 intelligence, reason, knowledge, sense, 等等。

随着计算机技术和互联网技术的发展和普及，学者们有机会也有能力开发并运用各种料库检索软件对翻译中的词汇、词汇搭配以及中介语等方面进行描述和分析。作为一种强有力的文本分析工具，近年来文本检索软件被广泛应用在文学作品研究中。就文学作品分析而言，研究者们可以对某个作家的一部或多部作品以及多个作家的同类作品进行对比分析和研究，这种分析方法为研究作家的语言风格以及作品的主题表达提供了可靠的量化依据。语料库软件的检索能力不断增强，可以把文学文本中的隐含结构显示出来。

**（六）关键词（KWIC）检索分析**

为了解文本的大致情节，可以通过语料库软件的语境共现（concordance）功能，输入关键词进行带语境的关键词（KWIC）进行检索；再阅读并分析检索词两侧的语境（或上下文），可以大致看出文本的主要情节，文本中的重要信息一般会出现在检索出的主题词表（或关键词表）中较前的位置；依次输入这些排在前列的关键词，再利用软件中的语境共现功能对相关的名词、形容词、动词、副词以及短语等进行检索，这些实词和短语对检索项具有修饰和限制作用；再对检索到的实词和短语进行归纳、分类和分析，就能够了解事物的重要程度和详细情况。下面通过软件中的 wordlist 功能，分别对 4 个文本主题词表中的关键词进行检索和分析。

1.对《加州的群山》主题词表中的关键词进行检索和分析

（1）检索在整个文本中 Sierra 在整个文本中出现了 166 次，说明文本对塞拉山的描述方面着墨较多：

| | | |
|---|---|---|
| 1 | the Coast Range on the west side, the | Sierra Nevada on the east. These two ranges |
| 2 | its eastern margin rises the mighty | Sierra, miles in height, reposing like a |
| 3 | its glory. Then it seemed to me the | Sierra should be called not the Nevada, or |
| 4 | –chains I have ever seen. The | Sierra is about 500 miles long, 70 miles wide, |
| 5 | general views. Every winter the High | Sierra and the middle forest region get |
| ... | ... | ... |
| 162 | better fed than any others in the | Sierra. Their field–work is one perpetual feast; b |
| 163 | that of the southern portion of the | Sierra, but more dense and continuous, and taller, |
| 164 | so charming a feature of both the | Sierra and Coast Mountains, are less numerous in |
| 165 | and along the eastern base of the | Sierra beyond Mono Lake. The greater |
| 166 | Great Plain, the Coast Ranges, the | Sierra Nevada, and the northern region about |

检索显示塞拉山的高度、长度、走向、地理位置、周围自然环境以及山上河流、瀑布、湖泊、冰川、各种植被和动物等。

（2）检索 range(s)在整个文本中出现 175 次，说明文本重点描述的是加利福尼亚地区的山脉：

| | | |
|---|---|---|
| 1 | regular in trend and height: the Coast | Range on the west side, the Sierra Nevada on |
| 2 | Sierra Nevada on the east. These two | ranges coming together in curves on the north |
| 3 | of hidden detail. The Coast | Range, rising as a grand green barrier against the |
| 4 | way through the mazes of the Coast | Range to the summit of any of the inner |
| 5 | the forests; and along the base of the | range a broad belt of rose–purple and yellow, |
| … | … | … |
| 171 | Pasadena, I reached the foot of the | range about sundown; and being weary and |
| 172 | and thence to the summit of the | range it carries a bristly mane of chaparral. Here |
| 173 | may be said of other portions of the | range. From the highest summit, far as the eye |
| 174 | ridges. Behind the San Bernardino | Range lies the wild "sage–brush country," |
| 175 | while in the Great Plain, the Coast | Ranges, the Sierra Nevada, and the northern |

检索 range(s)发现文本中专指海岸山脉(Coast Ranges)的专有名词有 18 处,其他单复数形式作为普通名词指各种山脉的走向。

(3) 检索 mountain (s) 出现 268 次,加上 53 个衍生词 mountaineer(s), mountaineering 和 mountainsides,文本内容如标题所示:描写加利福尼亚地区的山脉:

| | | |
|---|---|---|
| 1 | within the bounds of California, | mountains are ever in sight, charming and |
| 2 | only one valley, and two chains of | mountains which seem almost perfectly regular |
| 3 | and the luminous wall of the | mountains shone in all its glory. Then it seemed |
| 4 | most divinely beautiful of all the | mountain–chains I have ever seen. |
| 5 | highest icy fountains, as a kind of | mountain streets full of charming life and light, |
| … | … | … |
| 264 | running a tunnel into a spur of the | mountain back of his cabin. "My prospect is |
| 265 | make money that way, too, for the | mountains above here are just full of honey in |
| 266 | boulder–choked flood–bed of a | mountain–stream! Leaving the bees out of the |
| 267 | yet discovered in the San Gabriel | Mountains. It is a charming little thing, with a |
| 268 | in a beautiful park–like grove of | Mountain Live Oak, where the ground was |

检索 mountain(s)可以得到众多与山脉有关的信息以及具体山体名称,如山系(mountain–chains),山脉(mountain–ranges),山坡(mountain–slope),山腰(mountain–side),山群(mountain groups),等等。

再检索 Mount,得到更多关于山体专有名词,在文本中出现 39 次。如加利福尼亚地区的惠特尼山(Mount Whitney),沙斯塔山(Mount Shasta),费尔韦瑟山(Mount Fairweather),圣埃利亚斯山(Mount St. Elias),莱伊尔山(Mount Lyell),里特山(Mount Ritter),安东尼奥山(Mount San Antonio)等出现的频率较高:

| | | |
|---|---|---|
| 1 | Gibbs to the east of Yosemite Valley. | Mount Whitney, the culminating point of the |
| 2 | to a height of nearly 14 700 feet. | Mount Shasta, a colossal volcanic cone, rises to |
| 4 | in Oregon, the icy volcanoes of | Mount Pitt and the Three Sisters rise above the |
| 8 | lower until the high region between | Mount Fairweather and Mount St. Elias is |
| 9 | between Mount Fairweather and | Mount St. Elias is reached, where a considerable |
| 12 | stakes in the Maclure Glacier, near | Mount Lyell, and found its rate of motion to |
| 16 | no great risk of being storm-bound. | Mount Ritter is king of the mountains of the |
| 21 | about eight miles to the north of | Mount Tyndall, through the midst of the most |
| 22 | the left swells the huge red mass of | Mount Gibbs, while in front the eye wanders |
| 24 | about eight miles to the west of | Mount Dana. Imagine yourself at the Tuolumne |
| 33 | frequented by the sheep, such as | Mount Grant on the Wassuck Range to the west |
| 35 | dwell on the icy, volcanic cone of | Mount Rainier; and while I was exploring the |
| 37 | extending down the flowery slopes of | Mount San Antonio through the rugged, foam- |

（4）检索 glacier(s)发现有 226 个索引项是关于 glacier(s)的，再加上 76 个衍生词 glaciation，glacial，glaciated，preglacial 和 unglaciated，说明作者还重点考察了加利福尼亚山区的冰川：

| | | |
|---|---|---|
| 1 | mooth and featureless. Nevertheless, | glaciers are still at work in the shadows of |
| 2 | feet, in which once flowed majestic | glaciers, and in which now flow and sing a |
| 3 | graded and sculptured by the ancient | glaciers, and presenting, throughout all their cou |
| 4 | mit and the sections exposed by the | glaciers down the sides display enough of its inte |
| 5 | eatureless, fire-blackened mountains, | glaciers began to crawl, covering them from the |
| … | … | … |
| 222 | more magnificent, all a-glitter like a | glacier cave with icicle-like stalactites and stal |
| 223 | alpine region contains the flowery | glacier meadows, and countless small gardens in |
| 224 | ad or benumbed on the surface of the | glaciers, to which they had perhaps been attr |
| 225 | mmit in the form of one vast conical | glacier-a down-crawling mantle of ice upon a |
| 226 | night. In my excursions among the | glaciers I occasionally meet bees that are hungry, |

（5）检索 feet 共出现 306 次，除少数（27 次）是描述山脚、人脚、动物的脚以外，绝大多数（279 次）都是作为长度单位使用：

| | | |
|---|---|---|
| 1 | against the ocean, from 2 000 to 8 000 | feet high, is composed of innumerable forest- |
| 2 | apes is outspread before you. At your | feet lies the great Central Valley glowing golden |
| 3 | ide, and from 7 000 to nearly 15 000 | feet high. In general views no mark of man |
| 4 | ons to a depth of from 2 000 to 5 000 | feet, in which once flowed majestic glaciers, and |
| 5 | sheer, or nearly so, for thousands of | feet, advance their brows in thoughtful attitudes |
| … | … | … |
| 302 | forced themselves through. For 100 | feet or so above the fall the ascent was |
| 303 | villages-groups of huts four to six | feet high, built of sticks and leaves in rough, |
| 304 | oom adorned their margins, lilies ten | feet high, larkspur, columbines, and luxuriant fer |
| 305 | system of cascades from ten to 200 | feet high, one following the other in close succes |
| 306 | aking a total descent of nearly 1 700 | feet. Above the cascades the main stream passes |

(6)检索 pine(s)共出现 232 次,说明山区植被以各种松树为主:

| | | |
|---|---|---|
| 1 | most fleeting forms; their feet set in | pine-groves and gay emerald meadows, their br |
| 2 | conifers, the noble Sugar and Yellow | Pines, Douglas Spruce, Libocedrus, and the Sil |
| 3 | feet above the sea, where the Dwarf | Pine is so lowly and hard beset by storms |
| 4 | in which a few small Two-leaved | Pines are growing. These show that the age of |
| 5 | the fiery flood advanced into the | pine-woods, overwhelming the trees in its way, |
| ... | ... | ... |
| 228 | of water, like the terminal bud of a | pine-tree. The only appreciable sounds were the |
| 229 | here and there with oaks and Sabine | Pines, and interrupted by patches of ceanothus |
| 230 | makes handsome carpets beneath the | pines, and seems to be a favorite with the |
| 231 | to be a favorite with the bees; while | pines themselves furnish unlimited quantities of |
| 232 | of lava are sparsely planted with | pines, through which the sunshine reaches the |

检索到的松树种类繁多,有杜松(Juniper Pine)、针叶松(Needle Pine)、黄松(Yellow Pine)、银松(Silver Pine)、白松(White Pine)、两叶松(Two-leaved Pine)、矮松(Dwarf Pine)、糖松(Sugar Pine)、坚果松(Nut Pine),等等。

(7)另外,检索加利福尼亚地区一种特有的树种 Sequoia(美洲杉),得到 59 个检索项, 包括 Sequoia forests, Sequoia woods, Sequoia groves, Sequoia belt, Sequoia seeds, Sequoia trunks, 等等:

| | | |
|---|---|---|
| 1 | are the grandest forest-trees, the | Sequoia, king of conifers, the noble Sugar and |
| 2 | Yellow Pine, Incense Cedar, and | Sequoia. Next you come to the magnificent Sil |
| 3 | The Douglas Spruce, Libocedrus, | Sequoia, and the White Silver Fir are also more |
| 4 | its companions, excepting only the | Sequoia. The largest specimens are about 150 |
| 5 | from King's River southward the | Sequoia is not restricted to mere groves, but ext |
| ... | ... | ... |
| 55 | the farthest, all that will be left of | Sequoia gigantea will be a few hacked and scar |
| 56 | which adorn the colossal shafts of | Sequoia. The bark is deep reddish-brown upon |
| 57 | feet high, growing with the grand | Sequoia sempervirens, or Redwood. But unfor |
| 58 | casionally observed him even eating | Sequoia seeds and nibbling a troublesome flea, |
| 59 | of bridle-paths that cross the range. | Sequoia seeds at first brought from twenty to |

作者从不同角度详细介绍了美洲杉的地理分布、生长高度、多产性、生长环境、顽强生命力以及耐腐蚀性,等等。例如:

地理分布:Along the beveled rim of the canon of the south fork of King's River there is a majestic forest of Sequoia about six miles long by two wide. 沿着金斯河南汊山谷倾斜的边缘,有一片 6 英里长的壮丽美洲杉森林。

生长高度:A height of 275 feet and a diameter near the ground of about 20 feet is perhaps about the average size of fullgrown trees favorably situated; specimens 25 feet in diameter are not very rare, and a few are nearly 300 feet high. 生长环境适宜的成年树木平均高度约为 275 英尺高、地面直径约为 20 英尺；直径 25 英尺的树木并不罕见，有几个接近 300 英尺高。

多产性：The fruitfulness of Sequoia may be illustrated by two specimen branches one and a half and two inches in diameter on which I counted 480 cones. 美洲杉的多产性可以通过两根直径分别为 1.5 和两英寸的树枝来说明，我在它们上面找到 480 个球果。

生长环境：It is capable of enduring more moisture about its roots than any of its companions, excepting only the Sequoia. 除了美洲杉，它的根比生长在一起的其他树种更能忍受潮湿。

顽强生命力：We therefore conclude that the area covered by Sequoia has not been diminished during the last eight or ten thousand years, and probably not at all in post-glacial times. 因此我认为在最近的 8 千到 1 万年间以及冰川后期美洲杉的面积并没有减少。

耐腐蚀性：Sequoia trunks frequently endure for centuries after they fall. 美洲杉倒下以后通常能存在几个世纪。

以关键词 Sequoia 进行 KWIC 检索的以上 6 句为例，可以看出 KWIC 检索功能对文本主题的揭示作用，有助于快速查找关键词的语境信息，抓住文本主题。

2.对《阿拉斯加之旅》主题词表中的关键词进行检索和分析

(1)检索统计出 glacier(s)在整个文本中出现了 481 次，再加上 47 个衍生词 glacial，glaciated 和 preglacial，说明文本主要是描写阿拉斯加地区的冰川：

| | | |
|---|---|---|
| 1 | were tributaries of the main Stickeen | Glacier which once filled the whole grand |
| 2 | an excursion to the so-called Dirt | Glacier, the most interesting to Indians and |
| 3 | beautiful Lynn Canal to the Davidson | Glacier and the lower village of the Chilcat tribe |
| 4 | coast, hoping soon to see the Chilcat | glaciers in their glory. The rock hereabouts is mo |
| 5 | An hour and a half beyond the Geikie | Glacier we ran into a slight harbor where the |
| … | … | … |
| 477 | a harbor, not far from the fine Auk | Glacier which descends into the narrow channel |
| 478 | The lower summits about the Muir | Glacier, like this one, the first that I climbed, |
| 479 | near Cape Fanshawe from Wrangell | Glacier. The water ten miles from Wrangell is |
| 480 | to visit some of the other large | glaciers that flow into the bay, to observe what |
| 481 | hoping to reach the Grand Pacific | Glacier in front of Mt. Fairweather. But the |

检索 glacier(s)发现其语境共现词组中作为专有名词出现的次数较多(共 69 次)。

(2)miles 出现了 205 次,加上 76 个 mile,说明文本中关于距离的描述比较多:

| | | |
|---|---|---|
| 1 | effort, oftentimes flying nearly a | mile without a single wing-beat, gracefully swa |
| 2 | merry school of porpoises, a square | mile of them, suddenly appear, tossing themsel |
| 3 | arrived in Esquimault Harbor, three | miles from Victoria, on the evening of the fourth |
| 4 | of Juan de Fuca about a hundred | miles into the heart of one of the noblest |
| 5 | oods from a distance of fifty or sixty | miles, but so high and massive and so sharply |
| ... | ... | ... |
| 201 | was discovered after examining a | mile or more of this dreary, forbidding barrier, a |
| 202 | a distance of about three or four | miles. With the utmost caution I picked |
| 203 | and forced a way three or four | miles along the shore of the bay, hoping to |
| 204 | a rainbow, a bridge of one span five | miles wide; and so brilliant, so fine and solid |
| 205 | There must have been hundreds of | miles of them; for the time required for each |

检索 mile (s) 可以看到它前面几乎都是数词，后面一般接 above, along, away, back, below, from, in(to), long, of, to, up, wide 等方位词汇。

(3)fiord(海岸峡湾)共出现了 120 次:

| | | |
|---|---|---|
| 1 | ailing. Tracing shining ways through | fiord and sound, past forests and waterfalls, isla |
| 2 | the mainland by a narrow channel or | fiord, and trending in the direction of the flow |
| 3 | load, they had only to sail up the | fiord within a short distance of the front and |
| 4 | illing to guide us. The water in these | fiord channels is generally deep and safe, and |
| 5 | Arriving opposite the mouth of its | fiord, we steered straight inland between beau |
| ... | ... | ... |
| 116 | deep, glacier to glacier, from fiord to | fiord over all the wonderful bay. After spend |
| 117 | eached the mouth of the Hugh Miller | fiord about sundown, and tried to find a camp- |
| 118 | rope my way across the mouth of the | fiord in the starlight to an open sandy spot |
| 119 | rossed the mouth of the Hugh Miller | fiord, and forced a way three or four miles |
| 120 | ly auroral fairies marched across the | fiord on the top of the bow instead of |

文本详细考察了阿拉斯加地区各种峡湾的自然状况。

(4)camp 出现 127 次,其他形式 camped 和 camping 共 29 次:

| | | |
|---|---|---|
| 1 | about it that looked dry enough to | camp on until I could find a way into |
| 2 | difficulty was in finding a first base | camp. My only hope was on the hill. When |
| 3 | flying clouds. Of all the thousands of | camp-fires I have elsewhere built none was just |
| 4 | Indians. I have enjoyed thousands of | camp-fires in all sorts of weather and places, |
| 5 | on the mountains in winter, changing | camp climate to summer, and making the frosty |
| ... | ... | ... |
| 152 | who had seen me from the main | camp and who came with Mr. Loomis and the |
| 153 | into a fine garden and comfortably | camped for the night. The next day was spent |
| 154 | party decided to return to the main | camp by a comparatively open, roundabout way |
| 155 | about sundown, and tried to find a | camp-spot on its steep, boulder-bound shore. But |
| 156 | an open sandy spot on which I had | camped in October, 1879, a distance of about |

检索 camp (s), camping, camped 发现, camp 以名词性居多，复合形式有 camp-fire, camp-ground, camp-spot, camp-supplies 等, camped 只有 25 个。

(5)moraine(s)出现 118 次：

| | | |
|---|---|---|
| 1 | vegetation was growing upon fresh | moraine material scarcely at all moved or in any |
| 2 | rocks, and the streets were graded in | moraine gravel; and I observed scratched and |
| 3 | nother than may be observed among | moraine boulders, Wrangell was a tranquil place. |
| 4 | iew to cross the river to the terminal | moraine. The sunbeams streaming through the |
| 5 | Stickeen River by its broad terminal | moraine, fringed with spruces and willows. Aro |
| … | … | … |
| 114 | been out on the glacier examining a | moraine-like mass about a third of a mile |
| 115 | of the glacier. This explains detached | moraine-masses. This one seems to have been de |
| 116 | by seeing a man coming across the | moraine, Professor Reid, who had seen me from |
| 117 | went to bed, I lay down on the | moraine in front of the cabin and gazed and |
| 118 | ied out blankets and lay down on the | moraine to keep watch until daybreak, that none |

文本详细描述了阿拉斯加地区特有的土壤类型——冰碛。

3.对《延龄草》主题词表中的关键词进行检索和分析

(1)检索 nest(s)、nesting 共出现 214 次：

| | | |
|---|---|---|
| 1 | pump-trees, intent only on a place to | nest. They wage war against robins and wrens, |
| 2 | in one respect,-the building of his | nest. Its coarse material and rough masonry are |
| 3 | observing yonder hummingbird's | nest, which is a marvel of fitness and adaptation, |
| 4 | of him as clean and handsome a | nest as the king-bird's, whose harsh jingle, |
| 5 | or the Baltimore oriole; yet his | nest, compared with theirs, is a half-subterranean |
| … | … | … |
| 210 | to all passers, is, in most cases, the | nest of the red-eyed, though the solitary construc |
| 211 | of anger, when you approach their | nests; but the demeanor of the red-eyed, on |
| 212 | note and its exquisite mossy | nest. The phoebe-bird is the pioneer of the |
| 213 | Delaware, where it evidently had a | nest. It usually breeds much further north. It has |
| 214 | and shelving rocks, as a place to | nest, for the eaves and projections of farm and |

检索 nest(s)的语境共现词组有 nest(s) for, in, of, to, on, 等等。

(2)bird(s)出现 403 次，其他形式，如 bluebird, catbird, kingbird, snowbird, blackbird, mockingbird, hummingbird 等共出现 106 次，充分说明这是一部专门描写鸟类的书籍：

| | | |
|---|---|---|
| 1 | period that marks the return of the | birds,–one or two of the more hardy or |
| 2 | the rarer and more brilliant wood– | birds bring up the procession in June. But each |
| 3 | Yet the coming and going of the | birds is more or less a mystery and a |
| 4 | there is nothing in the return of the | birds more curious and suggestive than in the |
| 5 | of this little blue–coat. The | bird at first seems a mere wandering voice in |
| ... | ... | ... |
| 400 | to see some of our own rarer | birds, perhaps the rose–breasted grosbeak or |
| 401 | I beheld instead a swallow–shaped | bird, quite as large as a pigeon, with a |
| 402 | a glance told that it was a sea– | bird; but as to its name or habitat I |
| 403 | Audubon or some collection. The | bird had fallen down exhausted in a meadow, |
| 404 | and fifty miles from the sea as the | bird flies. As it was the sooty tern, which |

检索 bird（s）的语境共现词组有 oven–bird，indigo–bird，phoebe–bird，wood–bird，–colored bird 等鸟类名称，female bird，mother bird，parent bird，small birds，large bird 等鸟的分类。

（3）song(s)出现 122 次，说明作者关注的主要对象为鸣禽：

| | | |
|---|---|---|
| 1 | or half–domesticated species, like the | song sparrow and the bluebird, usually arriving |
| 2 | or sound or call that hints of a | song, and answers imperfectly the end of beauty |
| 3 | the bluebird, or the faint trill of the | song sparrow; and Phoebe's clear, vivacious ass |
| 4 | lainness of dress indicates powers of | song as it usually does, then Phoebe ought to |
| 5 | shall make up for all deficiencies in | song and plumage. After a few weeks phoebe is |
| ... | ... | ... |
| 151 | and gives forth a brief but melodious | song, after the manner of all larks. They are |
| 152 | warble, which at once suggests the | song of its congener. I have not been able |
| 153 | the other side. His descent after the | song is finished is very rapid, and precisely like |
| 154 | . I had long been familiar with the | song, but had only strongly suspected the author |
| 155 | cular, larger than ours and a splendid | songster, made itself so familiar as to be almost |

检索到 song 的搭配词有 song sparrow，songthrushes，song–birds 等，还有其衍生词 songster，作者详细描述了各种鸣鸟的多彩歌声。

（4）thrush(es)出现 105 次、warbler(s)出现 87 次，这些都是常见的鸣禽：

| | | |
|---|---|---|
| 1 | ooth violet when to expect the wood– | thrush, and when I have found the wake–robin |
| 2 | We go out in the morning, and no | thrush or vireo is to be heard; we go |
| 3 | in spirit, he is the pioneer of the | thrush family, and well worthy of the finer artist |
| 4 | doubt if the Indians heard the wood | thrush as we hear him. Where did the bobolink |
| 5 | song sparrow are fully justified. The | thrushes have all come; and I sit down upon |
| ... | ... | ... |
| 101 | hermit thrush, the veery, or Wilson's | thrush, the olive–backed thrush, and, transiently, |
| 102 | half–brother to the Louisiana water– | thrush or wagtail. I found it at the head |
| 103 | cates of the Eastern. Thus, the varied | thrush of the West is our robin, a little |
| 104 | dge, but side and side. The sparrows, | thrushes, warblers, woodpeckers, buntings, etc., |
| 105 | ng, namely the two species of water– | thrush or wagtails, and the oven–bird or wood– |

关键词 thrush（译为“画眉”或“鸫”）的搭配词有 wood thrush（棕林鸫）、water thrush（水鸫）、Wilson ' s thrush（威尔逊鸫）等鸟类名称：

| | | |
|---|---|---|
| 1 | orests, that, like the speckled Canada | warbler and the hermit thrush, only the privileg |
| 2 | the hermit thrush, the chestnut-sided | warbler, the blue-backed warbler, the green-back |
| 3 | tnut-sided warbler, the blue-backed | warbler, the green-backed warbler, the black and |
| 4 | ue-backed warbler, the green-backed | warbler, the black and yellow warbler, and many |
| 5 | backed warbler, the black and yellow | warbler, and many others, and find in their stead |
| ... | ... | ... |
| 83 | Niagara; and the mourning ground | warbler, which I have found breeding about the |
| 84 | a sort of connecting link between the | warblers and the true flycatchers, and partake of |
| 85 | The vireos are a little larger than the | warblers, and are far less brilliant and variegate |
| 86 | author of the strain in the black-poll | warbler. He seems loath to believe that a bird |
| 87 | de and side. The sparrows, thrushes, | warblers, woodpeckers, buntings, etc., are all |

关键词 warbler 泛指各种鸣鸟，译者结合其不同搭配词译为“……莺”，如上面检索项中出现的“加拿大莺、栗色花边林莺、蓝背莺、绿背莺、黑黄花纹莺、地莺、黑顶白颊林莺”，等等。

4.对《自然之道》主题词表中的关键词进行检索和分析

（1）检索 bird(s)出现 441 次、其他变体 53 次：

| | | |
|---|---|---|
| 1 | please tell them whether or not | birds have sense. One little girl said: "I would |
| 2 | if you would write and tell me if | birds have sense. I wanted to see if I could |
| 3 | to know just how much sense the | birds and other wild creatures do have, and that |
| 4 | to determine. The crows and other | birds that carry shell-fish high in the air and |
| 5 | Froude tells of some species of | bird that he saw in South Africa flying amid the |
| ... | ... | ... |
| 437 | cuckoo devoured the eggs of other | birds. Two other well-authenticated cases |
| 438 | has the effect of emphasizing the | Birds' alertness, approached and devoured the |
| 439 | the crow is a courtly, fine-mannered | bird. Birds of prey, will rend one another over |
| 440 | is a courtly, fine-mannered bird. | Birds of prey, will rend one another over their |
| 441 | is easily distinguished; all the other | birds and wild creatures know it, and the hunter |

检索 bird (s) 的语境共现词组有 wild birds，song-birds，bird-songs，bird ' s nest，bird(s) and animal(s)，bird(s) and/ or beast(s)，bird(s) + be capable of，birds show，…bird(s) has/have (had)，等等。

（2）animal(s)出现 343 次：

| | | |
|---|---|---|
| 1 | of which is obscure. Birds and | animals probably think without knowing that |
| 2 | upon things. The wit of the lower | animals seems all to have been developed by the |
| 3 | is probably the most stupid of | animals and has the least speed; it has little use |
| 4 | that developed the wits of the lower | animals, as they were, of course, the prime fact |
| 5 | man. But man has gone on, while the | animals have stopped at these fundamental want |
| … | … | … |
| 339 | ike a machine, always the same. The | animal is something alive, and is subject to the |
| 340 | one man than in another, or as one | animal may have greater speed or courage than |
| 341 | tinct is flexible; the habits of all the | animals change more or less with changed |
| 342 | modified and adaptive instinct. All | animals are more or less adaptive, and avail |
| 343 | naturally as any other aggregation of | animals. A few crows meet on the hill; they |

检索 animal(s)的语境共现词组有 animal instinct, animal intelligence, animal life, animal psychology, animal world, lower animals, animal(s)+ be (not) capable of,等等。

(3)instinct 出现 155 次、其他变体 28 次:

| | | |
|---|---|---|
| 1 | re probably the result of what we call | instinct, or natural prompting, like that of the b |
| 2 | soiled or not, the act looks more like | instinct or an inherited habit, the origin of whic |
| 3 | ighbors sense, as distinguished from | instinct? Is a change of habits to meet new cond |
| 4 | this was doubtless the prompting of | instinct and not of judgment. It was Nature look |
| 5 | uickly learn of her trough the natural | instinct of imitation. They share her fears, they |
| … | … | … |
| 151 | reason in its place. It is a modified | instinct,–the instinct for food seeking new sourc |
| 152 | place. It is a modified instinct,–the | instinct for food seeking new sources of supply. |
| 153 | have a case of modified and adaptive | instinct. All animals are more or less adaptive, a |
| 154 | cases show how plastic and adaptive | instinct is, at least in relation to food supplies |
| 155 | food supplies. Let me again say that | instinct is native, untaught intelligence, directe |

检索到 instinct 的语境共现词组有 adaptive instinct(适应性), modified instinct(改良的本能), natural instinct(自然本能),等等。

(4)nest(s)、nesting 共出现 242 次:

| | | |
|---|---|---|
| 1 | stakes. For instance, their cunning in | nest–building sometimes deserts them. The art of |
| 2 | The art of the bird is to conceal its | nest both as to position and as to material, but |
| 3 | kind. I have the picture of a robin's | nest before me, upon the outside of which are |
| 4 | I have been told of another robin's | nest upon the outside of which the bird had fast |
| 5 | marked "Wake Robin" Still another | nest I have seen built upon a large, showy foun |
| … | … | … |
| 238 | on him when he was on the robin's | nest, and left him so bruised and helpless benea |
| 239 | are out in April the female begins her | nest, concealing it as much as she can in a |
| 240 | ground. One spring a robin built her | nest upon the ladder that was hung up beneath |
| 241 | sion to use the ladder, we placed the | nest on a box that stood beneath it. The robin |
| 242 | ition. The same spring one built her | nest upon a beam in a half–finished fruit house, |

文本中出现了各种鸟巢以鸟巢的位置、构造等特征。

(5)intelligence 出现 99 次：

| | | |
|---|---|---|
| 1 | lty; he alone develops disinterested | intelligence,–intelligence that is not primarily |
| 2 | develops disinterested intelligence,– | intelligence that is not primarily concerned with |
| 3 | the prime factors in developing the | intelligence of man. But man has gone on, while |
| 4 | view, then, of the doubtful sense or | intelligence of the wild creatures, what shall we |
| 5 | ory and give false impressions of the | intelligence of our animals, catering to a taste |
| … | … | … |
| 339 | unlearned, unconscious kind,–the | intelligence in–nate in nature. We use the word to |
| 340 | eflection, to thought,–to that kind of | intelligence which knows and takes cognizance |
| 341 | itself. Instinct is that lower form of | intelligence which acts through the senses, |
| 342 | that reason less near the state of free | intelligence. Organic life in all its forms |
| 343 | say that instinct is native, untaught | intelligence, directed outward, but never inward |

从这些关键词我们能够锁定文本是关于鸟类(bird)和四足动物(animal)智慧(intelligence)的书籍。

通过对 4 个文本关键词表中的词项进行 KWIC 检索，能够快速抓住每个文本中关键词的语境信息，从而充分了解每个文本的主题、时间、地点等重要信息，有助于研究者把握原文本的思想脉络，利于译者在翻译过程中突出这些信息内容。另外，语料库中关于特色词的研究也能反映文本的主题结构和重要思想。

### (七)特色词分析

特色词指在一个文本中词频较高而在另一个类似文本或其他多个类似文本中词频较低的词汇[88]246。本书以梭罗的作品为参照语料，考查语料库中 4 个文本词频表中的高频词发现，语料库中有大量的描写自然景观、植物和动物的词汇。下面以词频表中频次在 100 次以上的特色名词为例分析语料库中的特色词。见表 3.9。

**表 3.9　原文语料库特色词统计**

| 来源 | 加州的群山 | | 阿拉斯加之旅 | | 延龄草 | | 自然之道 | |
|---|---|---|---|---|---|---|---|---|
| 序列 | 频次 | 特色词 | 频次 | 特色词 | 频次 | 特色词 | 频次 | 特色词 |
| 1 | 268 | mountain(s) | 481 | glacier(s) | 404 | bird(s) | 441 | bird(s) |
| 2 | 226 | glacier(s) | 242 | mountain(s) | 181 | nest | 188 | nest |
| 3 | 191 | snow | 123 | camp | 169 | woods | 343 | animal(s) |
| 4 | 166 | Sierra | 110 | bay | 111 | song | 164 | nature |
| 5 | 162 | trees | 110 | fiord | | | 104 | song |
| 6 | 157 | pine | 107 | canoe | | | | |
| 7 | 150 | ground | 102 | moraine | | | | |
| 8 | 147 | range | | | | | | |
| 9 | 117 | species | | | | | | |
| 10 | 100 | flowers | | | | | | |

《加州的群山》中高频特色词有 snow, Sierra, tree (s), pine, mountain(s), ground, range, species, glacier(s), flower(s)等，表达积雪、塞拉山、树木、松树、山、地面、山脉、物种、花等山区的主要地貌和植被特征。《阿拉斯加之旅》中高频特色词有 glacier(s), camp, mountain(s), bay, fiord, canoe, moraine 等，表达冰川、宿营地、山脉、河湾、峡湾、独木舟、冰碛等阿拉斯加地区的特有景观。《延龄草》高频特色词有 bird(s), nest, song 等，描述各种鸟类、鸟巢及鸟鸣声。《自然之道》高频特色词有 bird(s), nest, animal(s), nature, song, intelligence 等自然界中各种鸟类和动物的生活习性以及他们的智慧。

## 四、短语层面检索与分析

Lewis(1993)认为语言的基本结构不是传统语法和词汇，而应该是预制的多词词簇。Starcke(2006)也指出研究高频词簇及其搭配是提取文本文学意义的有效方式。词簇也称“词丛”“词块”“语块”等，它既具有词汇特征也具有语法特征，由多个词构成，有特定的和具体的话语功能。词簇在语言的产出过程中起到了重要作用，这一点在心理语言学和构式语法领域的认识是一致的。

Partington(2004)、王立非(2009)等许多研究者将词簇作为语言的意义单位；李文中(2007)对中国英语新闻报刊中的词簇进行分析，认为词簇是介于篇章和词语之间的一个重要单位；其他学者（Biber 和 Cortes, 2004; Biber 和 Barbieri, 2007; Biber, 2009; Hyland, 2008, 等）也认为词簇是一切观察的起点。在基于语料库的多词单位研究中，学者们相继对文本中出现的高频词簇，特别针对不同领域的口语和笔语中出现的词簇进行了分析。词簇研究现在已经发展为语料库语言学的一个主要研究领域，研究高频词簇及其同现是提取文本主题的有效方式。

本书主要检索和分析描写环境的高频词簇，检索 4 个文本中的高频词簇和关键词簇，分析这些词簇的语义，从而对文本主题进行阐释，说明将语料库定量分析作为基础，也可以为文学阐释提供相应的细节支持。借鉴 Biber(2009)、Fischer-Stacke(2010)、王立非(2009)等人的研究成果，也从词簇角度分析生态文本的语言特征。首先是以 4 本散文游记为研究对象，利用语料库检索软件 AntConc 3.4.1w 的 wordlist 和 keywords 功能，分别对 4 个文本进行检索和提取，每次改变 wordlist 的词簇长度设置，分别提取语料库中的 3 词词簇列表、4 词词簇列表和 5 词词簇列表，分析文本中核心词簇的总体特征及其功能。

限于篇幅，这里仅分别列举前 25 为词簇内容，见表 3.10。其中 N 表示排序、F 表示词簇频数、T 为该词簇出现的文本数。

**表 3.10　原文语料库 3 词、4 词和 5 词高频词簇统计**

| N | F | T | 3-word | F | T | 4-word | F | T | 5-word | F | T | 6-word |
|---|---|---|---|---|---|---|---|---|---|---|---|---|
| 1 | 185 | 4 | one of the | 48 | 3 | at the head of | 25 | 3 | at the head of the | 10 | 1 | an elevation of from to feet |
| 2 | 100 | 2 | of the glacier | 47 | 3 | the head of the | 15 | 3 | on the part of the | 9 | 1 | at an elevation of about feet |
| 3 | 85 | 3 | the head of | 39 | 4 | one of the most | 15 | 2 | the level of the sea | 9 | 1 | at an elevation of from to |
| 4 | 83 | 4 | of the range | 34 | 3 | the middle of the | 15 | 4 | within a few feet of | 8 | 2 | above the level of the sea |
| 5 | 75 | 4 | out of the | 33 | 4 | the top of the | 14 | 4 | is one of the most | 8 | 1 | at an elevation of from to feet |
| 6 | 74 | 4 | the top of | 31 | 2 | at an elevation of | 13 | 3 | at the foot of the | 8 | 2 | feet above the level of the |
| 7 | 73 | 4 | here and there | 30 | 3 | at the foot of | 13 | 2 | the head waters of the | 8 | 1 | on the head waters of the |
| 8 | 73 | 4 | some of the | 29 | 2 | feet above the sea | 12 | 1 | an elevation of about feet | 7 | 2 | feet above the level of the sea |
| 9 | 69 | 4 | side of the | 27 | 4 | is one of the | 11 | 1 | an elevation of from to | 7 | 2 | the close of the glacial period |
| 10 | 67 | 4 | in the woods | 26 | 4 | the edge of the | 11 | 1 | at an elevation of from | 6 | 2 | about a mile and a half |
| 11 | 66 | 4 | of all the | 26 | 4 | the song of the | 10 | 2 | above the level of the | 6 | 1 | of the range to the other |
| 12 | 64 | 4 | part of the | 24 | 4 | the mouth of the | 10 | 2 | at an elevation of about | 6 | 1 | on the opposite side of the |
| 13 | 63 | 3 | portion of the | 23 | 4 | as far as I | 10 | 1 | elevation of from to feet | 5 | 2 | a few feet from the ground |
| 14 | 62 | 4 | those of the | 23 | 3 | in the midst of | 10 | 3 | in the middle of the | 5 | 1 | a height of from to feet |
| 15 | 61 | 4 | most of the | 22 | 3 | the foot of the | 10 | 2 | the close of the glacial | 5 | 2 | about the middle of the afternoon |
| 16 | 60 | 4 | it is a | 21 | 2 | the level of the | 10 | 2 | to the water s edge | 5 | 1 | an elevation of about feet above |
| 17 | 60 | 4 | that of the | 21 | 4 | the top of a | 9 | 2 | a few feet from the | 5 | 1 | direction of the flow of the |
| 18 | 58 | 3 | at the head | 19 | 3 | on the part of | 9 | 2 | as far as I have | 5 | 1 | down to the water s edge |
| 19 | 56 | 4 | in the same | 19 | 2 | to a height of | 9 | 3 | at the foot of a | 5 | 2 | of from to feet above the |
| 20 | 56 | 4 | the end of | 18 | 3 | of one of the | 9 | 3 | at the head of a | 5 | 2 | so far as I have observed |
| 21 | 54 | 2 | of the Sierra | 18 | 2 | of the high Sierra | 9 | 3 | the middle of the afternoon | 5 | 1 | the direction of the flow of |
| 22 | 53 | 4 | the middle of | 17 | 3 | feet from the ground | 8 | 1 | about feet above the sea | 5 | 2 | toward the close of the glacial |
| 23 | 53 | 4 | three or four | 17 | 2 | from side to side | 8 | 2 | and at the same time | 4 | 3 | a quarter of a mile away |
| 24 | 52 | 4 | of the most | 17 | 4 | the end of the | 8 | 2 | feet above the level of | 4 | 1 | an elevation of about feet the |
| 25 | 52 | 4 | two or three | 16 | 3 | an hour or two | 8 | 2 | in the top of a | 4 | 1 | an elevation of from to feet |

表中显示频率较高的 3 词词簇中除 of the glacier 和 of the sierra 仅在两个文本中出现，the head of、portion of the 和 at the head 仅在 3 个文本中出现外，其他 20 个高频词簇在 4 个文本中均有体现；但是，随着词簇长度的增加，有些词簇仅出现在某一个文本中，如 an elevation of 在不同长度词簇中均有出现，但仅出现在一个文本《加州的群山》中。

利用 AntConc 3.4.1w 的 keyword 功能，统计出 4 个文本的关键词簇，并根据语义功能进行分类。再选择具有典型特征的个别词簇进行搭配同现分析，深入探讨其语言特征。

表3.11~3.13分别显示4个文本中3~5词词簇列表前20位关键词簇的具体内容。

**表3.11 原文语料库前20位3词关键词簇**

| 顺序 | 加州的群山 | | 阿拉斯加之旅 | | 延龄草 | | 自然之道 | |
|---|---|---|---|---|---|---|---|---|
| | 频率 | 词簇 | 频率 | 词簇 | 频率 | 词簇 | 频率 | 词簇 |
| 1 | 76 | of the range | 99 | of the glacier(s) | 29 | in the woods | 28 | the result of |
| 2 | 51 | of the sierra | 36 | of the fiord | 27 | the wood thrush | 27 | the lower animals |
| 3 | 38 | of the mountain(s) | 35 | the head of | 26 | of the/a bird(s) | 26 | of the bird(s) |
| 4 | 37 | an elevation of | 33 | the mouth of | 21 | of the woods | 24 | in the air |
| 5 | 36 | here and there | 26 | here and there | 20 | the head of | 20 | in the woods |
| 6 | 30 | in the sierra | 24 | of the bay | 20 | the top of | 20 | the wild creatures |
| 7 | 30 | the head of | 23 | five or six | 18 | the nest of | 19 | upon the ground |
| 8 | 28 | a height of | 22 | at the head | 18 | two or three | 16 | the part of |
| 9 | 28 | the foot of | 22 | the middle of | 17 | of the mountain | 16 | the song of |
| 10 | 23 | above the sea | 21 | of the ice | 16 | in the air | 16 | the top of |
| 11 | 23 | at the head | 21 | the end of | 15 | to the left | 14 | on the part |
| 12 | 21 | the sugar pine | 20 | on account of | 14 | a pair of | 14 | to the ground |
| 13 | 20 | the midst of | 19 | a height of | 13 | at the head | 12 | now and then |
| 14 | 19 | the summit of | 19 | the top of | 13 | from the ground | 12 | of the nest |
| 15 | 19 | the top of | 17 | in front of | 13 | now and then | 12 | the instinct of |
| 16 | 18 | the end of | 17 | two or three | 13 | of the lake | 12 | the lives of |
| 17 | 16 | the base of | 16 | of the sea | 12 | the middle of | 11 | an act of |
| 18 | 16 | the bottom of | 16 | the front of | 12 | the song sparrow | 11 | of the fox |
| 19 | 16 | the middle of | 16 | the midst of | 10 | a few yards | 10 | in the fields |
| 20 | 15 | of the lake | 12 | along the shore | 10 | of the nest | 9 | bird or beast |

从表3.11~3.13可以发现，4个文本中3词关键词簇出现的频率最高，其次是4词关键词簇，5词关键词簇出现的频率最低。整体上，前3个文本中与地点和时间相关的关键词簇占绝大多数，而第4个文本中比例很小。例如，前3个文本中排在前20位的地点和时间类3词关键词簇共54项（占90%），4词和5词关键词簇各58项（占97%），这说明对地点和时间的描写

是该类文体的共性特征和重要写作框架，也是叙事得以展开和延续的基本线索；第 4 个文本中与地点和时间相关的 3 词关键簇仅 7 项、4 词和 5 词关键词簇各 2 项，整体上以叙事和逻辑推理为主，观察描写所占比例不大。

**表 3.12 原文语料库前 20 位 4 词关键词簇**

| 顺序 | 加州的群山 | | 阿拉斯加之旅 | | 延龄草 | | 自然之道 | |
|---|---|---|---|---|---|---|---|---|
| | 频率 | 词簇 | 频率 | 词簇 | 频率 | 词簇 | 频率 | 词簇 |
| 1 | 29 | at an elevation of | 19 | at the head of | 11 | at the head of | 14 | on the part of |
| 2 | 18 | at the head of | 14 | three or four miles | 7 | a few feet of | 11 | in the same way |
| 3 | 15 | at the foot of | 12 | front of the glacier | 7 | within a few feet | 9 | of the lower animals |
| 4 | 15 | of the high sierra | 11 | an hour or two | 6 | at the foot of | 8 | of the wild creatures |
| 5 | 14 | in the midst of | 10 | at a height of | 5 | in the top of | 6 | as a matter of |
| 6 | 13 | to a height of | 10 | five or six miles | 5 | of the wood thrush | 6 | in a state of |
| 7 | 12 | at the same time | 9 | at a distance of | 5 | on the other side | 5 | in the animal world |
| 8 | 10 | for the first time | 9 | at the foot of | 5 | on the side of | 5 | in the case of |
| 9 | 9 | from side to side | 8 | at the mouth of | 5 | on the top of | 5 | in the top of |
| 10 | 9 | of the summit peaks | 8 | from side to side | 5 | out of the woods | 5 | instinct of self preservation |
| 11 | 8 | of the great basin | 8 | hundred and fifty feet | 5 | side of the mountain | 5 | on the other hand |
| 12 | 8 | on the head waters | 8 | in the midst of | 4 | a day or two | 4 | beyond the reach of |
| 13 | 8 | to the north of | 8 | margin of the glacier | 4 | about the size of | 4 | in building their nests |
| 14 | 7 | above the level of | 8 | the west side of | 4 | for the first time | 4 | in the presence of |
| 15 | 7 | in the course of | 7 | head of the fiord | 4 | from point to point | 4 | in the sense that |
| 16 | 7 | of the glacial period | 7 | in a few minutes | 4 | in a low bush | 4 | in the way of |
| 17 | 6 | at a height of | 7 | in the middle of | 4 | in the course of | 4 | of the same species |
| 18 | 6 | from top to bottom | 7 | on the edge of | 4 | in the interior of | 4 | on the top of |
| 19 | 6 | in the form of | 7 | on the west side | 4 | in the same manner | 4 | the birds and beasts |
| 20 | 6 | in the middle of | 7 | side of the glacier | 4 | of the song sparrow | 4 | among our own birds |

表 3.13 原文语料库前 20 位 5 词关键词簇

| 顺序 | 加州的群山 | | 阿拉斯加之旅 | | 延龄草 | | 自然之道 | |
|---|---|---|---|---|---|---|---|---|
| | 频率 | 词簇 | 频率 | 词簇 | 频率 | 词簇 | 频率 | 词簇 |
| 1 | 11 | at an elevation of from | 7 | the front of the glacier | 7 | within a few feet of | 6 | in the fields and woods |
| 2 | 8 | on the head waters of | 7 | the level of the sea | 5 | the side of the mountain | 4 | a fox or a wolf |
| 3 | 8 | the axis of the range | 6 | on the opposite side of | 4 | blackandwhitecreepingwarbler | 4 | the continuance of the species |
| 4 | 8 | the level of the sea | 6 | the middle of the afternoon | 4 | the top of the mountain | 4 | the instinct of self preservation |
| 5 | 5 | close of the glacial period | 6 | thousandfeetabovethesea | 4 | to the right and left | 3 | actions of the lower animals |
| 6 | 5 | of the south fork of | 5 | at a height of about | 3 | all parts of the woods | 3 | in a state of nature |
| 7 | 4 | a mile and a half | 5 | within a few feet of | 3 | in the middle and eastern | 3 | lives of the wild creatures |
| 8 | 4 | as far as I know | 4 | on the west side of | 3 | the interior of New York | 3 | modern school of nature study |
| 9 | 4 | eastern flank of the range | 4 | the direction of the flow | 3 | the lay of the land | 3 | sentimental school of nature study |
| 10 | 4 | four feet from the ground | 4 | the head of the bay | 3 | the line of marked trees | 3 | the actions of the lower |
| 11 | 4 | of the Merced and Tuolumne | 4 | the head of the fiord | 3 | the middle and eastern states | 3 | the lives of the wild |
| 12 | 4 | the lower and middle zones | 4 | the mouth of the fiord | 3 | the return of the birds | 2 | a knowledge of the relation |
| 13 | 4 | the summit of the range | 3 | a way through the bergs | 3 | a line of marked trees | 2 | a limb a few feet |
| 14 | 4 | western flank of the range | 3 | across to the west side | 2 | a pair of cedar birds | 2 | act on the part of |
| 15 | 3 | along the eastern base of | 3 | down to the level of | 2 | a quarter of a mile | 2 | as a matter of fact |
| 16 | 3 | at any time of year | 3 | extreme head of the fiord | 2 | abouthalfwaydownthemountain | 2 | birds of a feather flock |
| 17 | 3 | at this time of year | 3 | fromthreetofourthousand | 2 | all hours of the day | 2 | by the sense of smell |
| 18 | 3 | from five to ten feet | 3 | in the first stage of | 2 | an inch and a half | 2 | by the struggle for existence |
| 19 | 3 | in the middle region of | 3 | on the east side of | 2 | between us and the lake | 2 | degrees of expression and fulfillment |
| 20 | 3 | north half of the range | 3 | on the south side of | 2 | in a low part of | 2 | of a pair of orioles |

下面以 4 个文本中 3 词关键词簇为例,按照语义功能进行分类:

| 功能分类<br>词簇来源 | 冠词(a/the)+名词 +of | of+ 名词 | in the + 名词 | 其他介词 + 名词 | 名词 | A and/or B 结构 |
|---|---|---|---|---|---|---|
| 加州的群山 | 11 | 4 | 1 | 2 | 1 | 1 |
| 阿拉斯加之旅 | 8 | 5 | 0 | 2 | 0 | 3 |
| 延龄草 | 5 | 5 | 2 | 3 | 3 | 2 |
| 自然之道 | 7 | 3 | 3 | 3 | 2 | 2 |

上表分类方式没有包括《阿拉斯加之旅》中的两个固定词簇结构 on account of 和 in front of。

"冠词 (a/the)+ 名词 +of"结构在前 3 个文本中一般与高度和位置有关(固定结构 a pair of 除外),而在第 4 个文本中的 7 个该结构词簇中仅 the top of 一个词簇与位置有关。

"of+ 名词"结构在每个文本中均与文本描写的主题相关，如《加州的群山》中 of the range，of the Sierra，of the mountain(s)等描写山脉的词簇、《阿拉斯加之旅》中 of the glacier(s)，of the fiord，of the bay，of the ice，of the sea 等描写冰川的词簇、《延龄草》中 of the woods，of the mountain，of the birds，of the lake，of the nest 等描写鸟类及其生活环境的词簇，《自然之道》中 of the bird(s)，of the nest，of the fox 等描写鸟类和其他动物的词簇。

"in the + 名词" 结构共 4 个词簇，in the Sierra，in the woods，in the air，in the fields，其中 in the woods 和 in the air 同时出现在《延龄草》和《自然之道》中，表达的都是位置或地点成分。

"其他介词 + 名词"结构词簇共 10 个，如《加州的群山》中 above the sea 和 at the head；《阿拉斯加之旅》 中 at the head 和 along the shore；《延龄草》中 to the left、at the head 和 from the ground；以及《自然之道》中 upon the ground，on the park 和 to the ground 也都是方位或地点成分。

名词结构共 5 个词簇，the sugar pine，the wood thrush，the song sparrow，the lower animals 和 the wild creature，另有一个"A and/or B 结构"bird or beast。分别表示文本中重要的描述对象 "糖松"(《加州的群山》)，"林鸫""歌雀"(《延龄草》)和"低等动物""野生动物""鸟类或动物"(《自然之道》)。

"A and/or B 结构"共 4 个词簇，here and there，now and then，two and three 和 five or six，另有一个名词结构"a few yards"，分别表示地点、时间和数量概念，其中 here and there 和 now and then 分别出现在两个文本中。

下面以数量最多的"冠词(a/the)+ 名词 +of"结构为例分析其语境搭配特征：

| 序号 | 加州的群山 | 阿拉斯加之旅 | 延龄草 | 自然之道 |
|---|---|---|---|---|
| 1 | an elevation of | the head of | the head of | the result of |
| 2 | the head of | the mouth of | the top of | the part of |
| 3 | a height of | the middle of | the nest of | the song of |
| 4 | the foot of | the end of | the middle of | the top of |
| 5 | the midst of | a height of | | the instinct of |
| 6 | the summit of | the top of | | the lives of |
| 7 | the top of | the front of | | an act of |
| 8 | the end of | the midst of | | |
| 9 | the base of | | | |
| 10 | the bottom of | | | |
| 11 | the middle of | | | |

词簇 the head of 出现在前 3 个文本中，共 85 频次。词簇前一般搭配 at、near、to、on 等介词，词簇后一般搭配河流、湖泊、冰川、海湾、山谷等地理名词。

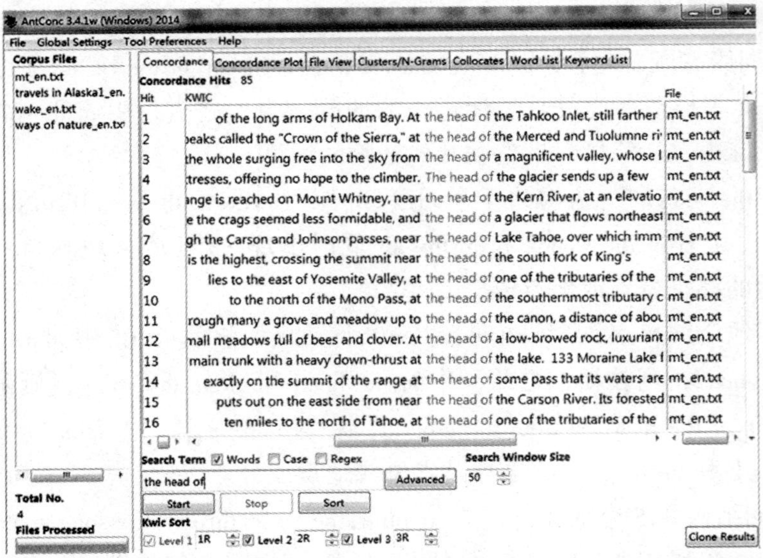


**图3.3 原文语料库关键词簇"the head of"AntConc 3.4.1w 检索界面截图**

词簇 the top of 出现在 4 个文本中，共 74 频次。词簇前一般搭配 at、from、to、on、along 等介词，词簇后一般搭配山脉、山峰、树木等地理、植物、声音和速度名词。

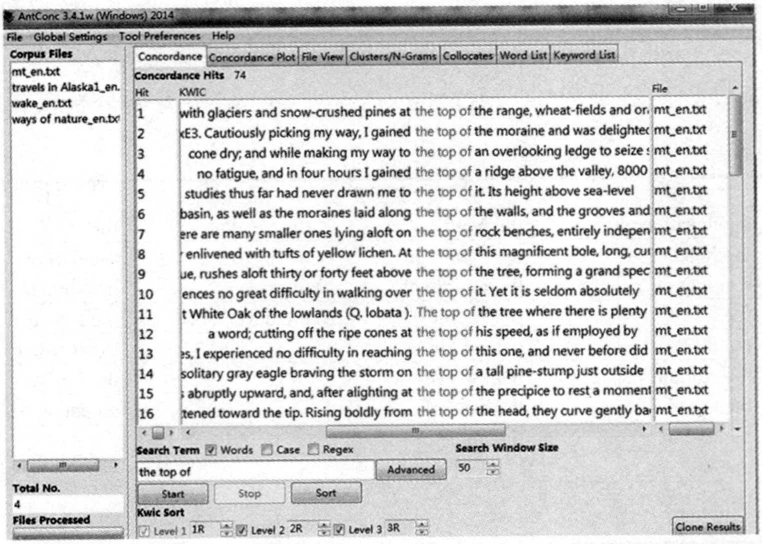


**图 3.4 原文语料库关键词簇"the top of"AntConc 3.4.1w 检索界面截图**

词簇 the middle of 出现在 4 个文本中,共 53 频次。词簇前主要搭配介词 in,词簇后一般时间和地点名词。

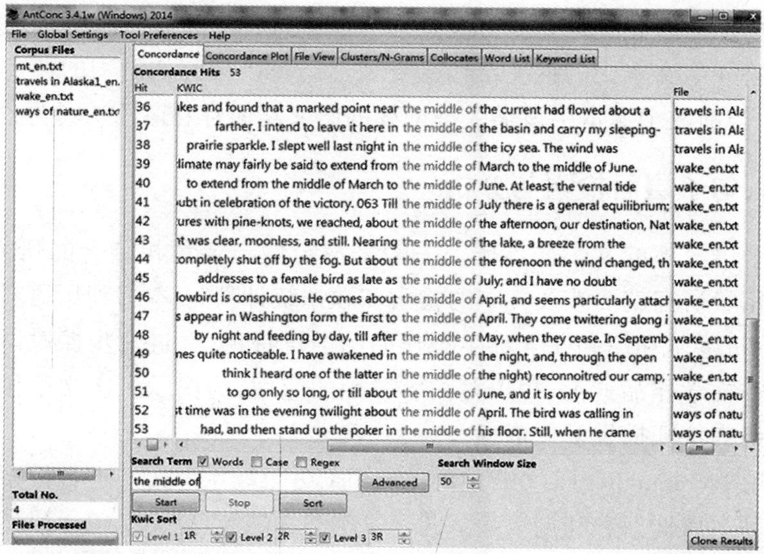


**图 3.5　原文语料库关键词簇"the middle of"AntConc 3.4.1w 检索界面截图**

词簇前一般搭配 at、from、to、on、along 等介词,词簇后一般搭配山脉、山峰、树木等地理、植物、声音和速度名词。词簇 a height of 出现在前两个文本中,共 47 频次。词簇前主要搭配介词 to,词簇后一般搭配表示高度的数量词。

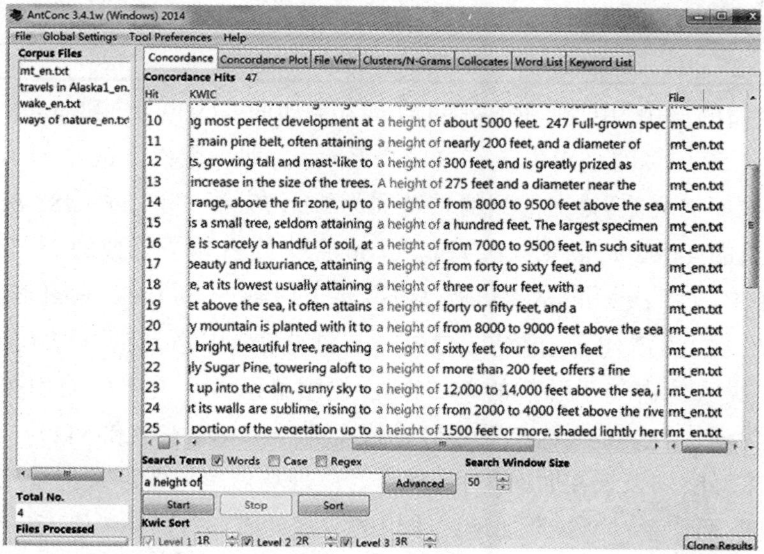


**图 3.6 原文语料库关键词簇"a height of"AntConc 3.4.1w 检索界面截图**

从"冠词(a/the)+ 名词 +of"结构 3 词关键词簇表以及 the head of、the top of、the middle of、a height of 4 个词簇的检索页面截图可以看出该词簇在前 3 个文本中主要表达地理位置和空间位置,the middle of 有一部分表达时间概念;而第 4 个文本中的该类结构主要表达鸟类以及其他动物的特征或者本质属性,与前 3 个文本中该类关键词簇的语义功能存在着重大差异。

## 四、句子层面检索与分析

基于语料库的文学文本研究一般采取定性与定量相结合的研究方法,要进行定量研究就要涉及文本的检索和数据统计[89]83。本书利用语料库检索软件,分析缪尔和巴勒斯 4 部生态作品的语言特色,并进一步探讨语料库检索软件在文学作品词汇、短语等内容方面的应用,为揭示生态文学作品句子层面的语言特征提供量化依据。

利用 WordSmith Tools 6.0 中的 Wordlist 功能对 4 个文本进行检索, 得到语料库基本数据信息和词频表。见表 3.1 和 3.2。4 个文本句子数目依次为 2715、2847、2531 和 2922,每个文本中系动词的频次都比较高。例如:

表 3.14 原文语料库系动词词频统计

| | 句子总数 | is | are | was | were |
|---|---|---|---|---|---|
| 加州的群山 | 2 715 | 939 | 688 | 351 | 248 |
| 阿拉斯加之旅 | 2 847 | 454 | 301 | 797 | 482 |
| 延龄草 | 2 531 | 715 | 248 | 426 | 170 |
| 自然之道 | 2 922 | 1 053 | 341 | 272 | 132 |

《加州的群山》中,排在前列的动词为系动词 is(939 次)和 are(688 次),说明约有 59.93%的小句中含有这两个系动词,即半数以上的小句为现在时态。《阿拉斯加之旅》排在前列的系动词为 was(797 次)和 were(482 次),约占句子总数的 44.92%,is(454 次)和 are(301 次)约占句子总数的 26.52%;《延龄草》中 is(715 次)和 are(248 次)约占句子总数的 38.05%,was(426 次)和 were(170 次)约占句子总数 23.55%;《自然之道》中系动词 is(1 053 次)和 are(341 次),约占句子总数的 47.71%。检索显示 4 个文本中使用频率最高的人称代词均为第一人称单数 I(频率依次为 583、992、677 和 542)。除《阿拉斯加之旅》外,均以现在时态为主,即作者以现场做笔记的形式记录旅途中的所见所闻;而作者对阿拉斯加地区冰川的考察分成1879、1880 和 1890 年 3 个年份,历时十几年,所做记录在陆续考察中不断作出修改,有很多部分属于

回忆后补记的,因此过去时态所占比例较大。

句子层面的分析，除了语料库检索软件中体现的基本信息外，本书以Halliday系统功能语法中的主位结构理论为基础,分析语料库中文本在段落展开和语篇衔接过程中主位结构的特定作用。统计了原文语料库中环境成分作主位的句子数量和比率,除《自然之道》外,3个文本中由环境成分作主位的句子占四分之一左右。见表3.15。

**表3.15　原文语料库环境成分作主位分布**

| | 句子总数 | 环境成分作主位 | 介词短语作主位 |
|---|---|---|---|
| 加州的群山 | 2 715 | 653 | 441 |
| 阿拉斯加之旅 | 2 847 | 748 | 342 |
| 延龄草 | 2 531 | 658 | 338 |
| 自然之道 | 2 922 | 459 | 229 |

《加州的群山》全文共2 715个句子,环境成分前置作主位的句子共653个,占句子总数的24.05%;其中介词短语作主位的有441个,占环境类主位的67.53%。

《阿拉斯加之旅》共有2 847个句子,去除91个带引号的会话(直接引语),考察其余2 756个句子中环境成分前置作主位句子共748个,占考察总句数的27.14%；其中介词短语作主位的有342个，占环境类主位的45.72.5%。

《延龄草》全文共2 531个句子,环境前置作主位的句子共658个,占句子总数的26.00%；其中介词短语作主位的有338个，占环境类主位的51.37%

《自然之道》有2 922个句子,去除36个带引号的会话(直接引语),考察其余2 886个句子中环境前置的有459个,占考察总句数的15.90%;其中介词短语作主位的有229个,占环境类主位的49.89%。

其中时间环境成分作主位的有介词短语（about, at, in, during, by the end of, by the time, from...to..., on, toward...）、时间名词（a few centuries ago, next morning, next day, fifteen years ago, today, twelve years later, yesterday...）、时间副词(meanwhile, now, occasionally, once, sometimes, soon, then, presently...)、时间小句(以after, before, as, when, while等为先行词)以及分词短语组成;表示地点环境成分的有介词短语(above, along, around, at, below, besides, beyond, from, in, next, near, on, over, through, toward, up, upon...)、地点名词(five miles below…)、地点副词（here，down，eastward，westward，yonder…）、地点小句（where，wherever）以及分词短语组成。

## 本章小结

作为从理论综述到语料实例分析的过渡章节，本章首先介绍美国生态文学的写作背景和题材特点，地大物博的北美洲是人类探索自然的巨大宝库，善于发现的自然爱好者从独特的视角和敏锐的洞察力欣赏着美丽的自然环境，并用饱含热情的语言记录下眼中的景物。然后介绍我国引进和翻译美国生态文学作品的整体情况，从新中国成立前的零星引进、翻译出版，到20世纪90年度开始的批量翻译，可以看出我国当前对生态文学引介的重视程度。最后借助语料库手段对缪尔和巴勒斯的4个文本进行检索，初步了解缪尔和巴勒斯生态散文的基本语言特征，"基于语料库的生态文学作品分析方法虽然在语言特征判断方面无重大突破，但实施起来却快捷，准确，省时省力，而且证据充分，令人信服。"[90]28 从语料库的创建到具体语言信息检索，各种数据信息一目了然，可以看出语料库方法不可替代的优势，尤其对词汇、短语和小句层面的检索方便快捷，词汇层面包括高频词、词长分布、词汇密度、关键词以及特色词等方面特征。

通过语料库检索软件 wordlist 功能检索出原文语料库中4个文本的第一人称单数代词"I"位列词频表第9位，其中4个文本中分别位于第14、7、8和13位，在每个文本中都属于词频最高的人称代词，表明文本的写作视角为第一人称"我"，即作者个人的视角进行描述；再检索系动词"is"词频，发现is在总词频表中位居第7位，在4个文本中的位次分别为7、19、7和8位，表明文本以一般现在时为主，除《阿拉斯加之旅》外均以现场笔记的方式写就；介词 in、with 和 on 的词频位列第6、12和14位，表明文本中关于时间、地点和方式的环境成分所占比例较大。词簇研究进一步佐证了文本中关于时间和地点的短语成分丰富程度，句子层面的分析则证实了关于文本时态和主位类型的论证，即除《阿拉斯加之旅》外，其他文本均以现在时态为主，体现生态散文的时态特征；除《自然之道》外，其他文本中表达环境意义的成分充当主位的句子占四分之一左右。总之，语料库手段为生态文学作品的研究提供了一种新的角度和思路，用真实的语言数据展示了作品的生态图景和作者的生态思想。

# 第四章　基于语料库的缪尔和巴勒斯生态散文元功能研究设计

在第三章缪尔和巴勒斯生态散文语言特征研究基础上，本章将利用系统功能语言学的元功能理论对缪尔和巴勒斯生态作品英汉平行语料库分析进行总体研究设计，主要包括理论基础、研究问题、研究方法、样本收集与处理4个方面。

## 第一节　理论基础

本研究的理论基础为Halliday的语言元功能（meta-function）理论，他（Halliday，1970，1973，1985，1994，2004）将语言元功能分为3大类，即概念功能、人际功能和语篇功能。其中的概念功能表达语言的认知意义，也是语言最基本的“概念传递”功能，主要是通过及物性系统和及物网络来创建命题，传达语言使用者从外部世界获得的感官体验和来自内部世界的心灵体验。人际功能表达语言的动能意义，通过语气系统和网络产生句子，由句子来承载命题的认知和逻辑内容，显示说话人与信息传递对象之间的关系，说话人包括提问者和应答者。语篇功能表达话语意义，在实际交流事件中通过主述位系统和网络来创建语段或语篇，并把这些语段组织起来，能够传达命题内容，也能按照衔接规律有序地排列起来，构成一个语言上环环相扣的语篇，通过这个连贯的语篇能够把相应语境中的交际行为联结在一起。3个元功能同时被激活，图4.1从整体上体现了3个元功能之间的关系和互动框架[91]158。

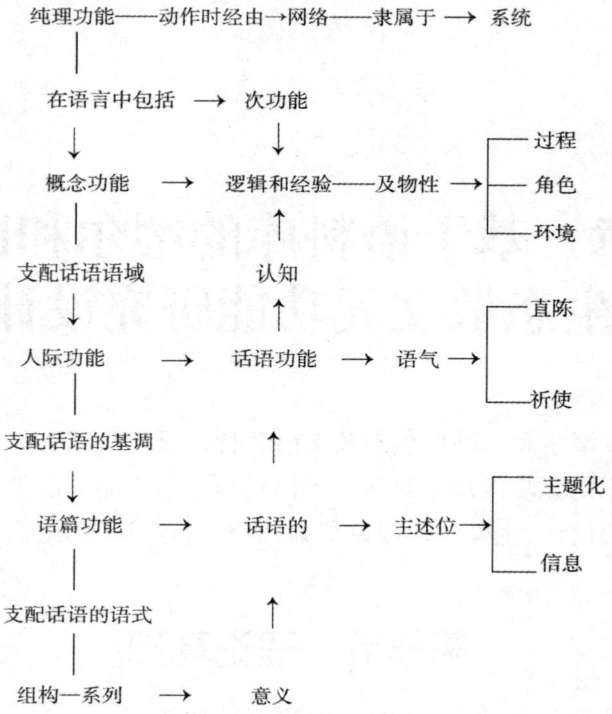


**图 4.1 及物性网络和系统**

## 一、概念功能

概念功能又分为经验功能和逻辑功能两部分。其中经验功能指的是现实世界中人们用语言来表达各种经历的功能，包括主客观世界中所发生的事、所牵涉的人和物，以及相关的时间、地点等环境因素，而逻辑功能表达的则是两个或两个以上的意义单位之间逻辑关系[92]74。

### (一)经验功能

语言反映的是人们对主客观世界的认识，表达这些认识的过程中会涉及动态(going-on)和静态(state)两个基本情形，此外还包括事物(thing)、事物属性(attribute)、背景(background)等。经验功能包括多个语义系统，其中最重要的是及物性(transitivity)系统。在对语篇进行及物性分析时，首先要确定语言表达的过程类型，然后再确定过程的参与者(participant)和环境成分(circumstantial element)。“及物性系统是系统功能语法中关于经验功能的最重要语义系统，它能够将人们对现实世界和内心世界的经验通过若干过程表达出来，并且指明不同过程中所涉及的参与者以及环境成分。”[93]75

1.及物性

Halliday 认为通过及物性系统可以把人类的经验分成物质、心理、关系、行为、言语和存在 6 种过程[94]108。另外，Halliday 还将处于物质过程与存在过程之间的一种与天气现象相关的特殊过程称为气象过程（meteorological process），如 It's raining[95]143。为便于数据统计，本书将气象过程纳入到物质过程中进行分析。

物质过程即表示“做”的过程——某一实体“做”某事、或对其他实体做某事。物质过程中的参与者一般包括动作的实施者和动作目标，有时也包括受益者、领受者、委托者和范围。如果一个过程既有动作者又有目标，可以用主动形式或者被动形式表达。

心理过程是“知”的过程，表示感觉、反应和认知等心理活动的过程（feel，know，puzzle，like，worry，hear，see 等）。一般来说，心理过程的参与者有两个：作为心理活动的主体叫感知者；作为被感知的客体叫现象。在心理过程小句中，总有一个参与者是人；正是这个参与者来“感知”，而被感知的可能是“事物”也可能是“事实”。在物质过程中，参与者不一定是人，每个参与者都是一个事物（包括某些实体或某种过程）。

关系过程反映的是事物之间所处的关系，即“是”的过程，这一过程包括归属和识别两个类型。归属类表示某一实体具有的属性，或者归属的类型，即“a 是 x 中的一种”。归属类的参与者包含属性成分以及包含该属性的载体。识别类表示用一个实体确定另一个实体的身份，即“a 是 x”。识别类的参与者包括标记（如外表、符号、形式和名称等）和价值（实质、意义、职能和身份等）。

行为过程即人的呼吸（breathe）、咳嗽（cough）、哭笑（cry，laugh）、叹息（sigh）、做梦（dream）、看或听（watch，listen）等生理行为活动的过程。行为过程介于物质过程和心理过程之间，判断的依据是某人的活动是否和生理相关。参与者一般只有一个行为者，但有些时候会有行为和现象。

言语过程即通过说话交流思想信息的过程。常见动词为 say，tell，talk，describe，praise，boast，等等。参与者包括主题讲话者（不一定是人）、信息接受者以及信息内容。表达形式可以是词组，也可以是小句；可以是直接引语，也可以是间接引语。

存在过程即某物存在的过程，过程参与者为存在物。一般包括明确的时间或地点环境成分（例如，There are two trees in the Sierra forests that are never blown down.）；或者是后面跟一个非定式小句，两者结合成一个小句复合体（例如，There is someone waiting at the door, there's a patient to see you, there was an old woman tossed up in a basket.）。除了 be 动词外，还有一些表示“存在”或“发生”的动词词组（exist，remain，arise，occur，come about，happen，take place 等），或者具有某种环境特征的动词，如时间（follow，ensue）、地点（sit，stand，lie，hang，rise，stretch，emerge，grow）类动词，但其他动词也能用在表示抽象存在的小句中，例如 erupt，flourish，prevail 等。

2.环境成分

环境成分包括时间、空间、方式、程度、伴随、因果、比较、身份等成分，最常见的环境意义表达形式是介词词组和副词词组。图 4.2 是 Bell 对环境成分类型作出的归纳和分类形式[96]168。

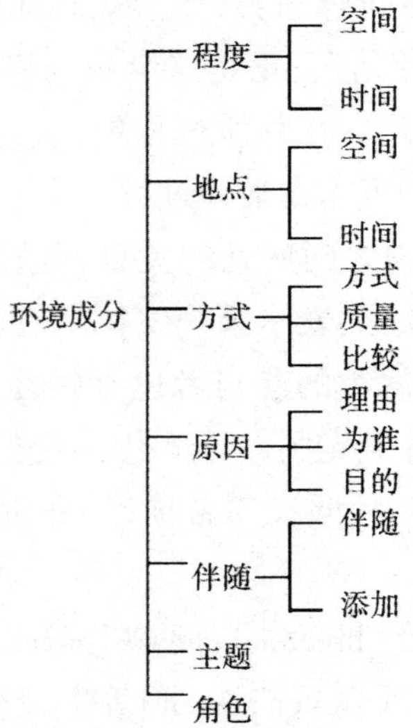


图 4.2 及物性环境成分结构图

与传统分类不同的是，他将空间和时间环境成分归入到程度和地点类别之下，其中：

程度：程度指的是一个过程发展的水平或某个事态达到的状况，通常由副词词组来表示，可以用 How 或者 How+ 副词词组对这类成分提问。

空间：既可以是一段距离，也可以是一个点，一般用 How far 对一段空间进行提问,用 Where 对空间的一个点进行提问,方向也属于空间范畴,可以用 Where 或 Which way 对这类成分进行提问。目的地和出发点也可归于空间概念,二者可以出现在同一个小句中,一般用 Where 对目的地提问,用 Where from 对出发点提问。

时间:时间概念和空间概念类似,既可以指一段时间也可以指某一点时间。一般用 How long 对一段时间进行提问,用 When 对一点时间提问。频率也是一种时间概念,一般用 How often 对频率提问。

方式:是过程发生的途径,通常由 by 或 with 引导的介词短语来表示,可以用 How 或 What with 对这类成分提问。

比较:即对两个或两个以上的同类事物进行辨别,通常用副词或介词短语表示,一般可以用 How 或 What like 对比较意义进行提问[97]89。

因果:即事物发生的前因后果,一般用介词短语或小句表示,常用 Why 或 What for 等形式对这类成分提问。

伴随即陪伴某个行为发生的事,通常由含 with 的短语或副词表示,一般用 With whom 或 With what 对这类成分提问。

身份即参与者的社会角色,通常由 as 短语表示,常用 What as 对这类成分提问。

任何一个过程小句中必须包含一个或一个以上的参与者,而环境成分却不是必备成分。但是,在关系过程中,环境成分与被识别者有关或某些动词需要环境成分作状语时,环境成分则是必须的。

**(二)逻辑功能**

不少学者,甚至包括 Halliday 本人都认为逻辑功能和经验功能一起构成了概念功能。而 Thompson(1996/2000)则把逻辑功能看作是与经验功能、人际功能和语篇功能并列的一种纯理功能。系统功能语言学中的逻辑功能指的是一条消息(message)与其他消息之间的关联情况。形式上,逻辑功能是小句之间的连接与合并情况,主要用于小句复合体中。“通过分析小句复合体的逻辑功能来确定小句之间的语义关系。两个或更多的小句组合在一起构成小句复合体,小句之间存在着一定的逻辑关系。从系统功能语言学角度看,小句间存在着相互依存和逻辑语义两种关系,而两种关系是互相交叉的。其中相互依存关系既可以是并列关系,也可以是从属关系;而逻辑语义关系又分为扩展和投射关系。”[98]103-104 下面主要介绍扩展关系:

扩展关系指一个小句对另一个小句的意义作出补充或说明，通过解释、延伸和增强 3 类语义关系来体现，句法结构上既可以是并列也可以是从属结构。其中解释关系指第 2 个小句对第一个小句的内容进行扩展或说明，在语义上并列型的解释关系中两个小句的内容通常相近或基本相同。解释关系又可以分为同位（说明、例证）和阐述（各种类别）两大类型，表示小句复合体之间同位关系的衔接词有 in other words，for example 等，小句复合体内的小句之间表示联合的衔接词有 that is，表示主从的有 which，who 等。表示阐述关系的衔接词有 or rather，anyway，actually 等。而延伸关系即第 2 个小句对第一个小句的意义作出添加，通常由传统语法中的并列结构表示小句复合体中的并列延伸关系。最后，增强关系指次要小句对主要小句在时间、地点、原因、方式等方面进行补充的情况。包括主从和并列两种结构，其中主从结构即传统语法中的状语从句（adverbial clause），并列结构通常由 so，and then，and yet 等结构词来引导。

## 二、人际功能

在 Halliday 的系统功能语法中，人际功能指的是人们用语言与他人交往，建立和保持人际关系的功能，既可以用语言来影响别人的行为，也可以用语言来表达自己对现实世界和内心世界的看法。在日常生活中，人们通过语言来建立和（或）保持社会关系；在实际交往中，人们不断交换交际角色，但主要交换中的角色只有“给予”（giving）和“需求”（demanding）两类。给予和需求的可以是信息或物品和服务（goods & services）。如果把交换中的角色和交换的商品（commodity，即信息、物品和服务）组合起来，便构成了 4 种基本的言语功能：提供、命令、陈述和提问[99]69。见表 4.1。

**表 4.1　给予或索取、物品—服务或信息**

| 交换的商品 / 交换中的角色 | 物品－服务 | 信息 |
|---|---|---|
| 给予 | 提供（offer） | 陈述（statement） |
| 索取 | 命令（command） | 提问（question） |

通常，“陈述”“命令”和“提问”这 3 个言语功能与特定的语法结构有一定的对应关系：“陈述”往往由陈述句表达，“命令”由祈使句表达，“提问”由疑问句表达。

由于本书语料库中的 4 个文本中涉及的会话类语料很少，作进一步研究分析不具有代表性，因此人际功能不作为研究范围，理论部分也不展开介绍。

## 三、语篇功能

语篇既可以是一个极为简单的表述，也可以是一个较为复杂的表述形式。一般需要若干个句子才能将完整的意思表述出来，在语义范畴内，把语言成分组织起来成为语篇的功能叫做语篇功能，它可以通过主位结构、信息结构和衔接方式 3 个要素体现出来。

### （一）主位结构

“主位”一词是捷克语言学家马泰修斯（V. Mathesius）提出来的，他从句子的交际功能出发，提出了功能句子观（functional sentence perspective），创立了句子的两分法，即“表述出发点”和“表述核心”，采用这种切分方法来研究句子中不同成分在语言交际过程中发挥的不同作用。后来的语言学家们将其简称为“主位”（theme）和“述位”（rheme）。

Halliday 从语言交际的角度出发，将句子的语义切分为主位和述位，即一个话语是由主位和述位两部分组成的，其中主位是话语（一则消息）的出发点，属于已知信息，而述位则是话语（消息）的主体部分，属于未知信息（新信息）。也就是说，在一个小句中，主位是信息的起点、小句的起始部分，其余部分都是述位。在构建语篇的过程中，作者会采取能产生某种语篇效果的语言手段，来突出语篇组织的某种功能（如段落发展、信息结构）。根据 Mathesius 和 Halliday 的观点，英语的主位一般在句子开头，和主语重合，也是信息的起点；句子成分的顺序基本按照句法规则展开，体现主语和动作的关系。从形式上，主位包括单项主位（simple theme）和复项主位（multiple theme）两种；Halliday 对单项主位和复项主位进行了区分：单项主位由一个结构成分来充当，这个结构单位可能是一个单词（如 Europe，we，ocean）、一个词组（如 the students，the students or the teachers，carefully and slowly）、一个短语（如 in the afternoon，on the ground，from house to house）或一个小句（即名物化结构或主位等价结构），如 All that remains of them to tell their history，What birds and animals learn by experience，whether you go away or stay here，That the intruder should fare the same as the rightful occupants，and thrive with them，One that I measured in the King's River forest，等等。

单项主位主要表达经验功能意义(如名词词组、动词词组、形容词词组、副词词组、介词短语、从属小句)。复项主位中除了必须具备的经验成分外,还包括人际成分和(或)语篇成分。Halliday(1985,1994)认为复项主位的成分从句首直到第一个经验成分为止,其前面的非经验成分(即不充当过程、参与者或环境的成分)也都划归主位当中,这样就构成了"复项主位"结构。在一个复项主位中,有且只有一个经验成分,它前面出现的一个或多个语篇和(或)人际成分对经验成分起到修饰或限制作用。例如,On the other hand maybe on a weekday it would be less crowded。其中 on the other hand 是语篇成分,maybe 是人际成分,on a weekday 才是经验成分,这个多项主位由语篇成分 + 人际成分 + 经验成分构成。经验成分也称话题主位,"话题不是复项主位的唯一成分,但却是一个必不可少的成分"[100]7。

按照标记性与否,Halliday 又将主位结构分成非标记性(unmarked theme)和标记性主位(marked theme)。非标记性主位由主语充当;"标记性主位"指陈述句中与语法主语不一致的主位,如补语、状语等成分充当的主位。英语中的标记主位通常由状语、补语或宾语充当。处在句首的标记性主位(时间、地点、方式状语等成分)通常具有特殊的语篇组织功能。汉语中,表示环境意义的时间短语充当主位是十分常见的。但在英语中,用它来充当主位则是有标记性的。

典型的主位通常包含连接附加语和情态附加语。连接附加语指把小句和前面的语篇连接起来的成分(that is,in other words,for instance;moreover,instead,alternatively;likewise,meanwhile,therefore 等)。情态附加语是说话人对相关消息作出判断的表达成分(probably,certainly,occasionally,of course,in my opinion,at first,on the whole 等)。另外,主位中也会出现连接词和关系词:连接词是连接同一个句子中前后两个小句的成分(包括并列和主从两类);关系词也是在一个结构关系中连接它所在的小句和另一个小句的成分(包括限定性和非限定性关系词 which,who,that,whose,when,where;whatever,whichever,whoever,whenever,wherever,however 等)。

**(二)信息结构**

信息是说话人与听话人之间传递的消息内容。信息结构是将语言组织成为一种信息单位的结构。信息交流是指言语活动过程中已知内容和新内容之间的相互作用,是信息交流过程中的基本成分。其中,已知内容是言语活动中已经出现过的或可以根据语境断定的成分，即已知信息；新内容是言语活动过程中还没有出现或者难以根据语境断定的成分，即新信息。信息结构就是已知信息与新信息之间形成的信息单位结构[101]172。信息结构可以体现在语音和句法两个层面。英语中常用来表示已知信息的语法结构包括带定冠词的名词短语、前指某一名词的代词、外指代词、上下义词以及替代动词。因本书涉及的语料中会话内容所占比例很小，下文研究中将不单独设置章节进行文本信息结构的分析。

**（三）衔接手段**

衔接手段指小句或小句复合体与其他小句或小句复合体之间的连接方式，衔接指的是语篇中语义成分之间的语义联系，是一个语义概念。如果某一个成分依赖于另一个成分来解释，那么这两个成分之间就存在着衔接关系。衔接的手段种类繁多，例如 Halliday 和 Hasan（1976）将衔接手段分为词项衔接和语法衔接。下面分别就词项衔接和语法衔接作简要介绍。

（1）词项衔接指语篇中的一部分词汇间存在着语义上的联系，或重复，或由其他词语替代，或共同出现。要实现语篇主题和语义场的统一需要词汇的相对集中[102]112。通过选择一定的词项来实现词项在语篇上的衔接，这些词项以某种方式和上下文出现过的词项有关。最直接的词项衔接方式是对某一词项的重复（包括各种曲折变体和派生变体）、同义关系和共现趋势（即搭配关系）。搭配和某些特定语域联系在一起，即一些普通词项也会因语篇类别差异而出现在不同搭配关系里。在词项衔接方面，英汉语虽然能够对应翻译，但也存在一些差异，比如汉语在词汇的重复使用方面比较突出，原词重复特征明显。而英语中除非为了某种特殊目的，一般尽量使用替代、省略、同义词、近义词等其他衔接手段达到语篇连贯的目的。因检索条件限制，本书不作进一步语料分析。

（2）语法衔接是语篇衔接的重要手段之一，又分为照应、省略、替代和连接四类，语法衔接可以使语篇结构更加清晰、严谨和流畅。语法衔接中的照应类型指语篇中的某个参与者或环境成分作为下文的参照点，即同一事物再次出现。从出现的位置看，可以分为内指照应（endophora）和外指照应（exophora）两类。其中的内指照应指的是语言成分的参照点存在于语篇语境中；外指照应指的是语篇中某个成分的参照点不在语篇本身内部（即不在同一个句子或句群中），而是存在于语境（上下文）中。从词类看，照应又可以分为人称照应(personal reference)、指示照应(demonstrative reference)和比较照应(comparative reference)3 类。人称照应指的是用代词复指上下文中出现的名词,起到代词与上下文中的名词间建立语义联系的作用,从而保证上下文的连贯;指示照应指的是用指示代词(this,that,these,those)、指示副词(here,there,now,then)或定冠词(the)复指上下文中出现的名词或相关成分从而构成的衔接;比较照应包括表示概括意义的 same,equal,identical;similar,additional,such;other,different 等 ;identically,just as,so,likewise,similarly,otherwise,else,differently 等;表示具体意义的 more,fewer,less,further,so 或 as 等 + 数字;bigger,等;so,as,more,less 等 + 形容词。

语法衔接中的省略类型指的是小句或小句的一部分、动词词组或名词词组的一部分通过省略的手段在下文的某处得到预设。省略作为一种句法现象不仅可以突出新信息、避免重复,而且也是一种重要的语法衔接手段。

替代衔接指用一个语言项目来取代另一个语言项目,即通过取代前句中的某一语言项目来实现句际的衔接[103]182。

省略和替代是同一种衔接关系的不同变体,英语中出现省略和替代的语境主要有名词词组、动词词组和小句。英语常用 one,ones,the same 来替代名词,用 do 及其曲折变化形式来替代动词,用 so,not 来替代小句。省略和替代建立的是词汇语法关系,而照应建立的是一种语义关系。

语法衔接中的连接指语篇中相邻小句之间的连接关系。通过选择连接语或者一小类连词来表达详述、延展和增强范围内的一系列可能的意义。其中连接语包括副词词组或介词词组,连词主要包括并列连词(如 and,but,or,nor,yet,so,then 等)和主从连词(如 because,when,where,if 等)。

## 第二节　研究问题

本书以缪尔和巴勒斯的生态文学文本为语料,基于系统功能语言学的元功能理论,对文本语言的概念功能和语篇功能进行分析。

概念功能方面主要涉及及物性过程和环境成分两个方面。英汉翻译过程中,尽可能保留原文小句的及物性过程类型不变,这样能够保证译文的结构和表达效果与原文相同或相近。翻译过程中及物性过程类型发生转变通常存在于关系过程与物质过程之间。这是因为译者对原文与译文语言和文化的掌握和运用存在着差异,语言意义也随着过程类型的变化而发生改变,但是如果单纯为了保持过程类型的统一也会违背译文语言的表达习惯，从而造成语言表意和连贯性方面的问题。"'过程'的选择体现于小句的动词词组，'参与者'的选择体现于名词词组，'环境'的选择体现于副词词组和介词短语，过程的选择涉及具体的角色，因为每种过程都与不同的角色相联系，主要过程动词是意义和功能的核心。"[104]27 英汉翻译过程中，环境成分的类型和语序也可能会发生变化，即原文中的介词短语、副词词组、次要小句等在译文中可能发生词类转换或者修饰关系的变化。

语篇功能方面的分析主要关注主位结构和衔接手段两个方面。通过准确划分各个小句和小句复合体中的主述位，找出句子的出发点，了解句子中的已知信息和新信息，更好地理解作者所要表达的内容，翻译时才能准确把握原文语义。除了语料库检索软件中体现的基本信息外，以 Halliday 系统功能语法中的主位结构理论为基础，分析语料库中文本在段落展开和语篇衔接过程中主位结构的特定作用。本书主要针对原文语料库中标记性复项主位及其汉译情况作出分析。

不同语言的衔接手段也会不同，在具体使用上也各有侧重。在翻译过程中，译者要深入了解源语和译语在衔接手段上的异同，并能够熟练运用这些衔接手段，使生成的译文语篇在语义上更加连贯，从而实现与原文在语篇层面上的对等。连接语或者一小类连词位于小句句首属于本语料库文本中比较典型的分布情况。本书借助语料库检索工具筛选出原文语料库中的语法衔接手段，从而对英汉衔接手段做进一步对比，而对语料中小句内部的关联结构不作进一步分析。

# 第三节 研究方法

Halliday 等采用语料分析和定性描写的方法归纳语言元功能理论、语境理论以及英语衔接模式等理论，其他许多语言研究者也都采用这样的方法。因为在实际研究中，基于语料库的定量分析与定性描写的结合使用正在成为语言分析与研究的主流方法。所以本书以语料库为基础，采用定量研究与定性研究相结合的方法对语料库文本进行研究。

## 一、定量与定性分析相结合

在系统功能语言学的有关研究中，自上而下的定量研究比较普遍。基于系统功能语言学的翻译研究也是以语言元功能理论为基础，提出研究假设，通过语料库中的实际语料进行数据统计分析、验证假设，总结归纳出英汉两种语言的概念意义在语篇表现形式上的异同。而自下而上的研究方法则从实际的语言出发，对假设、理论、结论进行论证、修正或充实[105]51。本书以系统功能语言学理论为基础，对真实语料进行定量分析，再结合语言元功能理论，尤其是及物性理论，定性总结该理论在翻译实践中的指导作用。

语料库翻译研究的最大特点在于其实证的方法和原则，使用归纳与演绎的方法来研究翻译现象，这种研究方法在客观上可以促进理论研究、实证研究和应用研究之间的对话。对语料数据的采集和统计属定量研究的范畴，而对统计结果的描写、分析和解释则离不开定性的因素。过去，翻译研究的焦点集中在译文与原文的关系是否“对等”上。大规模原文与译文的语料能够为翻译研究提供丰富的数据，在翻译研究对象的确定、语料选择、数据描写、分析和解释方面都需要定性的方法。本书通过 CLAWS 词性赋码器和语料检索工具 AntConc 3.4.1w 等语料分析软件进行统计分析，对英文语料采取自动操作和手工操作相结合的方法进行分类处理，再借助 CUC ParaConc 0.3 对英汉平行语料进行统计和分析，以确保所用语料的真实性和研究结论的可靠性。

## 二、描写与解释相结合

描写与解释是翻译研究深入发展不可或缺的两种重要手段，二者在翻译研究中互相配合、协调发展。描写性研究是解释研究的基础，解释研究是描写研究总结出来的规律在原理上的探究。以往的翻译研究多注重语言单位分布的描写，客观描述原文与译文间的异同，哪些语言单位采用直译法，哪些采用转译法，哪些语言单位存在对应关系，哪些需要结合译语语言习惯和思维方式进行转换，研究结果能够体现文本间在词法与句法上的对应关系，而对于语言内部元功能的调整却不能作出相应解释，即翻译研究长于描写，却缺乏适当解释。当然，对具体翻译事实的挖掘是翻译研究的前提，也是翻译理论形成的依据。应在翻译事实的基础上总结出一定的翻译规律，从翻译规律中总结出翻译方法和理论。如果仅限于对具体翻译事实就事论事，就无法形成成熟的翻译理论。

而语料库翻译研究的目标则是从描写出发，最终达到对翻译现象的解释和预测。如果描写的不够充分，就不能对翻译现象作出合理的解释，同样，解释的深度不够的话，也就不能进行合理预测与广泛应用。研究翻译中的语言元功能对等并不是片面追求原文与译文在意义或语篇方面与原文的对等，而是语言三大元功能方面的最佳关联。翻译研究中始终关注描写与解释的有机结合，相对客观地指出原文与译文在概念意义与语篇功能方面的对应程度，根据具体语境作出相应解释。作为一个功能系统，某种语言现象的产生一定是受到该语言系统内部相关因素的影响和制约，翻译过程中要充分考虑该语言现象在源语和目的语中表现形式的异同，进一步拓展研究和视角，使研究结论更加客观科学。要充分考虑现有语言学理论和翻译学理论对具体翻译现象的解释力，从更广泛的视野对其进行解释，对各种不同的看法产生新的判断与取舍。

本书在前人语料库翻译研究的基础上，结合系统功能语言学理论，力求对缪尔和巴勒斯生态散文翻译中的具体翻译现象作出解释，以语料库中的翻译事实为依据，阐释各种翻译现象产生的可能原因。从翻译的目的性角度来观察原文和译文，客观地认识翻译的认知过程，有利于探索更有效的翻译理论和方法，从而指导翻译研究和翻译实践。

## 第四节　样本选择与分析

### 一、检索方式

关于英汉句子对齐处理，目前最常见的对齐是在段落和句子层次上进行，对从句子、单词、多词表达对齐的研究也在进行中。在各级对齐研究中，最为重要且较为成熟的对齐技术是句子一级的对齐。对生语料采用自动操作和手工操作相结合的方法进行分类处理，可确保语料的真实可靠。本书采用黑龙江大学计算机科学学院与俄罗斯语言文学与文化研究中心合作开发的 sentence aligner 进行英汉双语自动句对齐，对齐的准确率达到 85%左右，自动对齐后进行人工校对和调整。对齐过程分为两部分：首先利用 MorphAdorner 和 ICTCLAS 将英汉两种语言文本进行自动分句，以句号、问号和感叹号结尾的一串字符为一句，每句占一行。自动分句后借助 EditPlus 软件手动调整，如果英汉语文本在句子切分上不同时，尽量保持英语句子不动，调整汉语以适应原文。此外，为了能从双语平行语料库中获取更多信息，在对齐过程中插入分译和合译标记。为了适应后期检索软件要求，对过长的句子截成两个或更多小句。

在对齐时，首先打开 EditPlus 软件，随后将已经分句的文本依次打开，在该软件的工具栏的“窗口”下拉菜单中点“水平平铺”选项，这样打开的文本同时显示在屏幕上，通过移动鼠标手动调整对齐。语料库建成后，应用语料检索工具 AntConc 3.4.1w、WordSmith Tools 6.0、CUC ParaConc 0.3 等进行检索、分析和研究。

## 二、样本选择

本章先从 4 个文本中抽取样本进行分析，考虑到样本选取的客观性以及文本长度(《延龄草》共八章)，分别从 4 个文本的第一、三、六章中选择第 5 自然段进行概念功能和语篇功能样本分析。关于概念功能，本书关注其经验功能在英汉不同文本中的体现，研究重点放在及物性和环境成分两方面；而对于语篇功能则主要研究其主位结构和衔接手段。

样本检索项目也从 4 个方面进行，均以英文样本为检索项，按照检出的结果进行英汉对比分析。具体检索项目如下：(1)及物性分析首先检索出英文样本中主要小句中的动词词组，然后按照 6 个过程类别进行归类整理，从中发现样本中涉及的各过程类别数量，最后再对各过程类别做英汉对比分析。(2)环境成分方面主要检索出位于句首的介词词组，然后对这些词组进行归类，之后再进行英汉对比分析。(3)主位结构的研究重点是复项主位，尤其是带有语篇成分的标记性复项主位部分，这部分的英汉对比研究更具有代表性，对翻译实践更具有指导价值。(4)关于衔接手段的检索，就现有检索工具和语料库库容而言，无法对各种衔接手段进行全面分析，本书仅对部分语法衔接手段进行对比，首先从样本中检索出应用的连接词，然后对照译文语料进行分析。

## 三、样本分析

从 4 个原文文本抽取的样本共计 2 352 个单词，详细数据见表 4.1；中文译文中抽取的样本共计 6 115 字(其中《阿拉斯加之旅》和《延龄草》分别有两个译本)。为了方便对比，以安徽人民出版社的 4 个译本为例统计出汉语样本基本数据。

**表 4.2 原文语料库样本基本数据统计**

| 考察项 | 类符 | 形符 | 类符/形符比 | 单词数 | 句子数目 | 平均句长 |
|---|---|---|---|---|---|---|
| 数量 | 986 | 2 376 | 41.5 | 2 352 | 86 | 27 |

**表 4.3 译文语料库样本基本数据统计**

| 考察项 | 类符 | 形符 | 类符/形符比 | 字数 | 句子数目 | 平均句长 |
|---|---|---|---|---|---|---|
| 数量 | 1 116 | 2 389 | 46.71 | 3 979 | 93 | 42.78 |

从两个数据统计表可以看出，抽取的样本在形符总数上基本相当，但类符数量相差较多，因此在类符/形符比上译文比原文多出 5 个百分点。英汉样本中句子总数分别为 86 和 93，译文多出 7 个句子，说明译者在处理原文时存在分译现象，虽涉及的句子数量不多，不会影响整体上的语义效果。英汉单词(字)数量上差别较大，分别为 2 352 和 3 979，结果显示英汉样本的平均句长差别较大，分别为 27 和 42.78。

**(一)样本及物性分析**

我们以《加州的群山》其中一句话为例，从总体上解释其主位结构和过程类型等特征。为方便分析，在表 4.4 外附上该句的上文语境。见表 4.4。

(The falling flakes and crystals form cloud-like masses of blue sludge, which are swept forward with the current and carried down to warmer climates many miles distant, while some are lodged against logs and rocks and projecting points of the banks, and last for days, piled high above the level of the water, and show white again, instead of being at once "lost forever," while the rivers themselves are at length lost for months during the snowy period.)

**表 4.4 原文样本及物性例析**

| | The snow | is first built | out from the banks | in bossy, over-curling drifts, | compacting and cementing | until the streams are spanned. |
|---|---|---|---|---|---|---|
| 衔接 | 词项:重复 | | 词项:重复 | | | |
| 主位 | 主位 | 述位 | | | | |
| 及物性 | 目标 | 物质过程 | 环境:地点 | 环境:方式 | 环境:伴随 | 环境:时间 |

译文：

(飘落着的雪花和冰晶体形成云一样大堆大堆的蓝色淤泥，随着水流掠过，被带到几英里以外气候较为温暖的地带，有些寄存在原木、岩石和河岸突出的地方，能在那儿滞留许多天，堆积起来高出水面，它们不是立刻就"永远地消失了”而是又形成白色的冰雪。但是到了多雪的季节，河流本身却会消失上好几个月。）

**表 4.5 译文样本及物性例析**

| | 落雪 | 开始 | 在河岸上 | 堆积起来， | 紧密而牢固， | 直到河流被完全冻结。 |
|---|---|---|---|---|---|---|
| 衔接 | 词项:重复 | | 词项:重复 | | | |
| 主位 | 主位 | 述位 | | | | |
| 信息 | 已知 | 新 | | | | |
| 及物性 | 目标 | 物质过程 | 环境:地点 | 物质过程 | 环境:方式 | 环境:时间 |

对比表 4.4 和 4.5 可以看出，原文和译文在词项衔接方面保持一致，snow（落雪）和 banks（河岸）均重复上文，主述位结构上也一致，主位是 The snow（落雪），述位中的动词均表示物质过程，所不同的是原文动词 is built 在译文中转译为主动结构“堆积起来”。环境成分在顺序和类型上也略有差异。原文中的地点、方式、伴随和时间环境成分依次放在过程动词 is built 之后；译文中地点环境成分提前到过程动词前，原文的时间环境成分保持不变，但是方式环境成分没有译出，将伴随环境成分译为方式环境成分。

英文样本由 86 个句子组成。其中物质过程 44 个（其中包括 2 个气象过程）、关系过程 29 个、心理过程 11 个、存在过程 6 个、行为过程 3 个和言语过程 4 个（见表 4.6）。样本中涉及的行为过程和言语过程比较少，在第五章基于语料库的英汉及物性对比分析时将不再对这两个过程类型进行分析。

**表 4.6 样本过程类型英汉对照**

| 过程类别 | 原文 | 译文 |
|---|---|---|
| 物质过程 | ...make…pathways...; | 提供了 |
| | ...vanish… suddenly...; | （瞬间）消失 |
| | …form… masses...; | 形成 |
| | ...is first built ...; | 堆积 |
| | ...flow in the dark...; | 流淌 |
| | ...render...; | 形成 |
| | ...are arched and sculptured...; | 被蚀刻成拱形 |
| | ...may walk through...; | 穿过 |
| | ...fills...way...; | 充满 |
| | ...go curving...; | 延伸 |
| | ...must rush...gurgle...; | 从……冲出 |
| | ...was built by...; | 建造 |
| | ...the rain comes...; | 雨水（突然直泻）而下 |
| | ...seem to drowse and float...; | 漂浮在 |
| | ...ascends...ridge...; | 从这里登上 |
| | ...leads through...; | 穿过 |

**续表 4.6　样本过程类型英汉对照**

| 过程类别 | 原文 | 译文 |
|---|---|---|
| 物质过程 | ...tinge on his back...; | (背上)带有(关系过程)* |
| | ...falls like a drop of...; | 像……落下的 |
| | The weather changes...; | 变化 |
| | ...multiply... | 越来越多 |
| | ...call and warble...; | 啼鸣 |
| | ...increases...; | 越来越大 |
| | ...wage war against...; | 发动战争 |
| | ...drift more into...; | 流落 |
| | ...are abandoned...; | 放弃了 |
| | ...were all moulting...; | 蜕毛 |
| | ...joins the Deleware...; | 汇入 |
| | ...joins the Delaware.; | 汇合 |
| | ...unite ... to form...; | 组成 |
| | ...make mistakes...; | 出错 |
| | ...deserts them...; | 背弃 |
| | ...is betrayed...; | 出卖 |
| | ...weaves ...of...; | 编织 |
| | ...corrupt good manners...; | 破坏 |
| | ...unsettle the wits of...; | 动摇了……智力 |
| | ...built upon...; | 建造 |
| | ... builds...departs...; | 筑巢 |
| | ...push off...; | 挤掉 |
| | ...requires...; | 需要 |
| | ... wither upon...; | 枯萎 |
| | ...clean up...; | 清理 |
| | ...turn over...; | 开始 |
| | ...find their way into... | 汇入 |
| | ...find a secure...; | 找到 |
| 关系过程 | ...are thus lost...; | 消失(物质过程)* |
| | ...are not very dark...; | 不是很暗 |
| | ...is the largest of...; | 是最大的 |
| | ...suddenly appear...; | 消失(物质过程)* |
| | ...was... stockade...; | 用栅栏围成 |
| | ...was dry...; | 变得干燥 |
| | ...was salubrious...; | 对……是大有裨益的 |
| | ...was a tranquil place...; | 是一个宁静的地方 |
| | ...are united...; | 密布 |
| | ...are calm...; | 是平静的 |
| | ...seems ...voice...; | 似乎只是……声音 |
| | ...be a week...; | 等到一个星期 |
| | ...was like the voice...; | 就像 |
| | ...have their source...; | 其源头便是 |
| | ...are Mill Brook...; | (名字)为磨坊溪 |
| | ...is the main outlet...; | |

续表 4.6

| 过程类别 | 原文 | 译文 |
| --- | --- | --- |
| 关系过程 | ...have the picture of...;<br>...be hard to find...;<br>...appear to lack...;<br>...is capable of...;<br>...is not true...;<br>...is not clear...;<br>...is to conceal...;<br>...be simply a slovenly trait...;<br>...are tidy...;<br>...implies...;<br>...has...<br>...is formed...;(2)<br>...seemed like...; | 是主要排水口<br>有一张照片<br>很难找到(心理)*<br>似乎缺乏<br>会<br>不是真的<br>不清楚(心理)*<br>是隐藏<br>是……的特性<br>是清洁的<br>包含<br>有<br>形成 |
| 心理过程 | Not...is to be seen...;<br>...feel sympathy with...;<br>...heard a noisy...;<br>...hears its call...;<br>...see this bird...;(2)<br>...remember...;<br>...seen built upon...;<br>...seen it...;<br>...see the cavity...;<br>...believe that...; | 看不到<br>感到同情<br>听到过<br>听到他的鸣叫<br>看到那鸟儿<br>记得<br>见过建造在<br>想象<br>发现凹陷<br>相信 |
| 存在过程 | ...lies just beyond...;<br>...is... .revelation...;<br>...there were...;<br>...there is nothing...;<br>...was by...;<br>...lays open... | 正好越过<br>更让人感到惊喜 / 更引人注目(心理)*<br>有<br>没有<br>在……深处<br>沿此地向……流去(物质)* |
| 行为过程 | ...sang Burns...;<br>...think of the hearts of...;<br>...looks and listens... | 描述<br>想想<br>望着、听着 |
| 言语过程 | ...been told of...;<br>...says...;<br>...affirm anything...;<br>...spoke... | 听说过<br>说<br>断定任何事情<br>发出声响 |

从表 4.6 可以看出,就及物性来说,译文与原文基本一致,比较忠实地反映了原文的概念意义。尤其是心理、行为和言语过程保持完全一致。过程类别发生较大变化的是关系过程:其中有两个句子转换为物质过程、两个转换为心理过程;有一个物质过程转换成了关系过程;一个存在过程转换为物质过程。根据 Halliday 的观点,物质过程通常由动态动词表示做某件事的过程,由此我

们可以看出原文中动作性过程占绝大多数,其次是关系过程,完全符合游记类散文的写作特点,译文也基本把握这种写作类型,对原文概念意义的理解比较透彻。

**(二)样本环境成分分析**

环境成分在过程类别中起重要作用, 原则上它可以出现在小句的任何位置上,表达相同的概念意义,但逻辑语义却有所不同,这一点在不同语言之间的转换中表现得尤为明显。英汉翻译中,环境成分位置的处理充分体现了使用者的语言表达习惯和思维习惯。在日常表达中,为了强调时间、地点、原因、方式等环境成分,说话人可以把它的位置提前,书写中前置的环境成分同样起到强调作用。

将"环境"看作一个总体概念,放到整体的及物性语境中,考察由这些环境成分构建的语义空间。从这个角度看,环境成分本身就是一个过程,但它不能独立存在, 而是隐藏在一个更显见的过程类别中或者是为延伸一个更主要的过程类别。绝大多数环境成分都是从 3 种关系过程(环境、属有和包孕)派生出来的,其中与环境识别小句相关的环境成分主要有跨度(时间)、处所(地点)、方式(方法)、原因(目的)、或然(让步);与属有关系小句相关的主要是伴随;与包孕关系小句相关的为角色(身份)。Halliday 将环境成分的种类归纳为[106]151。见表 4.7。

**表 4.7 环境成分类型**

| 序号 | 类别 | 具体范围(次类) | 序号 | 类别 | 具体范围(次类) |
|---|---|---|---|---|---|
| 1 | 跨度 | 距离、持续时间 | 6 | 伴随 | 随同、补充 |
| 2 | 处所 | 地点、时间 | 7 | 角色 | 身份、成品 |
| 3 | 方式 | 方法、性质、比较 | 8 | 内容 | |
| 4 | 原因 | 原因、目的、利益 | 9 | 角度 | |
| 5 | 或然 | 条件、让步、默认 | | | |

本书研究主要研究作主位的环境成分——表示时间、地点、原因、方式等环境意义的介词短语,对它们进行重新排列,与整个过程类别联系起来解释,检索英文样本中介词短语类环境成分作主位的有 24 个句子,其中位于句首的有 11 个, 跟在并列连词 but 后的有 2 个, 副词后的有 2 个, 其他位置的有 9 个。见图 4.3。

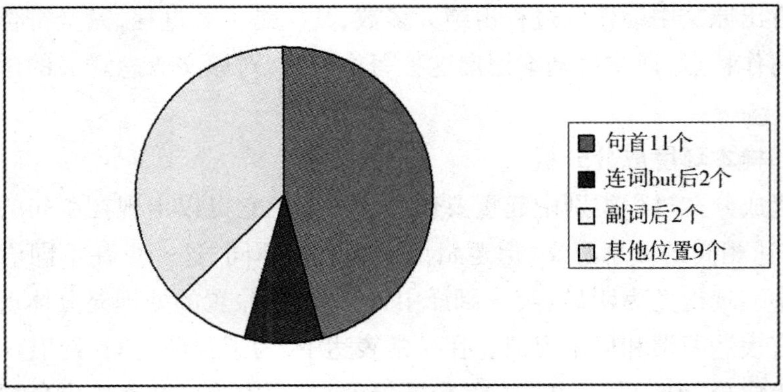


**图 4.3 样本中介词短语型主位分布**

例 1:**At the end of June only here and there may** the mountaineer **find** a secure snow-bridge.(到了 6 月底,登山者们只能偶尔在河上找到安全的雪桥了。)

这是一个表示心理过程的句子，其环境成分（At the end of June only here and there)和定式成分 may 都作前置处理,强调只有在该环境条件下,感知者(the mountaineer)方能感知(find)现象(a secure snow-bridge)。译文保持 at the end of June 前置位置,按照汉语表达习惯将副词词组(only here and there)放在主谓语之间的位置,又根据语境补充了地点类环境成分"在河上"。

例 2:**In some of the reaches**, where there is a free margin, we may **walk through** them.(在一些不受影响的河段,我们可以从这些冰桥下面穿过。)

Walk through 表示物质过程,译文"穿过"保持过程类型不变;环境成分 In some of the reaches 中包含一个小句(where there is a free margin)修饰成分,将这个复杂的介词短语结构前置,说明作者强调 walk through 的地理条件。译文保持该物质过程不变，将环境成分中的小句修饰成分整合到介词短语中；目标 them 在译文中没有直接译成"它们",而是还原为所指对象,即环境成分"在这些冰桥下面",重复上文提到的"冰桥"。

例 3:**Toward spring**, when the weather is warm during the day and frosty at night, repeated thawing and freezing and new layers of snow **render** the bridging-masses dense and firm, **so that** one may safely walk across the streams, or even lead a horse across them without danger of falling through.(到了春天,白天温暖,夜晚寒冷,持续不断的融化和结冻,以及一层层新雪,形成密集结实的连绵状物质,使人们可以安全地走过河流,甚至牵着马走过也没有掉下去的危险)。

原文中环境成分较为复杂，表示时间的介词短语 Toward spring 带有小句修饰语，主语 new layers of snow，动词 render 表示物质过程，目标 the bridging-masses,形容词短语 dense and firm 作后置修饰语,而环境成分 so that...从句表示结果。

译文中表示时间的环境成分"到了春天"保持不变,而环境成分中的修饰性小句转译为与主要小句的并列结构,使句子成为流水句"白天温暖,夜晚寒冷,积雪不断的融化和结冻,再加上一层层新雪,形成密集而结实的连绵状物质",表示结果的环境成分 so that...在译文中保持成分类型不变。

**例 4:With rough passages** here and there they still **make** delightful pathways for the mountaineer, conducting from the fertile lowlands to the highest icy fountains, as a kind of mountain streets full of charming life and light, graded and sculptured by the ancient glaciers, and presenting, throughout all their courses, a rich variety of novel and attractive scenery, the most attractive that has yet been discovered in the mountain-ranges of the world.(由于古老冰川的刻蚀作用，到处都有粗糙的小径,所以依然是登山运动员们的首选路线。这些小径从肥沃低地通往冰冷高山源泉,一路上充满了迷人的生机和光彩,到处是各种各样新奇迷人的景致,是全世界山脉中能见到的最迷人的风光)。

原文中的方式环境成分 With rough passages 转译为存在过程小句"(到处都)有粗糙的小径";而原文中物质过程类型主要小句 they still make delightful pathways for the mountaineer 转译为关系过程类型小句"依然是登山运动员们的首选路线";原文中的方式环境成分 conducting from...to...和身份环境成分 as...转译为存在过程"从……通往……"和"充满了……",原因环境成分 graded and sculptured by...保持成分类型不变"由于古老冰川的刻蚀作用",伴随环境成分 presenting a rich variety of novel and attractive scenery...转译为存在过程小句"(到处）是（各种各样新奇迷人的景致)"。其中 a rich variety of novel and attractive scenery 的同位成分 the most attractive 转译为与之并列的存在过程小句"是全世界山脉中能见到的最迷人的风光",按照译文语言习惯翻译成流水句。

从例 4 可以看出,原文中的环境成分都表达一种非完全过程,其中的介词 with、as 以及 throughout 起到中介的作用，后面所接的名词性成分可以充当主要过程的参与者。其中的非定式动词 conducting, graded and sculptured 和 presenting 与其后所带名词成分存在着及物性关系,具有完全的过程意义。因为所有的过程都和参与者有关，Halliday(2000)将其称为“中介”，只有参与者这个中介的存在，过程才能成为现实。按照Halliday的观点，译文将例4中的环境成分作过程化处理能够准确传达原文的概念意义；由于汉语中没有英语那么复杂的非定式动词形式，按照汉语表达习惯译成并列的流水句也能够实现原文要表达的语篇效果。

例5：**In summer** the rain **comes** straight down, steamy and tepid.

译文一：夏季的阵雨会突然直泻而下，空气中弥漫着潮湿和闷热。

译文二：夏日，雨水当空直泻而下，四处茫茫一片，大有一种剑拔弩张、追风逐电之势。

原文是一个表示气象过程的句子，环境成分 In summer 为表示时间的介词短语，述位中 straight down 表示方位的副词短语，形容词短语 steamy and tepid 属于表示程度的环境成分。

译文一将表示时间的环境成分 in summer 转译为主语“阵雨”的修饰成分“夏季的”，表示程度的环境成分 steamy and tepid 译成并列小句“空气中弥漫着潮湿和闷热”，增译了处所环境成分“空气中”和关系过程成分“弥漫着”。

译文二表示时间的环境成分 in summer 和主述位结构保持不变，但表示程度的环境成分 steamy and tepid 增译较多“四处茫茫一片，大有一种剑拔弩张、追风逐电之势。”这种增译与原文意思相差较大，应该是译者对夏季阵雨情景的个人经验表达，而非原文的意思。

例6：But in spite of disorder and squalor, shaded with clouds, washed and wiped by rain and sea winds, it **was** triumphantly salubrious through all the seasons.

译文一：尽管这里一片杂乱，肮脏不堪，且成天乌云密布，但由于雨水、海风的不断冲刷洗礼，所以这里气候清爽，对人的健康大有裨益。

译文二：尽管兰格尔岛显得有些杂乱无章和肮脏不堪，而且天空中总是彤云密布，岛上终年被雨水冲刷、海风吹刮，但这里的气候对人的健康却是大有裨益的。

原文是一个归属式关系小句，介词短语 in spite of...表示让步的环境成分，带有表示伴随环境的独立主格结构，介词短语 through all the seasons 为时间性环境成分。

译文过程类型不变，把原文表示结构的语篇主位 but 后置，in spite of...仍然译为让步关系，其中的伴随环境成分 shaded with clouds 译为与之并列的结构，

washed and wiped by rain and sea winds 译为表示原因的环境成分。主要小句中 it 译为“这里”，时间环境成分 through all the seasons 在译文中没有明确指向。

译文二过程类型仍然不变，让步环境成分中的修饰成分译成并列结构，but 移植到主要小句中修饰表示归属关系的动词“是”。主要小句中 it 转译为修饰语“这里的”，时间环境成分 through all the seasons 保持不变，译为“终年”。

**（三）样本主位结构分析**

主要根据 Halliday 对主位的界定，本书对英文样本中主位按照简单主位和复项主位进行归类，归类后与译文主位类型进行比较分析。英文中简单主位（一个及以上词组或短语）共 71 个；其中名词词组有 35 个；代词词组有 18 个；介词短语有 11 个；主位等价结构（名物化结构）有 5 个（what，how 等引导的小句）；动词词组 2 个。见图 4.4。

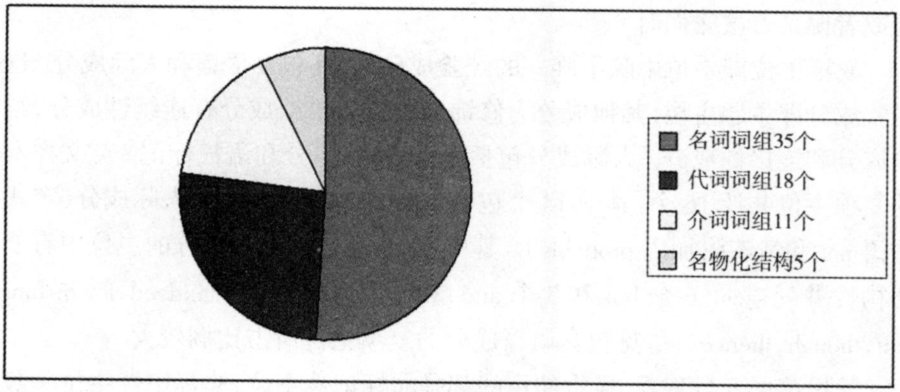


**图 4.4　英文样本简单主位分布**

关于 there be 句型的主位问题国内外存在很大分歧，赵艳芳认为 there-be 句型的原型结构应该是用来表示“某一具体的地方或空间位置存在有某种客观物质”这一概念的，后来逐步也用来表示“某一时间里存在或发生某种事件”。结合先学会空间概念、后学会时间概念这一儿童语言发展规律，可以证实在人类认知发展的连续体中，空间概念的形成先于时间概念[107]48。但是，随着认知语言学的发展，人们逐渐认识到语言结构与社会现实之间的像似性（iconicity）或临摹性。如英语中出现了类似 there 和 it 之类的词语占据句子开头的位置，把从韵律的角度来看太长或太重的成分放在后面，这样，短语的位置就靠后了。占据句子开头位置的词既要在意义上能够表示地点，又要在语法形式上能够占据主语位置，there 就充当了这样的角色。于是，英语中就形成了以 there-be 结构来表达“某地存在某物”的经验意义，后来逐步发展到时间上甚至其他抽象存在的概念，即某一时间里存在或发生某事或其他非物质概念。[108]69 综合众多学者观点并结合现有的语料特征，本书将 there 作为主位进行考察和分析。

例如：Indeed, **there** is nothing in the return of the birds more curious and suggestive than in the first appearance, or rumors of the appearance, of this little blue-coat.

译文：事实上，鸟儿归来，没有任何比它首次亮相或者说是首次露面时的那种窃窃私语，更能引起好奇和联想的了。

Indeed，there...是一个复项主位结构，这里 there 对应的场景范围是 in the return of...对此，译者却有着不同的理解，译文侧重时间上的经验意义（首次亮相或者说是首次露面时）。

复项主位即主位中除了唯一的经验成分外，还包含语篇和人际成分。这个经验成分即主题主位，其他成分为修饰成分。如语篇成分有连续性成分，结构性成分和连接性成分。人际成分包括呼语、情态成分和语气标记。英文样本中的复项主位共计 16 个：其中 14 个包含语篇成分和 2 个包含人际成分（定式操作语 not 和情态附加语 probably）。其中 14 个又包含语篇成分的主位中有 9 个结构性并列连词（6 个 but 和 3 个 and）和 5 个连接附加语 indeed，for instance，still，though，thence），可见包含语篇成分的复项主位所占比例较大。

从段落展开过程看，通常使用的都是非标记性主位，非标记性主位一般由代词、普通或专有名词作中心语的名词词组以及名物化结构来充当，既是主位也是主语。但是如果为了突出某种功能，将特定成分移到句首，占据突出的语篇位置，这样的特定成分属于标记性主位，通常作标记性主位的成分有介词词组、副词词组、名词词组以及名物化结构。

英文样本中的标记性主位有 25 个：其中表示时间和地点的各 7 项、让步的 4 项、方式、距离、方位、原因、程度、身份、否定的各 1 项。译文与原文标记性主位保持一致的有 16 个句子，不一致的有 9 个（表中 * 标出）。本书主要分析标记性主位发生变化的句子，涉及最多的出自缪尔的《加州的群山》（5 句）和《阿拉斯加之旅》（2 句）；巴勒斯的《延龄草》和《自然之道》各 1 句。具体见表 4.8。

表 4.8 原文语料库样本标记性主位分布

| 类别 | 原文标记性主位 | 译文标记性主位 |
| --- | --- | --- |
| 时间 | As the snaw fa's in the river...<br>At the end of June...<br>In June...<br>Toward spring...<br>But as the season advances...<br>In summer...<br>It being August... | 就像雪花落到河里，<br>到了6月底，<br>6月，<br>到了春天，<br>但随着季节的推进，<br>夏日，<br>时值8月， |
| 地点（空间或处所） | In some of the reaches...<br>In the sumach and button-ball or plane-tree...<br>Probably in a state of wild nature...<br>And yonder, glistening amid the irised spray,<br>And yonder bluebird with the earth tinge...,<br>From "Ward's,"<br>In the fort and about it, | *<br>在漆树和悬铃树上，<br>*<br>远处，<br>远处<br>从"沃德斯"<br>在要塞及其周围， |
| 让步 | Still another nest...<br>Though of such stupendous depth...<br>And though the houses seemed to rest uneasily...<br>But in spite of disorder and squalor, | *<br>这些著名的峡谷虽然深度惊人……<br>岛上的房屋似乎很不安地被放置<br>尽管这里一片杂乱， |
| 方式 | With rough passages here and there | * |
| 距离 | Thence for three miles, | * |
| 方位 | To the east, | 东部， |
| 原因 | Why the beech, the oak, and the hickory cling to their old leaves | * |
| 程度 | How neatly and thoroughly the maples, the ashes, the birches, | * |
| 身份 | With only two species of our trees | * |
| 否定 | Not a drop of running water | * |

下面以表中4.8中4个原文与译文主位不一致的句子为例进行分析。

**例 1：Probably in a state of wild nature** birds never **make mistakes**, but where they come in contact with our civilization and are confronted by new conditions, they very naturally make mistakes.（野外状态的鸟类很可能从不出错，但一接触到人类文明，面临新环境时，它们自然而然地会犯错误。）

原文中标记性主位 in a state of wild nature 是表示处所的介词短语，作者将环境成分前置，强调鸟类不犯错误的前提条件，在译文中将这个前置的环境成分转变为形容词短语“野外状态的”,用来修饰主题主位“鸟类”,没有将原文的突显环境功能体现出来,如果为了保持原文的语篇功能,可以译为“或许在野外状态下”,这样就实现了原文在概念和语篇功能上的对等,但是在语言的简练性和语篇连贯性方面则略逊于译者的选择。

例 2:**Still** another nest I have seen **built upon** a large, showy foundation of the paperlike flowers of antennaria, or everlasting.(我还见过建造在纸一般的蜡菊或灰毛菊大而显眼的花座上的鸟巢。)

原文中标记性主位 another nest 是心理过程动词 see 的目标成分,强调鸟巢建筑位置的特殊性,译文主位属于非标记性的动作者“我”,目标位于动词后,没有对其进行强调,语义内容上与原文相同,但体现不出原文的语义效果。译文可以这样稍加调整“我还见过一个鸟巢,建在了纸一样薄的蜡菊或灰毛菊花大而显眼的花座上”,将目标成分复杂的修饰语适当后移,语义结构上更加紧凑,更贴近原文。

例 3:**Thence for three miles** the trail **leads through** a forest of short, closely planted trees to the second North Fork of the Stickeen, where a still greater deposit of stratified gravel is displayed, a section at least six hundred feet thick resting on a red jaspery formation.(从这里要想到达斯蒂金河的第二个北汊口,山道向前再延伸 3 英里还要穿过一片密密生长着低矮树木的森林。在那里更大片的沙砾层层沉积下来,有一部分至少有 600 英尺厚,看上去就像是堆积在一起的红玛瑙。)

原文中标记性主位 for three miles 表示距离,在译文中作存在动词“延伸” leads through 的距离(空间跨度),成分类型保持不变,译文也属于标记性主位,但主位成分改为“从这里……”,整个语序变化较大,语篇意义发生改变。

研究主位结构有益于帮助人们了解和掌握有关信息的中心内容在语篇中的分布情况。正确地划分各个小句和小句复合体的主位和述位,可以发现说话者的起点,想要传递的信息与哪些内容有关,能够更好地了解作者所要表达的内容,在翻译的过程中准确地把握原文语意表达的侧重点[109]17。但是在具体翻译实践中要做到主述位结构保持与原文一致还是比较困难的,原因不外乎英汉两种语言结构本身存在着显著差异以及语言背后的文化和思维差异。译者也只能尽可能地贴近原文语言结构,但是无法做到完全一致,翻译研究者不能因此而否定译者的工作,否则会给译语读者的阅读造成困难。

### （四）样本衔接手段分析

语篇中的衔接是语篇构成的重要部分，是正确理解语篇的关键。同时衔接手段也是传达原文信息与构建译文语篇的重要手段。英汉语篇中的衔接手段普遍存在，但是英汉语间在具体使用衔接方式上的差别比较大，如使用的频率和倾向性方面。众所周知，英语是形合语言，主要靠语言形式来实现语篇衔接，汉语是意合语言，一般以语义上的连贯和逻辑顺序来实现语篇衔接关系。鉴于汉英两种语言在表达上的差异，译者在翻译过程中应高度重视衔接手段的选择，仔细斟酌英汉语在衔接特点以及成篇方式上的异同；根据英汉语各自的形式要求，相应调整和变换衔接手段，实现译文语篇的衔接合理和语义连贯，保证译文的质量[110]329。

在代词的使用方面，总体上英语较多，汉语较少。英语里如果缺少人称代词会使句子结构不完整、句意不清楚；在不造成误解或歧义的情况下，汉语常省略人称和物主代词。在指示代词的使用上，最大的差异是汉语没有定冠词“the”；其次，汉语近指代词“这”的使用频率比英语“this”的使用频率高，而英语远指代词“that”的使用频率比汉语“那”的使用频率高，这是由于汉语语篇强调心理距离，英语强调现实距离；另外，汉语语篇常用“这”指称前文中已经出现的事物，英语常用 that 表达同样的场景；最后，英语常用词汇和句法手段表示比较意义，而汉语没有形容词和副词的形态变化，因此，汉语一般不用比较照应[111]110。

在语法衔接方面，左岩（1995）通过语料中的样本对比分析，发现汉语多用原词复现和省略语法衔接手段，而英语则多用照应和替代衔接手段。具体衔接应用上汉语趋于隐性，而英语趋于显性，通过使用连接词、关系词、连接附加语等标明语句之间的逻辑关系[112]124。

在翻译活动中，译者处理的不是单个孤立的词句，而是由互相关联、相互制约的词语和句子，按照一定的格式，为了一定的交际目的，这些句子有机地组合起来形成语篇。汉英两种语言的部分语篇衔接手段在使用中各有侧重，“翻译者既需要把握原文脉络，正确理解原文，又要熟悉衔接手段，以再现出符合原文语言特征、语篇连贯、清晰而准确的译文”[113]47。衔接的优劣直接关系到译文的质量，关系到译文是否被译文读者理解和接受。译文必须要忠实于原文，否则就不能称之为翻译。语篇翻译的终极目标是寻求意义和形式上最大限度的对等[114]328。然而，翻译又不是简单的复制，而需要译者根据目的语要求重构[115]62。这就要求译者在翻译过程中，在充分理解原文的基础上，根据目的语的衔接方式（如省略、保留、变换和增添等）来建构译文，以达到原文与译文在语义逻辑上的一致性。

首先可以采用省略原文衔接手段的翻译方式，即在英汉翻译过程中，将英语的显性衔接关系转换成汉语的隐性关系。英语中连词的数量和应用范围都比汉语多很多，因为英语句子中，短语之间和句子之间通常采用形合法，语句间的逻辑关系多由连接词表达出来；而汉语重意合，句子结构一般都按照时间顺序和逻辑关系排列，语序固定、关系明确，不需要太多的连词来表示相互之间的关系，篇章中使用的连接词较少，其语义关系也主要是隐性的[116]328。英语关系从句翻译成汉语后，句子的展开像竹竿一样，不断叠加，尽管没有连词，依然结构连贯，脉络分明。

所以在英译汉时，连词在很多情况下可以不译出来。例如下面两个例子中 though，which，和 while 均未译出，并不影响我们对原文意义的理解。

（1）And **though** the houses seemed to rest uneasily among the miry rocks and stumps, squirming at all angles as if they had been tossed and twisted by earthquake shocks, and showing but little more relation to one another than may be observed a-mong moraine boulders, Wrangell was a tranquil place.（岛上的房屋似乎很不安地被放置在泥泞的岩石和树桩间似的，又像是由于地震而导致它们各个角度的扭曲变形。据观察，这些坐落于在冰碛巨砾上的房屋，它们之间的联系并不大。兰格尔是一个宁静的地方。）

（2）The falling flakes and crystals form cloud-like masses of blue sludge, which are swept forward with the current and carried down to warmer climates many miles distant, **while** some are lodged against logs and rocks and projecting points of the banks, and last for days...（飘落着的雪花和冰晶体形成云一样一堆堆的蓝色淤泥，随着水流流到几英里以外气候较为温暖的地带，有些在原木、岩石和河岸突出的地方能滞留很多天……）

例（1）和（2）中的连词 though、which 和 while 的省略不影响译文结构和内容表达，这是因为汉语属于意合语言，语篇的构成方式上对连接词的依赖性不高。

也可以采用保留原文衔接手段的翻译方式。凯普兰（Robert Kaplan）研究了不同的文化和思维模式对语篇组织方式的影响，归纳出英语为直线型语篇组织方式；东方语言多螺旋型语篇模式[117]58。不过，张明林（1999）研究发现，“汉语的谋篇布局模式相当灵活，既有螺旋型、又有直线型”[118]44。英汉语的连词也具有许多共同特点，语篇中连词的使用可以帮助建立上下文间的语义关系。因此，在翻译过程中，可以将一定的衔接手段保留到目的语中，使得英汉语篇达到一致的衔接效果[119]328。例如，句(3)和(4)中的 until 和 not...but...在译文中均予以保留。

(3)The snow is first built out from the banks in bossy, over-curling drifts, compacting and cementing **until** the streams are spanned.(落雪开始在河岸上堆积起来，紧密而牢固，直到河流被完全束缚住。)

(4)The clouds are usually united, filling the sky, **not** racing along in threatening ranks suggesting energy of an overbearing destructive kind, **but** forming a bland, mild, laving bath.(通常情况下，乌云密布遮盖住整个天空，这并不是为了向险恶的山川显示它专横的气势，而是为了带来一场温和的降雨，沐浴万物。)

例(3)和(4)这类连接词的语义指向特别明显，省略的话会出现语义错误，影响译语读者的理解。

最后，翻译中也可以变换原文的衔接手段。比如英语段落内，句子之间的呼应常采用指称方式，尤其是代词回指。而汉语段落内，常采用词语重复实现句子间的呼应，达到段落内的语义连贯。所以，译者在翻译中需要对这一衔接手段进行转换。例如，句子中的词组 the streams 在下文中用代词 they 代替，汉译时则采用词汇重复的方式，仍译为“河流”。

The snow is first built out from the banks in bossy, over-curling drifts, compacting and cementing until the **streams** are spanned. **They** then flow in the dark beneath a continuous covering across the snowy zone, which is about thirty miles wide.(积雪开始在河岸上堆积起来，紧密而牢固，直到河流被完全封住。在大约 30 英里的积雪地带，这些河流就在这连绵不断的黑暗雪盖下流淌。)

样本中小句复合体间和小句复合体内小句间的连接词按照详述、延伸和增强 3 类检索，检索到表示添加关系的转折连词 but 共 13 项、并列连词 and 共 9 项，增强关系的地点连词 where、时间连词 when 各 6 项、转折连词 though、副词 still 各 4 项、时间连词 before，while，then，as，对比连词 as if 各 2 项，以及其他连词 and then，until，so that，For instance，till，therefore，and so，thence 各 1 项。对照汉语译文发现转折连词 but 均被译出；并列连词 and 均未译出；where 一般译为“在那里……的地方、地方”，也有 3 处未译出；when 译为“当……时、……的时候”，也有两处未译出；though 译为“但、却、虽然、尽管这样”；still“依然、还、更”；before 译为“之前”和“之后”；while，then，and then 一般不译出；as 译为“随着”；其他连词均按字面意思译出。

## 本章小结

本书所涉及的语料为游记散文，主要为作者田野考察笔记，内容以描述自然界中的景物为主，以时间和空间顺序展开，以移步换景的方式记述沿途见闻，实时地附上个人对客观世界的认识和感悟，语言生动平实，能充分吸引读者注意力。4 个文本中的对话并不多，《阿拉斯加之旅》中有 91 个对话内容，《自然之道》有 36 个，其他两个文本只有几句。因此，本书在考察作品语言元功能时没有对文本的人际功能进行分析，将分析的重点放在概念功能和语篇功能方面的传达上。在借鉴和总结前人研究的基础上，首先强化理论背景，即系统功能语言学的语言元功能，理论核心为及物性和主位结构。本章以随机样本为语料，考察发现译者在翻译过程中，对 6 个过程类别中关系过程的处理上比较灵活，通常为了汉语习惯将其转换为物质过程。

过程类别发生较大变化的是关系过程：3 个句子转换为物质过程、一个转换为心理过程；一个物质过程转换成了关系过程；一个存在过程转换为物质过程。根据 Halliday 的定义，物质过程通常由动态动词表示做某件事的过程。由此我们可以看出原文表示动作的物质过程占绝大多数，其次是关系过程，完全符合游记类散文的写作特点，译文也基本把握这种写作类型，对原文概念意义的理解比较透彻。

研究也发现译本中使用了较多的显性连接词（比如“因此，此外，虽然……”等等），与原文在语篇形式上尽可能保持一致，充分显示了译文语篇中的这些逻辑接续词不仅增强了语篇的连贯性和衔接的严谨性，同时也体现了汉语语篇中信息焦点转换的基本方法和机制，更加彰显了游记类散文语篇的语言特点。

# 第五章　基于语料库的缪尔和巴勒斯生态散文概念功能英汉对比分析

对于翻译研究而言，几乎所有从事人文研究的学者都会对此感兴趣。语言学家致力于从语言学视角去研究，哲学家可能从哲学视角去阐释，社会学家则从社会现象的角度去探讨。在Halliday（2001）看来，翻译者们感兴趣的是翻译的具体操作（how），而语言学者们则研究翻译的操作规律（why）。Halliday认为语言是社会意义的一种功能语言观，他从语言学角度探讨翻译了问题，注重的是语言使用的场合和语言在特定场合的价值体现。因此，译文要尽可能地体现（再现）原文的语境，并从元功能的几个方面寻找与原文相近的对等。尽管完全的对等是可遇不可求的，但是功能对等应该是每个译者所必须追求的目标。

力求译文与原文元功能的对等是系统功能语言学者建构翻译理论的基本前提。经验功能对等是评估译文的一个原则性标准，虽然有些译文出于某种特定的动机，有可能偏离经验意义，但是不以经验功能作为核心的评估标准就会违背翻译的本质。在其他元功能方面，译文与原文的对等也很重要，也是评估译文质量的重要参数。在评估译文时，首先要看是否功能对等，尤其是经验功能对等。如果元功能不对等，就要对译文进行多层面的分析（从文化语境、意识形态等较高层面到词汇语法层面），找出功能不对等但又是合格译文的理据[120]101–102。

## 第一节　及物性

及物性体现的是概念功能，用于表现人们对客观世界的经验和主观世界的体验，说明外部世界的若干过程及其参加者和环境成分[121]7。国内一些学者也已经把系统功能语言学的及物性理论应用于翻译研究。例如，李忠华（2003）认为，物质过程与关系过程在英汉互译时经常发生转换，发生这种转换的原因主要是汉英语言具有不同的语言特征。英语中名词的使用率较高，关系过程出现的频率也较高；汉语中动词的使用频率高，所以物质过程的使用频率比较高。李发根(2004b)通过及物性来评价同一原文不同翻译版本，探讨了如何把小句经验功能应用到具体的英汉翻译实践当中，研究认为英汉语具有相同的经验功能及物性系统，对英汉翻译过程中以小句的主要动词为核心进行翻译是保证语义功能转换的有效途径[122]46。李发根(2004a)在另一篇文章中阐述了及物性过程与英汉语义功能等效翻译问题。他通过英汉实例，对比分析了英汉过程类型在翻译过程中的对应关系和可行性，讨论了英汉语在过程形式上的差异以及达到等效翻译的策略和方法。通过利用系统功能语言学中的及物性理论，翻译过程中如果能尽可能保持原文的过程不变，译文就会更忠于原文[123]26。之后，李发根(2006)还就唐诗“蜀道难”英译的语气人际意义以及语义功能等具体问题进行分析。研究发现，在语际翻译过程中，译文与原文在语气意义上的等效需要译者充分了解作者的意图和翻译单位以及两种语言的语气体现特征，而直译是实现诗歌类型语篇的人际意义等效的有效途径。

及物性系统中除了各种过程及其各自的参与者外，还包括环境成分。环境成分的意义包括时间、空间、方式、程度、比较、因果、伴随、身份，等等，其中最常见的是介词词组和副词词组。环境成分可以出现在各种过程当中。系统功能语言学一直以小句作为主要的研究对象，小句是任何语言中最基本的、有意义的信息结构单位。为了表现一定的意义，小句通过在及物性系统中进行选择，以某种过程、参与者和环境成分来体现语义。根据系统功能语言学的观点，每一种过程、词类、句子结构的选择，在一定程度上都可能影响语义的表达。其中小句的核心是过程，过程通过不同的动词体现；而参与者主要通过名词词组来体现；小句中的环境成分主要通过副词词组和介词词组来体现。

就语篇分析而言，进行及物性分析时，过程类型一旦确定，就要对参与者和环境成分进行确定[124]21。文本及物性的分析可以直观显示不同译者对现实世界的经验过程作出的相同或不同反应，不同动词的使用体现不同译者在具体操作上采取的不同策略。译者翻译策略是翻译的常规体现，但是翻译毕竟不是原创，译者必须在不脱离原文的前提下对译文进行再创造；译者不同的反应正是译者个人风格的体现，在翻译常规的影响下，译者努力在规则和个人风格之间寻求一个平衡[125]123。

由于汉英两种语言的词汇在词义范围和搭配能力等方面的差异，翻译时适当进行词类转译是必要的。如果机械地把原文的某一种词类直接译为译语相应词类，即动词译为动词，名词译为名词，就可能违背译语自身的表达习惯，造成语言不通顺、意义不清楚等情况。此外，如果句子中发生了词类的转译，在大部分情况下，也会出现句子成分的转变。因为词类一般都有自己特定的语法功能，如果词类改变了，其语法功能就有可能发生相的应改变。例如，动词一般作谓语，如果动词在翻译过程中名词化，原文中的谓语很可能会变成主语或宾语。原文和译文在词汇语法层面上的变化并不局限在某一个单位之内，而是存在跨单位的转译。原文中的词组在译文中可能变成独立的小句，几个独立的小句也可能被翻译成一个小句复合体[126]42。根据系统功能语言学中的及物性理论，当人们用语言来表现对主客观世界的认识和反应时，往往要借助及物性系统提供的可供选择的意义潜势。语言使用者通过合理使用及物性系统中的物质、心理、关系、行为等过程来表现他们对主、客观世界的认识和反应，不同过程所表达的语义也不尽相同。翻译时，改变原文使用的过程类型就有可能改变其意义，因此，翻译时应尽可能不改变原文使用的及物性过程。

本书通过考察原文语料库中高频动词体现的过程类型及其汉译情况，运用 AntConc 3.4.1w 的 wordlist 功能检索出原文语料库中的词频列表，从列表中选出排在 150 位之前的所有动词和 there(见表 5.1)。词频表显示出频次最高的是 be 动词 is，其次是 was，are，be，之后是 had、have(其中大部分为助动词)和 were，there 位列其后；然后是动词 made，found，seen，see，do(其中大部分为助动词用法)，make 和 came。依次检索词频表中的动词，可以了解其对应的语境、语义和过程类型。

原文语料库中 be 动词及其各种变体出现的次数最多，共计 9 558 次，大多数都属于小句的定式成分，在主要小句中表达关系过程的有 2 535 次，约占 be 动词总数的 26%；have 及其变体共 2 710 频次，其中在主要小句中表达属有关系过程的仅 197 次，约占 7.27%；make 及其变体共计出现 900 次，其中充当主要小句动词的有 224 次，约占 25%。

表 5.1 原文语料库高频动词词频表

| 排序 | 频次 | 词项 | 排序 | 频次 | 词项 |
|---|---|---|---|---|---|
| 7 | 3 161 | is | 94 | 362 | made |
| 15 | 1 846 | was | 97 | 354 | found |
| 17 | 1 579 | are | 100 | 345 | seen |
| 33 | 1 079 | be | 124 | 294 | being |
| 34 | 1 076 | had | 128 | 287 | see |
| 35 | 1 072 | have | 131 | 281 | do |
| 36 | 1 032 | were | 145 | 254 | make |
| 68 | 486 | been | 148 | 245 | came |
| 69 | 479 | has | | | |

本书大致将上表中的动词分类为：物质过程动词 make，come，do（其他物质过程动词 leave，reach，set，work），其中动词 make 做使役动词使用而无法标明过程类别时，其过程类别则由非限定动词决定或补语中成分之间的关系来决定；关系过程动词 have 和 be；存在过程 there be。运用 AntConc 3.4.1w 的 concordance 功能对 CLAWS 标注过的语料进行正则表达式检索，剔除 have 和 be 做定式成分部分，再分别对以上词汇进行及物性分析。

## 一、物质过程

### （一）动词 make 分布统计

首先对英文文本中 make 词项进行检索，统计出检索词的总数和其中在主要小句中表示物质过程的数量分布，见表 5.2。

表 5.2 动词 make 分布统计

| 词项 | 总计 | 主要小句动词 | 词项 | 总计 | 主要小句动词 |
|---|---|---|---|---|---|
| make | 254 | 63 | makes | 100 | 50 |
| made | 362 | 107 | making | 184 | 4 |

### （二）动词 make 汉译分析

包括各种时体在内 make 的用法大致分为以下几种类型：

1.“make+物质名词”

译项较为灵活，make my bed“搭床、铺床”、make a fire“生火”、make a cup of tea“煮茶”、make a sketch“画草图”、make a wall“形成一道墙”、等等（详见附录 5）。例如：

| | | |
|---|---|---|
| 1 | ...**makes** another mile of cascades and rapids, rests a moment in Emerald Pool. | ……形成一个一英里长的瀑布和急流。 |
| 2 | Chamaebatia foliolosa...**makes** handsome carpets beneath the pines, and seems to be a favorite with the bees. | 熊苜蓿灌木……形成漂亮的地毯，似乎是蜜蜂的最爱。 |
| 3 | And then the orange wall-flower holds up its showy panicles here and there in the sunshine, and bahia **makes** bosses of gold. | 橙色的桂竹香在阳光下撑起它炫耀的花序，百喜草呈现出金子般的颜色。 |
| 4 | Then, after a long rest in the levels of Little Yosemite, it **makes** its grandest display in the famous Nevada Fall. | 在约塞米蒂小平原里休息很长一段时间以后，又在著名的内华达瀑布展示出它最辉煌的画面。 |
| 5 | New and strange things seldom fail to **make** strong impressions, and are therefore frequently over-rated. | 新奇的事物一定会给人留下深刻的印象，而且常常被过高地估计。 |

2."make+动词性名词"

译为"有"或将名词转译为动词(详见附录5)。例如：

| | | |
|---|---|---|
| 1 | While thus flying through the air, a small portion **makes good its escape**, and remains in the sky as vapor. | 因此，在空中飞舞的时候，会有一小部分顺利逃掉，作为蒸汽留在空中。 |
| 2 | On the north wall of the canon, a little below the Diamond Cascade, a glittering side stream **makes its appearance**... | 北面山谷的岩壁略低于菱形瀑布，有一条闪闪发光的河流……。 |
| 3 | When the north winds in winter **are making upward sweeps** over the curving summits of the High Sierra... | 当冬天的北风卷过内华达山脉曲折的山峰时…… |
| 4 | The brave woodpeckers were clinging to the snowless sides of the larger boles and overarching branches of the camp trees, **making** short flights from side to side of the grove... | 勇敢的啄木鸟依附在较粗的树干上没有雪的一面和树木拱形的树枝上，在树林里从一端飞到另一端…… |
| 5 | Dragon-flies shoot in vigorous zigzags through the dancing swarms, and a rich profusion of butterflies **make a fine addition** to the general show. | 蜻蜓在舞动的蜂群中活泼地蜿蜒穿梭，大量的蝴蝶为整个表演增添了气氛。 |
| 6 | ...several species of castilleia also **make a bright show** in beds of blue and white violets and daisies. | 几种灵泉花也在蓝色紫罗兰和白色雏菊的花园里展示着它们的亮丽。 |
| 7 | ...the little striped tamias, and the Douglas squirrel, and the Clark crow **make a happy** stir in its groves. | ……斑纹的小花栗鼠、道格拉斯松鼠和克拉克乌鸦会使整个树林都快乐地骚动起来。 |
| 8 | All the species we have been sketching **make departures** more or less distant from the typical spire form... | 我们简略描述的各种松树多少有点偏离典型的尖塔状树冠…… |

我们简略描述的各种松树多少有点偏离典型的尖塔状树冠……

这类小句中 make 的物质过程要通过目标来体现，虽然译文中不体现 make 的意义，但其后所搭配的目标词转换成相应的动作过程，依然能够体现其物质过程，保证了原文与译文之间物质过程的一致性，实现概念意义上的对等。

3."make+某人+动词"译为"使（让）某人做某事"

| | | |
|---|---|---|
| 9 | … and the deep hum of such a multitude **makes** the listener guess that more than the ordinary work of honey-winning must be going on. | ……如此众多的低沉嗡嗡声会使听众认为一场不寻常的采蜜比赛正在进行。 |

4."make+名词（反身代词）+形容词"译为"使……"

| | | |
|---|---|---|
| 10 | The great depth of snow that falls… **makes** their dry season **short** in any case. | 当雪下得很厚时……尽可能地使干涸的季节缩短。 |
| 11 | ...and **makes** himself more **important** than even the huge bears that shuffle through the tangled underbrush beneath him. | ……使得它甚至比蹒跚走过错杂灌木丛的大熊还重要。 |

该句型也属于 make 的使动用法，译成汉语也是使役动词，中心词落在后面所接的形容词上，既可以将形容词动词化，也可以按照原文保证词性不变，保持原有的过程类型。

5.其他固定短语

（1）be made up of 译为"由……组成（构成）"。

（2）makes up ones mind"下定决心"。

（3）make one's way…"到、行至……"

（4）make haste to"匆忙""迫不及待"。

| | | |
|---|---|---|
| 17 | The zone in general is **made up of** low, tawny, waving foot-hills… | 大体上，这个地区由低洼崎岖的褐色山丘组成…… |
| 18 | ...finally **makes up his mind**, and disappears with a sharp stroke of his wings. | ……最后下定决心，用力拍打着翅膀潜入水底。 |
| 19 | …and **make my way** around the west end of the lake, and thence up to the summit of the divide. | 再到湖西岸的尽头，从那里爬到……分水岭上。 |
| 20 | Then,…**make haste** to the lowlands or foot-hills | 然后，匆忙来到低地或者山麓小丘地带。 |
| 21 | Then of course **I made haste to** see it. | 当然，我就迫不及待地要去考察它。 |

从以上例句可以看出，译文中相对固定的短语不单独译出每个词，be made up of 译为汉语的关系过程小句；makes up one's mind 和 make haste to

中 make 的过程意义没有体现出来，转换为方式状语，成为小句的环境成分。

总之，通过语料分析我们可以看出译者在翻译过程中，基本保持了原文及物性过程，即努力追求译文与原文在概念意义上的对等。

## 二、关系过程

本书按照 Halliday 的分类方法将关系过程从包孕、环境和属有 3 类进行分析，比较英汉语言在 3 类关系过程的异同。本节分析主要小句中动词 have 连接的属有类型和以动词 be 连接的包孕类型以及环境类型。

### （一）属有型关系过程分析

对英文文本中 have 及各种变体词项进行检索，统计出检索词的总数和其中在主要小句中的数量分布，见表 5.3。

表 5.3　动词 have 分布统计

| 词项 | 总计 | 主要小句动词 | 词项 | 总计 | 主要小句动词 |
|---|---|---|---|---|---|
| have | 1 072 | 61 | has | 479 | 83 |
| had | 1 076 | 53 | having | 89 | 0 |

检索 have 各种时体后，筛选出在主要小句中表示属有型关系过程的用法。属有型关系过程的公式为“x has a”，即实体 x 拥有实体 a。x 和 a 之间是所有与被所有的关系，主要包括以下类型：

1.have+事物名词

| | | |
|---|---|---|
| 1 | Every tree **had** a water system of its own spreading far and wide like miniature Amazons and Mississippis. | 每一棵树木都有自己的水流系统，就像微型的亚马逊河和密西西比河一样。 |
| 2 | Mount Shasta **has** three glaciers, but Mount Whitney, although it is the highest mountain in the range, does not now cherish a single glacier. | 沙斯塔峰上有三条冰川，惠特尼山虽然是山脉中最高的，但是它现在一条冰川都没有。 |
| 3 | An acquaintance of mine, a sort of foot-hill mountaineer,**had** a pet cat, a great, dozy, overgrown creature, about as broad-shouldered as a lynx. | 我有一个熟人是某一山麓的登山者，他养了一只有肥又懒的宠物猫，体型和山猫一样肩宽背阔。 |

我有一个熟人是某一山麓的登山者，他养了一只又肥又懒的宠物猫，体型和山猫一样肩宽背阔。

汉译时可以按照原文意思译为“有”，保持属有关系过程不变（例 1、2），也可以按照具体语境转译（例 3），其过程类型也发生相应改变，由原来的关系过程转变为物质过程，这样的转换在英汉翻译中最常见。

2.have time to do "有时间做某事"

| | | |
|---|---|---|
| 4 | After reaching the summit I **had time to make only a hasty survey** of the basin, now glowing in the sunset gold, before hastening down into one of the tributary canons in search of water. | 到了山顶以后，我只是匆忙地扫视了一下整个盆地，现在它正沐浴在落日的余辉中，然后就匆忙下去到山谷的一条支流上去找水了。 |
| 5 | The friends of Mr. Young had intended to come out in a body to welcome him back, but had not **had time to complete** their arrangements before we landed. | 杨先生的朋友们本来打算集体出动欢迎他的归来，但在我们登岸之前已没有时间实现他们的安排。 |
| 6 | I wish **I had space to write** more of the surpassing beauty of this favorite spruce. | 我希望能有时间来描写一下无比美丽的铁杉。 |

3.have little to do"不用做……"

| | | |
|---|---|---|
| 7 | Man is the most dangerous enemy of all, but even from him our brave mountain-dweller **has little to fear** in the remote solitudes of the High Sierra. | 对所有动物来说,人类是最危险的敌人,但是勇敢的野绵羊生活在内华达高山上偏僻荒野中,它们根本不用惧怕人类。 |
| 8 | For on such occasions Nature **has** always **some** thing rare to show us,andthedanger to life and limb is hardly greater than one would experience crouchingdeprecatinglybeneatharoof. | 这时大自然很少向我们呈现她的危险,因为她对生命和肢体的威胁还不及不小心从屋顶上跌落下来危险。 |

这时大自然很少向我们呈现她的危险，因为她对生命和肢体的威胁还不及不小心从屋顶上跌落下来危险。

一般汉译时转换为其他过程，具体转换类型取决于原文定式成分中动词 do 的类型,如例 7 转换为心理过程"惧怕",例 8 转为存在关系"呈现"。

4.Have something of doing"有做某事的……"

| | | |
|---|---|---|
| 9 | Like gigantic geysers spouting molten rock instead of water, volcanoes work and rest, and we have **no sure means of knowing** whether they are dead when still, or only sleeping. | 剧烈的喷发与冰冷的平静不断交替,就像喷出融化的岩石而不是水的巨大的间歇泉,它平静时,我们没有确切的办法知道它是寂灭,还是仅仅处于休眠之中。 |
| 10 | They should **have a good chance of winning** the competition. | 他们很有可能赢得竞争。 |

译文过程类型取决于 of 后的动词,如译文 9 为心理过程"知道",译文 10 为物质过程"赢得"。

**(二)包孕型和环境型关系过程分析**

运用 AntConc 3.4.1w 软件对标注过的英文文本进行正则表达式检索,检索出不同形式和时态、表示关系过程的动词 be,统计出检索词的总数和其中在主要小句中的数量分布。见表 5.4。

表 5.4　动词 be 分布统计

| 词项 | 总计 | 主要小句动词 | 词项 | 总计 | 主要小句动词 |
|---|---|---|---|---|---|
| be | 1 079 | 252 | were | 1 032 | 319 |
| is | 3 161 | 803 | am | 81 | 30 |
| are | 1 579 | 453 | been | 486 | 36 |
| was | 1 846 | 642 | being | 294 | 0 |

筛选出原文主要小句中动词 be 表示关系过程的句子，再以首字母排序前 50 句为例分析动词 be 分别表示包孕和环境意义时汉译情况：

包孕型关系过程公式为“x is a”，即 is 将 x 和 a 两个实体间建立联系，包孕型关系过程又可分为属性和识别两种类型：一是“x 具有 a 属性”（例 1 ~ 2）；二是“x=a”即确定 x 的具体身份（例 3 ~ 4）。

| | | |
|---|---|---|
| 1 | All the seasons of the great plain **are** warm or temperate... | 大平原上一年四季天气温暖，气候温和…… |
| 2 | All excitement died with the light, and then I **was** weary. | 所有的激动情绪都随着光线消失了，我也疲倦了。 |
| 3 | the first bees introduced into the county **were** a single hive. | 第一批蜜蜂被引进到这个地区时只有一个蜂房 |
| 4 | And, strange to say, among the first people I met here **were** two artists who, with letters of introduction, were awaiting my return. | 说来也怪，我在这里遇到的第一批人中间就有两个艺术家，他们带着介绍信，正在等着我回来。 |

例 1 和 2 中的“be+ 形容词”类属性关系译成汉语仍然保持属性关系，但是省略了关系动词“是”，形容词充当小句的谓语。例 3 和 4 中“be+ 名词”类识别关系动词汉译时发生转译，译为存在关系动词“有……”（某地有某物 / 某人）。

而环境型关系过程则描述实体目前所处的环境，需要从时间、地点、方式等方面进行描述，要依靠环境成分实现。Halliday 认为，在环境型关系过程中，两个实体之间的关系往往是时间、地点、方式、起因、伴随、角色、角度等关系[127]10。

| | | |
|---|---|---|
| 5 | The upper half of the fiord **is about from** a mile to a mile and a half wide, and shut in by sublime Yosemite cliffs | 峡湾上游大约一到一英里半长，两岸是约塞米蒂式悬崖。 |
| 6 | Almost every leaf is tinted then, and the goldenrods **are** in bloom··· | 几乎每一片叶子都被染上了颜色，一枝黄花正在盛开…… |
| 7 | The site of the old village is on an outswelling strip **of ground** about two hundred yards long and fifty wide | 古村庄坐落在一片隆起的陆地上，这片陆地长约二百码，宽五十码。 |

| | | |
|---|---|---|
| 8 | the slope is **toward the east** and opens a view of the distant peaks | 在面朝东的斜坡上，能够远眺沿着山脉延伸的远处山峰。 |
| 9 | The variety we find, both as to the contours and the collocation of the islands, **is due** chiefly to differences in the structure and composition of their rocks. | 我们发现，无论是岛屿的轮廓，还是排列方式，主要由其岩石的构造和成分不同所决定。 |

例 5～9 均属于动词"be+ 介词短语"类环境型关系过程，分别表示距离、方式、处所、方位和起因关系。译文 5 省略关系过程的动词，由形容词"长"担任句子谓语；译文 6 将关系过程转换为物质过程"（正在）盛开"；译文 7 将关系过程动词 be 转译为存在动词"坐落"；译文 8 则将整个环境型关系句子转译为介词短语"在面朝东的斜坡上"，作原文中并列小句的环境成分，原文中的主语是 the slope，译文在语义上增添了隐性主语"人"；译文 9 将 be due to 译为"由……所决定"，通常 due 表示原因，整个短语一般译为"归因于"，这里发生转译的程度比较大，但是整个句子的关系过程并未发生变化。

从语料库章译文的总体分布上看，译者在翻译过程中还是努力保持原文关系类型的，个别句子按照汉语习惯和个人理解进行了转译，但所占比例不高。

## 三、心理过程

### （一）动词 see 分布统计

对英语文本中动词 see 词项的各种时态进行检索，英语语料中动词 see 及其各种形式共计 754 个，其中最多的为过去分词 seen，其次为动词原形 see，排在第 3 位的是过去是形式，sees 和 seeing 数量均不足 20 次。数量分布见表 5.5。

表 5.5　动词 see 分布统计

| 词项 | 数量 | 词项 | 数量 | 词项 | 数量 |
|---|---|---|---|---|---|
| seen | 294 | saw | 176 | sees | 16 |
| see | 249 | seeing | 19 | | |

再利用 CUC ParaConc 0.3 中国传媒大学平行语料检索软件对英汉平行语料进行检索，检索出包含动词 see 各种形式英汉平行句子共 754 对。保存为 txt 文本后转存为 word 文档，运用查找和替换格式将译文中比例较高的译词加方括号标出（按照 CUC ParaConc 0.3 软件对英文的标示操作），方便进一步统计和分析。

统计结果显示原文中动词 see 原形及其变体译文最多的为“看到”、其次为“看见”“见过”“发现”“见到”“观察”“看看”，等等。

| 译项 | 看到 | 看见 | 见过 | 发现 | 见到 | 观察 | 看看 | 起起来 | 看不到 |
|---|---|---|---|---|---|---|---|---|---|
| 数量 | 235 | 112 | 96 | 54 | 43 | 31 | 27 | 19 | 16 |

共统计出 632 频次（包含否定形式“看不到”16 次），占应该对译项的 83.93%。除去少数忽略不译的，另一个较多的译项是单字“看”，少量的译语有“观看”“遇见”“目睹”“看穿”“呈现”，等等。检索发现 seen 一般译为“见过”“见到”，或者不译。检索过程中还发现，不译的词项中最多的为 seen。

**（二）动词 see 心理过程汉译分析**

包括 see 各种时体在内，大致分为以下类型：

1.“see sth.”结构译为“看见某物”

| | | |
|---|---|---|
| 1 | …and just beyond the dark forest you [see] the monarchs of the High Sierra waving their magnificent banners. | ……深色的松林之外，你能【看到】内华达山脉的君主们挥舞着壮丽的旗帜。 |
| 2 | I could look into his eyes and [see] his innocent wonder. | 我可以【看到】它的眼睛，看到它天真的好奇。 |

这类句子数量众多，从及物性角度看，该句型的心理过程是参与者（人）通过知觉过程（see）感知某现象（事物），一般译为“看到、看见”。该句型中一般译文与原文的语序和过程类型保持一致。

2.“see +that 从句”译为“看见+句子”

| | | |
|---|---|---|
| 3 | Taking now a general view of the belt, beginning at the south, we [see] that the majestic ancient glaciers were shed off right and left down the valleys of Kern and King's rivers by the lofty protective spurs outspread embracingly above the warm Sequoia-filled basins of the Kaweah and Tule. | 现在整体上观察一下这个林带，从南面开始，我们【看到】温暖的卡威和土利盆地上长满了茂密的美洲杉，盆地被高高耸起、下外延伸的山岭环抱着，壮丽的古冰川从克恩河和金斯河的山谷左右两侧流下来。 |
| 4 | Running out against the rain-laden gale and turning to catch my breath, I [saw] that the minister's little dog had left his bed in the tent and was coming boring through the storm, evidently determined to follow me. | 我屏住呼吸冲进风中，这时我【看见】牧师的小狗离开它帐篷里的狗窝，在暴风雨里奔跑，显然它是在跟着我。 |

语料库中共检索到 26 个句子（其中 see that 共 17 个，saw that 共 8 个，seen that 只有 1 个）。该类句型中感知者感知的现象是一个二级小句，汉译时二级小句中的主语同时充当感知的对象和小句动作过程的施动者（汉语语法称这种用法为兼语式）。

3."see sb. doing sth."译为"看见某人正在做某事"(动作过程的一部分)

A. 主动形式:

| | | |
|---|---|---|
| 5 | As we approached the next house, three miles a-head, we [saw] the tavern-keeper keenly surveying us. | 当我们距离位于前方三英里外的另一家客栈越来越近时,我们【看到】客栈的门口很早就有人开始张望、审视我们。 |
| 6 | ...and it may be a week before I hear the not again, and this time or the next perchance [see] this bird sitting on a stake in the fence lifting his wing as he calls cheerily to his mate. | ……那么,我要等一周以后才能再听到那种鸟鸣,没准我会【看到】那鸟儿栖在篱桩上,扬着翅膀,欢快地向他的配偶鸣叫。 |

B. 被动形式

| | | |
|---|---|---|
| 7 | A few ducks are usually [seen] sailing on the lake, apparently more for pleasure than anything else, and the ouzels at the head of the rapids sing always; | 几只野鸭在湖泊上游动, 很明显比其他动物更快乐, 急流源头的黑乌鸫一直在唱歌; |
| 8 | ...and occasionally a long-eared hare is [seen] cantering gracefully across the wider openings. | ……偶尔会【见到】长耳野兔优雅从容地穿过林中较为宽广的空地。 |

该句型的主动形式汉译时能够保持语义和语篇形式不变, 但被动形式在译文的语篇形式中体现不出来。对于看到的现象——正在发生的动作过程——译文体现不出原文的时间性"正在做某事",汉语除了使用显性非时制成分(如"将、正在、已经"等)外,也常用隐性形式描述动作过程,具体应该描述的时间段要靠具体语境加以判断。如译文 6,"【看到】那鸟儿栖在篱桩上",这里的动词"栖"从语境上判断应该是动作感知者"看"的瞬间鸟儿的动作和状态,因为没有明确的时制成分来限定"鸟儿栖息在篱桩上"多久(译文 7 和 8 中的动作"游动"和"穿过"也没有时制成分限定);译文 5 似乎是个例外,译者增添了非时制成分"开始",限定了动作的起点,但依旧没有给出动作的终点,因此,具体的理解还是依靠语境和读者的认知习惯来决定。

4."see sb. do sth."译为"看见某人做某事(从头到尾整个动作过程)"

| | | |
|---|---|---|
| 9 | I followed it with my eye; [saw] it mount into the air and circle over the woods; | 我的目光随它而去;看着它升入天空,在林子的上方盘旋; |
| 10 | He has [seen] swallows teach their young to fly by gathering them upon fences and telegraph wires and then ... | 他【见过】燕子教小燕飞,把它们召集到篱笆和电线上…… |

该句型与上一类句型在时间上存在显著差异, 描述的是感知对象的整个动作过程,包括时间的起点和终点,译文常常在感知动词上附加时间性助词强调动作过程。如译文 9"看着"和译文 10"见过",而对于感知对象的动作

描述不一定能体现出时间性，译文 9“升入”与原文完全对应，而译文 10“教”体现不出动作持续的时间。

5.“see sth. done”结构

| | | |
|---|---|---|
| 11 | ... and soon the stars were [seen] reflected in the lake itself. | ……很快我就【看到】了映射在湖面上的星星。 |
| 12 | Then, after he has finished his meal, you may [see] him crouched close on some level limb with his tail-robe neatly spread and reaching forward to his ears, the electric, outstanding hairs quivering in the breeze like pine-needles. | 吃完饭后，它会蜷缩在一根水平的树枝上，展开轻盈的尾巴，伸到耳边，蓬松的绒毛像松针一样在微风中颤动。 |

动词 done 补充说明感知对象的状态，如例 11(the stars were reflected)和例 12(he is crouched)，原文中这种结构属于被动形式，译文分别为“映射”和“蜷缩”，体现不出被动形式和被动意义。

6.“be adj. to see”结构

| | | |
|---|---|---|
| 13 | Cautiously picking my way, I gained the top of the moraine and was delighted to [see] a small but well characterized glacier ... | 我谨慎地选择路径，到达冰碛的顶端，欣喜地【看见】一条细小但特征明显的冰川…… |
| 14 | It was easy to [see] that only a small part of the rain reached the ground in the form of drops. | 很容易【看到】雨水只有很少一部分以雨滴的形式落到地面上。 |
| 15 | Somehow they seemed to have no right place in the landscape, and I was glad to [see] them fading out of sight down the pass. | 不管怎样，他们似乎与这里的景色很不和谐，我乐于【目送】他们走下山口，在我的视线中消失。 |
| 16 | It was interesting to [see] them feed. | 【观望】它们吃食十分有趣。 |

语料库中共检索到 27 项，其中 4 句 be easy to see、4 句 be glad to see、4 句 be curious to see、3 句 be delighted to see，其他有 be accustomed to see、be astonishing to see，等等。译文一般将形容词副词化，译为“欣喜地、很容易地、乐于”，也有以形容词为中心语的译法，如译文 16。

7.“as we have (already) seen”结构

| | | |
|---|---|---|
| 17 | The first white men who forced a way through its somber depths were, as we have [seen], eager gold-seekers. | 正如我们所【看到】的，穿过这阴森的谷底开拓出这条路的第一个白人是个淘金者。 |
| 18 | In the northern groups, as we have [seen], there are few young trees or saplings growing up around the failing old ones to perpetuate the race... | 如我们所见，北部的美洲杉林里有几棵年轻的树木或者幼树生长在倒掉的老树附近延续后代…… |
| 19 | Shasta, as we have already [seen], is a fire-mountain created by a succession of eruptions of ashes and molten lava... | 正如前面所说，沙斯塔峰是由一连串喷发出来的火山灰和熔岩形成的一座火山…… |

原文语料库中共检索到 8 个这样的句子类型,“as we have (already) seen”作为一个较为固定的语用形式,位置比较灵活,可以放在主语前后、关系过程动词前后,环境成分之后等位置。译成汉语时一般放在句首,译为“正如我们所看到的、如我们所见”等类似表述。

## 四、存在过程

英汉语描述性文章中,都有表示人或事物存在、出现等意义的存在过程小句,从结构上看,两种语言中表示存在过程的典型句式有较大区别。英语表示存在过程的典型句式为:There+ 存在动词 + 存在对象名词 + 处所词 / 时间词,其中时间词和处所词的位置比较灵活。标准句式为 There be+ 存在对象名词 + 处所词 / 时间词(地点 / 时间状语),变体形式主要有:There+ 半助动词 +be、There+ 情态动词 +be、There+ 半情态动词 +be 以及 There+ 不及物动词等。汉语中存在过程的典型句式结构为:方位成分 + 存在动词 + 存在主体。其中方位成分指的是表示物理空间的方位词、方位短语、处所名词、方位指代词以及抽象的方位或感知空间, 用词上还包括介词短语或动词短语等;存在动词的基本含义为“存在”或“有”,与方位成分构成述谓关系;而存在主体则是客观的或具体的人或事物。总体上汉语存在过程小句比英语的复杂,毕竟不同的语言有不同的表达方式,英语存在过程译成汉语时不一定能够找到形式完全对应句子,如果一味追求在内容与形式上与原文完全对应,译文就可能会生硬甚至可能会曲解原文,反而达不到语义上的对等。[128]187Nida 和 Taber 指出,翻译应该是从语义到语体在译语中用最切近而又最自然的对等语再现源语信息[129]12。本书对原文语料库中存在句进行归类并比较汉译情况。从英汉存在句各自的语言结构、存在动词的使用及存在主体的语义特征等方面进行对比和分析。

### (一)原文语料库中存在句统计

通过 CUC ParaConc 0.3 进行一一检索, 首先检索关键词 there 自动形成包含 there 的所有句子及其汉语译文, 将 4 组平行语料的检索结果合在一起,将其保存后复制到 Excel 表格中,手动删除不符合要求的句子及译文。

首先删除单独的 there 环境成分和 here and there 副词词组环境成分对应的检索行及译文,再依据 there be 句型在句子中的位置分成主要小句和次要小句成分进行统计(见表 5.6)。

**表 5.6 存在过程类型中 there 数量分布**

| 出处 | 数量 | 主要小句 | 次要小句 |
|---|---|---|---|
| 加州的群山 | 113 | 88 | 25 |
| 阿拉斯加之旅 | 81 | 68 | 13 |
| 延龄草 | 120 | 88 | 32 |
| 自然之道 | 140 | 74 | 66 |

原文语料库中的存在过程小句统计结果显示，英文文本中存在过程小句中的 there 共计 454 项，其中在主要小句中的共计 318 句，在全文中所占比例很小，仅占语料库句子总数的 2.9%。按照语言结构类型可分为肯定形式 There is/ was/ are/ were+ 存在对象名词 + 处所词 / 时间词）；否定形式 There is no+ 存在对象名词（或抽象名词 doubt/ proof/ reason 等），There is/ was/ are+not/ never+ 存在对象名词，There is nothing；There seems/seemed to be+ 存在对象名词；There will/ would be+ 存在对象名词；There+ 表示存在或发生的动词（exist，remain，stand，appear，live，rise，lay，loom 等）+ 存在对象名词；等等。

**（二）原文语料库中存在过程小句汉译分析**

1.原文语言结构及存在动词汉译

（1）肯定形式。“There is/ was/ are/ were + 存在对象名词 +（处所词 / 时间词）”，共 205 处：其中 166 句译为“有”，占 81%；37 句译为“是”，占 18%；仅两句译为“存在着”。例如：

There is great complexity of hidden detail. 存在着很多复杂的细节。

There is always and everywhere the Darwinian tendency to variation. 时时处处都存在着达尔文所说的变异倾向。

（2）否定形式。

1）“There is no/little + 存在对象名词（或抽象名词 doubt/ proof/reason 等）”，一般译为“没有（毫无疑问、没有证据、没有理由）”。例如：

There is **no** fitter or sweeter songster. **没有**比他更合适或更甜蜜的歌手了。

**There is no need** to counterfeit the truth. **没**有必要虚构。

**There is no proof. 没有证据**。

**There is no reason** to suppose that...**没有理由**假设……

**There is no doubt that**...无疑……

2）“There is /was/are +not/never (There has never been)+ 存在对象名词”，一

般译为“没有”。例如:

**There is not** a particle of **evidence** that… 没有证据说明……

**There has never been** a keener eye than Audubon's.

译法一:奥杜邦识鸟的慧眼可谓举世无双。

译法二:奥杜邦在识鸟方面可谓举世无双。

**There was never** any feebleness or obscurity in the expression.

译法一:从来没有任何懦弱或卑微的表情。

译法二:没有一丝一毫的软弱无力或是晦涩难懂。

3)“There is nothing”,一般译为“没有”。例如:

There is nothing especially impressive in the landscape.

译法一:不会出现令人印象特别深刻的景色。

译法二:没有什么特别与众不同之处。

**There is nothing** plaintive or especially musical in his performance.

译法一:他的演唱毫无伤感之情调。

译法二:它的表演没有哀怨,也无特别愉悦之处。

(3)“There seems/seemed to be+ 存在对象名词”,一般译为“似乎有”。例如:

**There seems to be** among the birds something that is like what is called romantic love.

鸟类中似乎有某种我们可以称作浪漫爱情的东西。

**There seems to be** a community of mind among them in a sense that there is not among men.

它们似乎有共同的思想,而人类没有。

(4)“There will/would/can/could be (There is likely to be/ There could have been)+ 存在对象名词”,一般译为“可能有”“会有”。例如:

**There will be** fields here for the plough.

这里将成为可耕的土地。

**There would be** a moment of bewilderment.

我有可能会是一阵慌乱。

**There could have been** no higher…

不会有高等(生命形式)。

(5)“There+ 表示存在或发生的动词(came、remain、stand、appear、live、

rise、lay、loom、crop out 等)+ 存在对象名词",译为"是""有待""站着、驻扎着""映入""住着""升起""有""隐约出现了""露出",等等。

从选取的语料看,原文语料无论是译为"有""是"还是"存在着",都保证了原文与译文在词汇、语法和句法结构上的一致性,做到了语义功能和语篇形式上的对等,即概念意义和语篇意义方面的对等翻译。总之,译者在翻译过程中需要充分理解原文存在句的结构,既要忠实于原文,又要符合汉语存在句表达习惯,译出最贴近原意又自然的译文。

*2.存在主体语义特征*

英语存在过程小句的动词以静态动词 be 为主,用以描述某种静止的状态或事实,译成汉语时一般保持过程类型不变,译为"有"或"是"。本书对 318 对平行语料进行考察发现,英语中的存在对象名词(存在主体,即动词后的名词或名词词组),具有一定的泛指特征,存在主体前通常带有不定冠词、零冠词、数词或其他表示非确定意义的限定词等以及表数量多少的基数词。英语中的存在主体翻译成汉语时,一般可以带相应的数量词做修饰语。例如:

| | | |
|---|---|---|
| 1 | Along the beveled rim of the canon of the south fork of King's River there is a majestic forest of Sequoia about six miles long by two wide. | 沿着金斯河南汊山谷倾斜的边缘，有一片 6 英里长的壮丽美洲杉森林。 |
| 2 | About half a mile from the head, there is **an** ice-cascade... | 离冰川源头大约半英里远有一个冰瀑布…… |
| 3 | About one degree farther north there are **four** of these complete glaciers, discharging at the heads of the long arms of Holkam Bay. | 往北大约一纬度的地方,有 4 个完整的冰川在霍尔凯姆峡湾长臂的前端流入大海。 |
| 4 | Besides the common honey-bee there are **many** other species here. | 除了常见的蜜蜂，这里还有很多其他种类的蜜蜂 |
| 5 | But to me there is something more impressive in the fall of light upon these Silver Pines. | 但是，我印象最深的还是秋天黄松上的阳光。 |
| 6 | Excepting only the shadows there was nothing somber in all this wild sea of pines. | 整个林海中只有这点儿树荫显得有些灰暗。 |
| 7 | In the northern groups, as we have seen, there are few young trees or saplings growing up around the failing old ones to perpetuate the race. | 如我们所见，北部的美洲杉林里有几棵年轻的树木或者幼树生长在倒掉的老树附近延续后代。 |
| 8 | On a narrow strip of shingle, close to the water's edge, there were a few tufts of carex gone to seed. | 在靠近水边的狭窄鹅卵石带上，有几处苔属植物丛已经结了种子。 |
| 9 | We account for animal behavior on rational grounds of animal psychology; there is **little** to interpret. | 我们以动物心理学为合理根据解释动物行为,很少需要解释的。 |

英语中"There+ 表示存在或发生的动词 + 存在对象名词"型存在过程小

句在译成汉语时，存在动词与存在主体间形成一种主谓关系或者动宾关系。例如：

| | | |
|---|---|---|
| 10 | After one has made the acquaintance of most of the land-birds, there remain the seashore and its treasures. | 在人们认识大多数地鸟之后，接下来还有海岸及其宝藏有待大家去探索。 |
| 11 | And on many a bulging headland and lower ridge there **lay** heavy, over-curling copings and smooth, white domes where wind-driven snow was pressed and wreathed and packed into every form and in every possible place and condition. | 暴风雪过后，几乎在每一个凸出的山岬和稍低一些的山峦上，都有一个巨大的、弯曲得近乎夸张的顶部(顶盖)和光滑的白色山丘，像一个白色的花冠一样，被戴在这些山岬和山峦的上面。 |
| 12 | Listening, there came the crackling of a limb, followed by a sound as of something walking in shallow water. | 侧耳倾听，先是哗啦啦的树枝的响声，随后是某种动物在浅水中行走的声音。 |
| 13 | There **stood** the farmhouse at which we had stopped two days before... | 两天前我们驻扎的那所农舍…… |
| 14 | Near the top, and along this front or side, there **crops out** a ledge of rocks unusually high and cavernous. | 在靠近山顶，沿着山的这一前面或侧面，露出一道高大多洞的岩石壁架。 |
| 15 | The swift is a stiff flyer: there appear to be no joints in her wings. | 雨燕是固执的飞翔者，似乎它的翅膀上没有关节。 |
| 16 | At the base of Sheep Rock, one of the winter strongholds of the Shasta flocks, there **lives** a stock-raiser who has had the advantage of observing the movements of wild sheep every winter. | 在羊山脚下，沙斯塔羊群的一个过冬据点住着一位放牧人，他有机会观察野绵羊每年冬天的运动。 |
| 17 | There, in the immediate foreground of your picture, **rises** a majestic forest of Silver Fir blooming in eternal freshness... | 画面最近的前景里升起永远容光焕发的庄严的银杉树林…… |
| 18 | There, immediately in front, **loomed** the majestic mass of Mount Ritter, with a glacier swooping down its face nearly to my feet... | 就在正前方，隐约出现了李特尔峰的雄姿，上面有一条冰川飞扑下来，直落在我的脚下…… |

英语存在过程小句中的存在主体与动词形成一种施事关系，汉语存在句中存在过程动词与存在主体间形成受事关系。英汉存在过程小句的主位存在着较大差别，英语存在句的主位是 there，只有句法和语篇功能，没有实际意义，汉语句首的时间或地点短语成为句子的主位，存现动词之后的成分为述位结构。英语环境成分位置较为灵活，可以在句首也可以在句末，而汉语时间或地点等环境成分一般都在句首。此外，英语存在过程中环境成分必须有介词，而汉语一般没有介词。英汉语存在小句的差异性体现了两种语言背后的文化和思维差异。

## 第二节　环境成分

Halliday 将环境成分解释为“和……相关联的环境”或者“过程的伴随成分”，指事件在时间或空间中的位置、方式或原因等成分，Halliday 将其分为跨度、处所、方式、原因、或然、伴随、角色、内容和角度共 9 个类别和若干个次类。环境成分不能作主语，通常由副词词组或介词短语来充当，尤其是以介词短语居多，副词词组一般只作方式环境成分。Roger T. Bell 对环境成分的分类与 Halliday 的有所不同，从程度、地点、方式、原因、伴随、主题、角色 7 个方面进行分类。结合原文语料库文本类型和研究工具的可操作性，本书主要检索位于句首的副词词组和介词短语，从时间、地点和方式 3 个方面进行分析。

检索出语料库中位于句首频率较高的介词短语和副词词组分别统计见表 5.7，5.8。

**表 5.7　介词短语数量分布**

| 词项 | in | at | on | after | about | from | for | with |
|---|---|---|---|---|---|---|---|---|
| 数量 | 425 | 128 | 119 | 45 | 43 | 46 | 42 | 38 |
| 词项 | to | of | by | toward | among | during | along | besides |
| 数量 | 23 | 20 | 19 | 18 | 14 | 16 | 11 | 11 |

**表 5.8 副词词组数量分布**

| 词项 | here | then | presently | now | near/nearly | soon | sometimes | accordingly |
|---|---|---|---|---|---|---|---|---|
| 数量 | 83 | 155 | 33 | 52 | 24 | 14 | 12 | 8 |

位于句首介词短语和副词词组中表示时间、空间和方式类型的环境成分统计，见表 5.9。

**表 5.9　句首介词短语和副词词组中时间、空间和方式环境成分统计**

| | 时间 | 空间 | 方式 | 总计 |
|---|---|---|---|---|
| 加州的群山 | 289 | 262 | 103 | 700 |
| 阿拉斯加之旅 | 344 | 200 | 149 | 470 |
| 延龄草 | 261 | 187 | 101 | 391 |
| 自然之道 | 305 | 194 | 132 | 316 |

时间概念与空间概念一样，都是一种认知心理图式。英语介词是虚词，表示两个实体之间的关系。空间介词可以确定一个物体的位置与某一界标的关系，介词属于具有多种解释的词语，它们既有不同的意义，又有相互关

联的意义，它们以相当系统的方式，通过基本中心意义引申出多种不同的空间意义。at 的原型义是将某处视为一点或指示较小的地点；on 的原型义是表示在表面上有接触点，一个平面被另一个平面所支撑这一概念；in 的原型义是表示处于某个三维空间之中，其空间意义与容器的意象图式相关联[130]360。英语中表达时间概念时有两个参照意象：时间点和时间段，即在人的认知心理上，将某个时间或某段时间视为一个时间点：at 表示时间点（极短的瞬间）或者按照时间点考虑的时间段（具体时间可短可长）；on 指某一时段中的某一时间点或者两个时间点的紧密接触，表示比 at 更长的时间；in 表示时间时，通常是把事件或行为看作一个物体，物体穿过有界的空间与物体穿过容器所花的时间产生了空间和时间的内在联系，在时间范围内就在容器里，在时间范围外就在容器之外[131]359。对于英语时间和空间介词的翻译，一般采用转译（如将英语中表达动作意义的介词译成动词）、增译（根据上下文中与介词搭配的动词或形容词的含义进行增译）、分译（介词短语作定语或状语时，往往是一种简略形式，有的汉译时可以拆句分译）和不译（确切表达原文内容前提下的省略更合乎汉语语言规范）等方法。

## 一、时间和空间

运用 AntConc3.4.1w 软件检索 CLAWS 标注后的英语语料位于句首的介词短语词频分布，频次最高的 3 个介词依次为 in（428 次）、on（110 次）和 at（95 次），这 3 个介词短语做动作过程的环境成分时都可以表示时间和空间意义。

将英汉平行语料库导入 Excel 表格再按英语字母顺序重新排序，则集中显示 3 个介词短语的分布及汉译情况。再将位于句首的 3 个介词短语平行语料按照汉语顺序排序，方便计算出译文中句首成分的词性分布情况。

从语料统计结果看，介词短语型环境成分结构相对简单，传达概念意义上没有问题，此外，无论是时间还是空间环境成分，在译为汉语时都基本保证原文所处的语篇位置，从语言形式上做到了对等。

句首介词 in 构成的短语数量最多，译文中保持句首位置不变的有 377 句，占 88.08%，短语位置发生变化的主要是移到人称代词“我、我们、它、它们、他们”（共 33 句）或者专有名词（如，达尔文、罗斯福、印第安人等）之后，突出汉语人称作主位的特点。仍然保持介词成分不变的有 223 个，占

52.10%，主要译为“在……”（共169个，占总句数的39.49%）、其他数量较多的为“当……”“到了……”“从……”“就……而言”，等等；有些表示时间的介词短语译为时间名词：“傍晚、清晨、早晨”“四季（春天、秋天、夏天、冬天）”“……月”，等等。

句首介词at构成的短语共计110句，译文中保持句首位置不变的有100句，占90.91%，短语位置后移的有10句，其中5句将人称代词“我、我们”前置作主位成分。保持介词词性的有55个，占50%，主要译为“在……”“到了……”“当……”，等等。有些表示时间顺序的介词短语译为副词词组。如“起初”“最后”“现在”，等等。

句首介词on构成的短语共计95句，译文中保持句首位置不变的有87句，占91.58%，短语位置后移的有8句，其中5句将人称代词“我、我们”前置作主位成分。保持介词词性不变的有57个，占60%，主要译为“在……”。有些介词短语译为时间和方位名词，如“第……天”“某月某日”“早晨”“……的时候”，“河岸”“下游”“北面”“对面”，等等。

| | 原文 | 译文 |
|---|---|---|
| 1 | **In large flocks** they search over every inch of ground, and at intervals hover on the wing or alight in the treetops, all pouring forth their gladness at once, and filling the air with a multitudinous musical clamor. | 他们成群结队，仔细地搜索着地面，间或会在空中盘旋，或者落在树顶上，齐声倾诉着心中的欢乐，使天空中充满了欢悦的乐曲。 |
| 2 | **In large numbers** they scour the fields and groves. | 他们成群结队地掠过原野与丛林。 |
| 3 | **In particular,** he said, he wanted to hear all we could tell him about God. | 他说，尤其，是他想听到更多我们讲述的有关上帝的事情。 |
| 4 | **In small flocks** they circle about, high in the air, uttering their fine note, or plunge quickly into the tops of remote trees. | 他们或三五一群地在高空中盘旋，发出悦耳的啼鸣，或迅速地钻进远处的树顶之中。 |
| 5 | **In a minute** he clambered back upon his stone, and I watched him closely. | 它很快就在石头站起来，我仔细地观察着。 |
| 6 | **At the best** we can only guess at the motives of the birds and beasts. | 我们最多只能猜测鸟和四足动物的动机。 |
| 7 | **At an early hour** we reached the rock where we had parted with the guide, and looked around us into the dense, trackless woods with many misgivings. | 我们早早地就赶到了与向导分手的那块岩石处，充满疑虑地环顾着四周茂密无路的森林。 |
| 8 | **In a second or two** he was with me, and flew three times around my head with a happy salute, as if saying, “Cheer up, old friend, you see I am here and all's well.” | 它陪伴了我一两秒钟，然后绕着我的头顶飞了三圈，欢快地向我致敬，仿佛在说：“老朋友，振作起来吧，你看我在这里，一切都会好的！” |

| | 原文 | 译文 |
|---|---|---|
| 9 | **On my last visit,** …**I** was startled by a human track, which I at once saw belonged to some shepherd; | 我最后一次来这里,……我为一个人类的足迹惊呆了,我立刻看出它属于某个牧羊人的; |
| 10 | **In this condition** it remains for many a year, until at length, toward the end of some auspicious cluster of seasons… | 它会保持这种状态很多年,一直到这个吉祥时期结束…… |
| 11 | **On a rude raft of log** which we found moored at the shore, and which with two aboard shipped about a food of water, we floated out and wet our first fly in Thomas's Lake; | 我们找到了停在湖畔的一个木筏,两人上了木筏,在约一英尺深的水面中,漂流垂钓于托马斯湖上; |
| 12 | **In plumage** he is the most brilliant bird we have. | 他是我们所见过的羽毛最漂亮的鸟。 |
| 13 | **In voice, language, gestures, temperament,** he is the same fiery, indomitable little king of the woods. | 他们的声音、语言、姿势、性格都很相似,就连火一般的暴烈的脾性也毫无二致,完全就是森林中不折不扣的小霸王。 |
| 14 | **In size** it was noticeably smaller than the large, or Louisiana, water-thrush, as described by Audubon, but in other respects its general appearance was the same. | 它的体积显然大于大灶莺, 或者白肩灶莺,后者由奥杜邦命名,但在其他方面,其总的外观与后者相同。 |
| 15 | **In form and proportion** it was like a rainbow, a bridge of one span five miles wide; and so brilliant, so fine and solid and homogeneous in every part, … | 它的外观与比例好似一弯彩虹,一座横跨五英里宽度的桥,一座辉煌、精美、立体、均匀得无可挑剔的拱桥。…… |
| 16 | **In the warbler's nest** he placed dummy eggs twice the size of her own, and the bird proceeded to brood them without the slightest sign of suspicion that they were not of her own laying. | 他在刺嘴莺巢里放了一枚两倍大的仿真蛋,刺嘴莺对它是否是自己下的蛋毫不怀疑,就开始孵化。 |
| 17 | **In one of his books**, Mr. Kearton relates how he has frequently fooled sitting birds with wooden eggs. | 他在一本书中写到,他经常用木蛋愚弄孵卵的鸟。 |
| 18 | **In the far West** I was told that the horses sometimes eat a weed called the locoweed that makes them crazy. | 有人告诉我,在大西部,马也偶尔会吃一种叫做洛苛草的东西,这会让它们疯狂。 |
| 19 | **In a slight depression in the woods**, about one hundred yards from the lake, though hidden from it for a hunter's reasons, surrounded by a heavy growth of birch, hemlock, and pine, with a lining of balsam and fir, the rude cabin welcomed us. | 它掩映在山毛榉、铁杉及松树的浓荫下,周边是一圈香脂冷杉和枞树,但在打猎季节从那里看不到湖面。 |
| 20 | **At the worst**, I thought, I could build a bark hut on a hill back of the village, where something like a forest loomed dimly through the draggled clouds. | 我看见村庄后面的小山上,似乎有一片森林在远方低低的云下面若隐若现。我想,最糟的情况下,我也能在那里建造一间小木屋。 |

| | | |
|---|---|---|
| 21 | **At the foot of a rough, scraggly yellow birch,** on a bank of club-moss, so richly inlaid with partridge-berry and curious shining leaves that it looks too costly a couch for such an idler, I recline to note what transpires. | 我来到一棵树皮粗糙,细细的黄桦树下,那里有一道石松的堤坝,上面嵌满了蔓虎刺果与稠密、闪闪发光的叶子,……对于一个悠闲人而言,这个卧榻看上去过于奢侈,但我还是斜倚上面看看如何。 |
| 22 | **On the Beaver Kill,** my companions thought; but from the position of the sun, I said, on the Mill Brook, about six miles below our team... | 我的同伴们认为应当从海狸溪出去;可是从太阳的位置来看,我说,应当从磨坊溪出去,它位于我们团队六英里之下…… |
| 23 | **On my return from a walk** I brought in a good big bunch of glandular ledum and boiled it in the teapot. | 我在外面散步时捡回了一大束新鲜的杜香,并泡在茶壶里煮了一下, |
| 24 | **At this point** a dam was built across the Hudson, the waters of which flowed back into Lake Sandford, about five miles above. | 我们所在处的这条大坝横跨哈德逊河,河水返流回上游约五英里处的桑福特湖。 |
| 25 | **In their bright colors** they made a lively picture among the quivering bushes, keeping up a low pleasant chanting as if the day and the place and the berries were according to their own hearts. | 他们身着色彩艳丽的外衣,在不断摇摆的树枝间行走,一幅多么色彩鲜明、生动美丽的画面啊。他们心情愉快,哼着小曲,似乎这里的天气、地势和生长在这里的莓果很符合他们的心思。 |
| 26 | **On the tree being given a vigorous shake,** it broke off at the hole, and the squirrels went sliding down the air to the foot of a hemlock, up which they disappeared. | 我使劲地摇晃,树就在树洞处断裂了,松鼠们从空中滑到铁杉树下,然后消失在那棵树上。 |

从上表中主位成分发生变化的句子可以看出:例 1 ~ 9 句的介词短语译为副词词组用来修饰过程动词,例 10~12 句的介词短语译为名词词组“这种状态”“一个木筏”和“羽毛”做过程动词“保持”“找到”和“是”的对象;例 13~15 句的介词短语译为名词词组作主位;例 16~23 句译语仍为介词短语,但位置后移,将主位位置让位于人称代词或名词词组;例 24 句译为形容词修饰主位中的中心语“大坝”;例 25~26 句译为动词短语“身着色彩艳丽的外衣”和“使劲地摇晃”作句子的述位成分。

## 二、方式

方式环境成分包括手段、品质和比较。通常由介词短语 by, in, like, on, over, through, with, by way of, by means of 等来表达。手段是过程发生所依赖的方式,通常由带介词 by 或 with 的介词短语表达。品质通常由副词词组表达,以 -ly 结尾的副词为中心语。比较一般由 like 或 unlike 介词短语以及其他表示相同或不同的副词词组表达。首先借助语料库检索软件对以下词项进行统计，显示出方式环境成分的分布和所占比例。在包含 11 015 个句子的原文语料库中统计出 8 898 个，这也正说明了生态文学文本的写作特点。见表 5.10。

表 5.10 方式环境成分数量分布

| | by | with | -ly 结尾的副词 | like | unlike |
|---|---|---|---|---|---|
| 加州的群山 | 486 | 830 | 1 571 | 287 | 3 |
| 阿拉斯加之旅 | 341 | 668 | 1 165 | 176 | 4 |
| 延龄草 | 263 | 415 | 932 | 89 | 6 |
| 自然之道 | 304 | 399 | 842 | 112 | 5 |

检索其中的介词 with 和 by 短语，分别检索出 2 041 和 1 290 个，共计3 331 个，发现这里以位于句首 with 和 by 短语为例，分析其在汉译中的语篇分布和语义情况。位于句首的 with 和 by 短语分别为 26 和 39 个，下面列出各个短语和对应汉译情况。见表 5.11。

表 5.11 With 短语及汉译分布

| | 原文 | 译文一 | 译文二 |
|---|---|---|---|
| 1 | With a few strokes of their huge paws | 用巨大的爪子拍打几下 | |
| 2 | With alternate haste and deliberation eruption succeeded eruptio | 随着火山时缓时急的交替喷发 | |
| 3 | With inexpressible delight | 无比欣喜地 | |
| 4 | With my pencil | 用铅笔 | |
| 5 | With rough passages here and there | 到处都有粗糙的小径 | |
| 6 | With the exception of little spots | 除了个别地方 | |
| 7 | With these magnificent ice-characters | 随着这些壮丽的冰川特点…… | |
| 8 | With a smile of relief | 带着欣慰的微笑 | 面带轻松笑容 |
| 9 | With crackers in my pocket | 放入口袋 | 兜里揣着饼干 |
| 10 | With plenty of provisions | 装满大量的给养 | 带上装满供给品的箱 |
| 11 | With the same tools | 用当时的工具 | 用同样的工具 |
| 12 | With the tent-poles | 用帐篷杆 | 用帐篷竿子 |
| 13 | With the utmost caution | 小心翼翼地 | 如履薄冰般地 |
| 14 | With this grand object | 怀揣着理想 | 怀着企盼已久的愿望 |
| 15 | With what grateful enthusiasm | 狂风劲雨中树木 | 带着强烈的感激之情 |
| 16 | With a celerity | 刹那间 | 于是 |
| 17 | With June | 到了 6 月 | 到了 6 月 |
| 18 | With man | 与人类 | 伴随着人类 |
| 19 | With me(3) | 依我看;我知道 | 依我看;与我 |
| 20 | With moss and boughs | 由苔藓及大树枝(制成) | 由苔藓及大树枝(制成) |
| 21 | With my thumb | 用大拇指 | 用拇指 |

续表 5.11

| | 原文 | 译文一 | 译文二 |
|---|---|---|---|
| 22 | With rueful countenances | 神情悲哀地 | 懊恼地 |
| 23 | With slow, leisurely movement | 缓慢自在地飞翔着 | 它缓慢从容地飞行 |
| 24 | With the bluebirds | 但就蓝鸲而言 | 对于蓝知更鸟 |
| 25 | With the citizen in his chamber, | 当一个居民在卧室醒来时, | 对于室内醒来的居民。 |
| 26 | With their beaks still loaded | 口中衔物 | 它们嘴里仍旧叼着东西 |
| 27 | With woodpeckers and kindred species | 就啄木鸟及其同类 | 对于啄木鸟及其同类 |
| 28 | With him | 有它在身边 | |
| 29 | With one on each side | 一边一个 | |
| 30 | With only two species of our trees | 我们的树木中只有两种 | |
| 31 | With our phalarope and a few Australian birds | 我们的瓣蹼鹬和一些澳大利亚鸟类 | |
| 32 | With some of our common birds | 我们常见的鸟 | |
| 33 | With the nature student | 对自然学生来说 | |
| 34 | With the wild creatures | 在野生动物身上, | |
| 35 | With them | 对于它们 | |
| 36 | With us | 而我们知道 | |
| 37 | With what spunk and spirit | 勇敢和精神 | |

With 短语一般译为“用……、随着、带着、怀着”,或者其他副词词组等,译文基本保持其成分类型不变,但也有些句子在翻译的过程中发生变化:如例 5“With rough passages here and there”由环境成分转变为存在过程“到处都有粗糙的小径”;例 9“With crackers in my pocket”译为“放入口袋”或“兜里揣着饼干”,都属于物质过程;例 10“With plenty of provisions”译为“装满大量的给养”或“带上装满供给品的箱子”也属于物质过程;例 37“With what spunk and spirit”译为“(是多么)勇敢和精神”,属于关系过程。以 With somebody 开始的句子共 7 个,译法存在较大差异,with us,with him,with them,with me 分别译为“我们知道,有它,对于它们,我知道、依我看、与我,等”,保持介词短语形式不变的有 3 个;英语中这种用法很常见,汉语还是译成“就……来看”的情况比较多。

以上表 37 个例句为依据,发生物质过程和关系过程转变的各有 2 句,保持环境成分类型不变的有 27 个(其中译文保持介词短语形式不变的有 22 个,译为副词词组的有 5 个,3 个其他译项(“我知道”,“我们知道”),2 个 with 没有译出(With only two species of our trees 和 With our phalarope and a few Australian birds)。总体上,保持环境成分类型不变的有 27 个,占句子总数的 72.97%,其中保持词性类型不变的占 59.46%。

表 5.12 By 短语及汉译分布

| | 原文 | 译文一 | 译文二 |
|---|---|---|---|
| 1 | By means of | 依靠 | |
| 2 | By no other trees | 所有的树木(都能让……) | |
| 3 | By the end of + 月份(2) | 到了……月底(2) | |
| 4 | By the time | 到了……时 | |
| 5 | By this time | | |
| 6 | By four o'clock | 大概 4 点钟 | 到 4 点钟时 |
| 7 | By keeping close inshore and working hard | 一路上都沿着岸边努力地向前划行 | 沿着海岸努力地划着 |
| 8 | By noon | 时值中午 | 大约中午 |
| 9 | By a little trout brook | 在一条游着鳟鱼的小溪 | 在一条小鳟鱼溪 |
| 10 | By and by | 渐渐地 | 渐渐地 |
| 11 | By August, | 到了 8 月 | 到了 8 月份 |
| 12 | By far | 迄今为止(2);迄今 | 到目前为止(3) |
| 13 | By many gentle, indirect approaches | 通过多次小心翼翼、间接的接触 | 通过多次温和的、间接的接触 |
| 14 | By midsummer | 到了仲夏时分 | 到了仲夏时节 |
| 15 | By slow degrees | 不慌不忙地 | 一点点地 |
| 16 | By the 1st of April | 至 4 月初 | 4 月初 |
| 17 | By the lake | 在湖畔, | 在湖边 |
| 18 | By the same run | 在同一条小溪边, | 这汪清泉旁 |
| 19 | By the time(3) | 当……;此刻;此时 | ……的时候;这时(2) |
| 20 | By roosting close together | 栖息在一起 | 通过 |
| 21 | By this greed of the jay | 松鸡的贪婪让…… | |

By 短语一般译为“到、到了、通过”等介词词组,也有的译为副词词组(by far“迄今(为止)”、by and by“渐渐地”、by the time“此时、此刻”,等等)。总体上,26 个例句中保持环境成分类型不变的有 23 个,占句子总数的 88.46%(其中保持介词词组不变的译法有 15 个,占句子总数的 57.69%,转译为副词词组的有 8 个,占句子总数的 30.77%),译为名词词组的有 2 个(by no other trees“所有的树木”和 by this greed of the jay“松鸡的贪婪”),没译出的有 1 个(by this time)。

下面以 with 短语的汉译为例,分析其语义和语篇特点:

| | 原文 | 译文一 | 译文二 |
|---|---|---|---|
| 1 | **With inexpressible delight** you wade out into the grassy sun-lake, feeling yourself contained in one of Naturle's most sacred chambers, withdrawn from the sterner influences of the mountains, secure from all intrusion, secure from yourself, free in the universal beauty. | 当你无比欣喜地步入这绿草如茵的日光湖泊时，感觉自己融入大自然最神圣的空间里，远离苛刻山脉的影响，不受个人和环境的侵扰，自由地享受这普遍的美景。 | |
| 2 | **With moss and boughs** seats were arranged, –one in the bow for the marksman, and one in the stern for the oarsman. | 船中的座位由苔藓及大树枝制成，一个位于船首，供射击手坐，另一个位于船尾，供桨手坐。 | 船中的座位由苔藓及大树枝制成——一个在船首，供射手坐；另一个在船尾，供桨手坐。 |
| 3 | **With my pencil** I made a rough sketch of the cone and pine tree which I wanted to obtain, and drew his attention to it... | 我用铅笔画了一个我想要的松塔和松树草图，唤起了他的注意…… | |
| 4 | **With my thumb** I broke the thin wall, and the young, which were full-fledged, looked out upon the world for the first time. | 我用大拇指一捅，薄薄的墙就破了。洞内羽毛已丰的幼鸟，初次看到外面的世界。 | 我用拇指捅破了薄薄的巢壁，羽毛已丰的幼鸟第一次注视着外面的世界。 |
| 5 | **With plenty of provisions** packed in boxes, and blankets and warm 10clothing in rubber or canvas bags, you may be truly independent, and enter into partnership with Nature; to be carried with the winds and currents... | 箱子里装满大量的给养，橡胶袋或帆布袋子里装上毯子和暖和的衣物，这样你就真的独立了，可以与大自然为伍，与之进行亲密接触。在海上乘风破浪…… | 你只要带上装满供给品的箱子，以及装有毛毯和保暖外套的橡胶袋或帆布袋，就可以独立前行，有机会开始成为大自然的朋友了…… |
| 6 | **With rough passages** here and there they still make delightful pathways for the mountaineer, conducting from the fertile lowlands to the highest icy fountains, as a kind of mountain streets full of charming life and light, graded and sculptured by theancient glaciers,and presenting... | 由于古老冰川的刻蚀作用，到处都有粗糙的小径，所以依然是登山运动员们提供了首选路线。这些小径从肥沃低地通往冰冷高山源泉…… | |
| 7 | **With rueful countenances** we contemplated the irreparable loss our commissariat had sustained by this mishap... | 我们神情悲哀地望着由于这一意外而造成的不可挽回的损失，因为眼下鳟鱼几乎是我们唯一的食物…… | 我们懊恼地望着由于这一意外而造成的不可挽回的损失，因为那是我们唯一的粮食补给…… |
| 8 | **With slow, leisurely movement,** rarely vibrating his pinions, he mounts and mounts in an ascending spiral till he appears a mere speck against the summer sky... | 缓慢自在地飞翔着，甚至连翅膀都不怎么抖动，他以螺旋式上升，直到成为夏日天空中的一个斑点…… | 它缓慢从容地飞行，双翼几乎不动，一步步向上盘旋，直至化为夏日蓝天中的一个小黑点…… |
| 9 | **With the same tools** not one in a thousand of our skilled mechanics could do as good work. | 如果让现代的熟练技工用当时的工具，可能一千个人中也没有一个能做出如此精致的图案。 | 用同样的工具，即使我们一千个身怀绝技的人也做不出这么完美的作品。 |
| 10 | **With the tent-poles** we broke a lane for the canoe for a little distance... | 于是我们用帐篷杆戳碎冰面，开拓出一条小径…… | 大家曾用帐篷竿子为小船开辟了一段距离不长的水道…… |

从以上 10 例可以看出:由于汉语方式状语的位置相对固定,习惯于将方式环境成分放在动作者(施事者)之后,直接修饰表示动词过程的词语"步入、画、捅破、望着、戳碎"等,例句总数的占 80%;但是如果原文方式状语比较复杂,译成汉语时再放在动词前会削弱语义连贯性,因此需要将其适当转换,以符合汉语行文习惯。如例 8 中的译文一,译者按照原文顺序将方式环境成分放在动作者之前,既保留原文语篇特点、准确传达原文语义内容,又符合译文语用特点。

## 本章小结

本章首先介绍了通过语料库手段分析翻译中的"概念功能"体现问题,语料库语言学的发展克服了人工统计方法的局限性,能够对大量数据进行规模化统计和语言分析,使大量的实证性翻译研究成为可能。然后,介绍国内关于及物性和主位结构理论在翻译研究中的应用进展情况,小规模的语料研究成果较为丰富,最后,就及物性中的过程类型和环境成分进行语料库检索和例证分析,阐释语料中比例较大的过程类型和环境成分在汉译过程中是否发生概念意义和语篇形式上的概念,多大程度上保证概念意义和语篇形式的一致性,发生转译的语料中译者所做的努力和取舍情况。

本书分别以动词 make(物质过程)、have 和 be(关系过程)、see(心理过程)和 there be 结构(存在过程)为例分析原文语料库中的不同过程类型的汉译对等情况;再以介词 in、on(时间和空间)、with 和 by(方式)为例分析原文语料库中的环境成分汉译对等情况。从分析的结果看,译文主要沿用了原文的及物性结构和过程类型,发生转译的比例并不高,说明译者在概念意义传达上做到了对等;一半以上的环境成分在翻译时保持与原文结构成分一致,剩下的或是发生了位置变化、或是发生词性变化。

通过语料分析可以看出对于生态游记类型的文学文本来说,作者写作的目的是为了真实记录个人的见闻,写作中运用翔实的数据和描写反映人类及其生活的自然界状况,译者要准确理解原文语义内容并通过准确的方式表达出来。生态文学译文需要用平实的语言准确地传达作者原意。因此,译文中的主要过程类型和环境成分类型都能做到与原文一致,最大限度地实现了翻译中的概念功能对等,既包括语义对等也包括语篇形式的对等,这也是从系统功能语言学角度进行翻译研究的有益尝试。

# 第六章 基于语料库的缪尔和巴勒斯生态散文语篇功能英汉对比分析

根据系统功能语言学的有关理论，翻译是寻求原文与译文在意义上的对等。语篇是一个意义单位，在一定的情景语境中起作用。翻译的对等并不仅仅是寻求概念意义的对等，在实现两种语言概念意义对等的同时，还要努力实现两种语言在人际意义和语篇意义上的对等。因此，翻译的对等应该建立在语篇单位上，即翻译寻求的是两种语言的语篇在同一整体情景语境中具有相同的意义和功能。在很大程度上，翻译就是对原文语篇的改写，译文的质量也和原文的质量密切相关。不同语篇中有不同功能的信息单元。语篇是多种交际功能的集合体，是多功能的。译者要能够根据原文语篇特征辨别其功能，才能保证译语中相应语篇功能的实现，即要求译者具备对译文语篇所处的交际环境合理建构译文的能力。优秀的译文需要在 3 种意义上都与原文对等。

在翻译过程中，可以通过添加连贯标记或者无连贯标记的逻辑结构实现语篇连贯。译者首先要对原文的连贯结构有一个明确的分析和把握，认清原文的逻辑层次和脉络，顺着作者的思路思考。但并不是把原文的连贯结构直接搬到译文当中，原文的连贯结构只是一个必要的参考系，译文语篇的连贯结构常常要由译者依照译文的连贯模式和规律重新构造。从本质上说是思维转换过程，译者的思路要经过一个从原文连贯结构到译语连贯结构规范的转换。这种转换体现了两种语言文化思维惯式的对应、对照甚至冲突，译者要在思维上进行逻辑重组。翻译时，要培养译者的构建意识，即译者用一种鲜明而强烈的译语进行写作的意识，译文的连贯是译语连贯规范的具体实现。翻译过程不是一种语言符号的转换过程，而是逻辑关系的转换过程，即连贯结构的重新建构过程。

以定量和实证的方式对语篇模式进行分析，可以帮助研究者更好地观察词汇语法模式的应用，克服人工统计方法的局限性和凭借研究者直觉得出结论的片面性，结论也更有说服力。现在，运用计算机软件、WordSmith Tools 6.0 和

AntConc 3.4.1w 等检索软件能够对语篇中的关键词进行检索，进而分析出某一语篇的特定语篇模式。语料库语言学证实了语言研究的体验性，它以大量自然发生的语篇为基础[132]68。在语料库技术方面，Lee(2008)指出，“现有的技术是以庞大的语料库为基础进行语言分析，大量数据下出现的模式使得分析自动化、半自动化或者呈现互动状态”[133]93。有些语言现象单纯靠人工或凭借研究者的直觉很难有新的发现，而语料库自动检索的关键词或关键域能够帮助研究者发现这种语言现象出现的规律以及所产生的语篇效果[134]96–97。

可以肯定的是，尽管将来人工进行语篇分析不可或缺，但是越来越多的语篇分析会依靠语料库进行。基于语料库的语篇分析模式在未来的发展中机遇与挑战并存，现在绝大多数的语料库中各种语篇类型混合在一起，难以进行针对某一特定语篇类型的研究。而且，语料库技术的发展也有助于语言现象的超语言特征分析，针对语料库发现的量的特征，再进行人工的解释和分析，主要是质的、功能性分析。这就要求研究者们建立语料库的时候，要从一开始就对语篇类型进行分类，或者按照语篇类型建立特定用途的语料库，方便今后的研究者们进行量的观察与研究。

语料库收集了大量现实生活中自然发生的、真实的、鲜活的语言材料，体现出语言的时代性与动态性[135]105。语料库的设计初衷仅仅限于词汇层面的分析，研究者认为基于语料库的语言学研究难以超越小句进入到语篇的层面[136]97。但是，随着技术的进步和学科的不断发展，语料库语言学研究已经深入到语篇层面。而且诸多研究也表明，如果不借助语料库语言学的方法，语篇中的搭配模式、结构关系、语义韵等问题就很难探究清楚。

运用语料库分析语篇，还要明确一下语篇单元的问题，它是语料库语篇分析模式的基础[137]97。因为之前进行的大多数语料库语篇分析，都是以文本作为切分单位的，如一篇论文、一条新闻报道，甚至是一本著作。尤其是对容量较大的语料库进行语篇分析时，明确语篇单元才能真正实现大规模、高效率的语篇分析，其研究结果也更为可信。只是目前需要语料库技术的进一步发展，才能提供更为科学、有效、可行的途径。

语篇结构是某一特定文化中组句成篇的特定方式，是一种约定俗成的、相对稳定的语言使用习惯，是在语言使用过程中对文化因素的长期积淀。Neubert 和 Shreve(1992)认为，“翻译是由原文语篇诱发的译文语篇生成过程”[138]43。即译文必须符合译文语篇的语言规范和阅读习惯。所以，翻译过程中，译者经常要对某些语篇的结构进行调整。英语中的背景信息与叙事信息通常混合在一起，而汉语中一般分开处理，所以要根据具体的叙述的方便而适当调整。

## 第一节　主位结构

有学者认为汉语是“话题突出”(topic-prominent)语言，而英语等西方语言则是“主语突出”(subject-prominent)语言。换言之，英语是一种重形式的语法结构，汉语是一种重意义的信息结构。主语和话题间转换是英汉互译中的一个主导走向。在表述方式上，这两种倾向相去甚远，也给翻译造成了明显的困难。我们时常会遇到一篇译文的文字表述很好，与原文对照也比较忠实，但是读起来却感觉不够流畅。原因就在于主述位关系处理得不好，把主述位完全与主谓语等同了起来。Halliday(1994/2000)把主位定义为“信息的出发点”，他认为这个信息是由一个分句承载的，即一个分句开始于一个主位，后面紧接着的是述位。主位告诉听者或读者一个句子的主题，述位就是这个主题的细节内容[139]37。胡壮麟(2005)认为说话人总是按照某些特定词语在交际中所体现的功能来确定词语的先后顺序。先说的是主位成分，是信息的出发点，后说的是述位成分，是围绕主位展开的实际内容[140]162。

实际上，英语的主语译成汉语时，并不一定出现在主位位置上，述位也是这样。主述位的区分是由说话人决定的。即说话人来确定内容的出发点，决定哪些成分为主位、哪些成分为述位；而从听话人的角度来看，则要区分哪些信息是已知的、哪些是新的。因此，一句话从主题结构上分为主位和述位，从信息结构上则分为已知信息和新信息。由于两种语言在语序、句子重心以及措辞等方面存在着差异，翻译过程中，译者尽可能保证译入语尽量贴近原文，但是不可能总是遵循着原文的主题结构行文，有时候不得不放弃原文的主题结构，在不损害原文的信息结构的前提下，确立译文自身应当具有的主题结构，使译文读起来自然顺畅。不同语言(尤其是东西方语言)之间的互译常常因序列(主位/述位、已知信息/新信息)不同，造成语序与交际功能之间的错位。就语篇层面而言，译者可能有以下3种不同选择：一是如果原文与译文语言结构相同或相似，那么在译文中保留原文的主述位结构。二是因语法限制有些成分不能放在主位位置(如英语动词等)，译文中主位位置的成分发生改变。三是由于源语与译语都有各自的意义系统，有些源语在译语中找不到对等成分，需要译者采用特殊手段，如意义移植、音形直译以及注释等方法。

本书涉及的英语语料库中共有 11 015 个句子,其中疑问和感叹句只有 573 个,占总语料库的 5.20%(详见下表),祈使句共 109 个,占 0.98%。因此,本章仅以所占比例最大的陈述句型语料,对比分析语料库中英汉主位结构对应情况。见表 6.1。

**表 6.1 原文语料库中疑问、祈使和感叹句比例**

| 类型 / 来源 | 句子总数 | 祈使句 / 所占比例% | 疑问句 / 所占比例% | 感叹句 / 所占比例% |
|---|---|---|---|---|
| 加州的群山 | 2 715 | 25/0.92 | 15/0.55 | 31/1.14 |
| 阿拉斯加之旅 | 2 847 | 37/1.3 | 37/1.30 | 40/1.40 |
| 延龄草 | 2 531 | 19/0.75 | 42/1.66 | 85/3.36 |
| 自然之道 | 2 922 | 28/0.96 | 223/7.63 | 100/3.42 |

## 一、英文语料中主位分类统计

语篇中主位的推进模式体现作者的写作思路和目的,对原文主位推进模式的分析有助于译者准确理解其语言元功能,在译文中尽最大努力保持并实现其元功能的准确传达。一般情况下,各个语言成分都具有相对固定的位置,但是为了突出某个成分的功能而将其移到句首,就形成了标记性主位。标记性主位通常具有特殊的语篇功能,分析它能够帮助我们准确理解语类文体特征。首先统计出陈述句中主要主位类型及数量分布。统计结果如下:见表 6.2。

**表 6.2 原文语料库陈述句中主要主位类型及数量分布**

| 分类 / 来源 | 简单主位 | | | | 复项主位 |
|---|---|---|---|---|---|
| | 代词作中心语 | 普通名词或专有名词作中心语 | 介词短语 | 句项主位 | |
| 加州的群山 | 435 | 1 167 | 417 | 166 | 454 |
| 阿拉斯加之旅 | 547 | 1 115 | 280 | 107 | 257 |
| 延龄草 | 450 | 743 | 308 | 121 | 195 |
| 自然之道 | 481 | 926 | 185 | 186 | 354 |

根据统计结果,简单主位中绝大部分属于非标记主位,对于极个别代词和名词作标记主位的情况不做分析;语料中承担标记性主位功能的介词短语有 1 000 个左右,同时这些介词短语也是动作过程的环境成分,具体数量分布参见第五章第二节环境成分部分内容;下面重点分析原文标记性复项主位和句项主位的汉译问题。

## 二、复项主位英汉对比分析

上文检索结果显示原文中复项主位数量较多(共 1 260 个),再从原文语料库中检索出复项主位中包含语篇主位和人际主成分的频次,从词频表上可以看出复项主位中包含语篇主位的占据绝对多数,而包含人际主位的相对较少。

表 6.3　复项主位中高频语篇主位和人际主位统计

| 连接词 | 频次 | 连接附加语 | 频次 | 情态附加语 | 频次 |
|---|---|---|---|---|---|
| but | 271 | even | 94 | perhaps | 14 |
| then | 153 | presently | 33 | probably | 13 |
| and | 85 | now | 26 | sometimes | 12 |
| yet | 50 | thus | 23 | fortunately | 7 |
| so | 19 | still | 22 | occasionally | 7 |
| or | 10 | soon | 12 | in general | 6 |

语料库检索结果显示,连接词 but 一般译为"但是、可是、但、然而"等显性连接词,语序未发生变化,未出现显性连接词的有 23 项;连接词 then 一般译为"然后、之后、接下来、于是"等顺接显性连词成分,未出现显性连接词的共 18 项,占 11.8%,另有 2 项译为转折关系连词"但是";连接词 and 汉译时一般作隐性处理,只有少量(8 项)出现显性连接词"而且、况且、还有",仅占不到 10%的比例;连接词 yet 一般译为"不过、然而、但是"等显性连词,只有 4 项译为隐性连接关系。连接附加语 even 一般译为"甚至、即使"等显性连接成分,隐性连接译法只有 1 项(Even the Indians shared my joy and shouted with me. 印第安人分享着我的欢乐,同我一起欢呼不已。);presently 均译为"不久、立刻、现在、很快"等时间副词;now 主要译为"现在",其中有 1 项译为转折连词"但是"。情态附加语 perhaps 译为"也许、可能"等,probably"很可能",sometimes"有时",fortunately"幸运的是",occasionally"偶尔"等,语序基本都未发生变化。

从语料库检索结果看,复项主位汉译时语序总体上未发生明显变化,选取部分标记性复项主位进行分析,对比此类主位类型在译成汉语时语篇结构上是否发生改变。

| | 原文 | 译文一 |
|---|---|---|
| 1 | **Fortunately to most travelers** the thundering ice-wall, while comfortably accessible, is also the most strikingly interesting portion of the glacier. | 但幸运的是，对于大多数游者来说，雷声隆隆的冰墙还是很容易靠近的，而且这算是冰川有趣迷人的一方面。 |
| 2 | **Nearly** as great a change has taken place in Sum Dum Bay since Vancouver's visit, the main trunk glacier there having receded from eighteen to twenty five miles from the line marked on his chart. | 从范库弗峰的绘制到现在，萨姆达姆冰湾发生了巨大的变化，它的主干冰川比范库弗峰图表标明的雪线处后退了18至25英里。 |
| 3 | **Occasionally**, while making my way, the clouds lifted a little, revealing a few bald, rough mountains sunk to the throat in the broad, icy sea which encompassed them on all sides, sweeping on forever and forever as we count time, wearing them away, giving them the shape they are destined to take when in the fullness of time they shall be parts of new landscapes. | 路上偶尔云会消散一些，露出几座荒凉的高低不平的山脉，这些山脉一直下沉到将其包围的宽广冰冷的海洋中。这些海水年复一年、日复一日地冲刷着它们，不断塑造它们的形状。长此以往，它们将由现在的形状变成新风景中的一部分。 |
| 4 | **Presently, with** a thrill of new intensity, I saw the boat was gradually heading in that direction. | 很快，随着又一阵加速度，我看到船渐渐地划向那个方向。 |
| 5 | **Sometimes**, when a considerable distance off, he will fly down to have a nearer view of you. | 有时，当你远离他时，他会飞到近处观察你。 |
| 6 | Soon after our arrival the Taylor Bay sub-chief came in from the opposite direction from ours, telling us that he came through a cut-off passage not on our chart. | 在我们到达之后不久，泰勒湾的副首领从相反的方向过来了，并告诉我们他是从我们航海图上没有标明的一个中断的航道来的。 |
| 7 | **But from** King's River southward the Sequoia is not restricted to mere groves, but extends across the broad rugged basins of the Kaweah and Tule rivers in noble forests, a distance of nearly seventy miles, the continuity of this part of the belt being broken only by deep canons. | 但是从金斯河往南的美洲杉不受这个林带限制，而是以森林的形式蔓延到卡威河和土利河广阔、崎岖的盆地，大约有70英里长，这里连续的林带只被深谷隔开。 |

译文中主位语序与原文保持一致的是例1、4、5、7，只是语序发生变化的为例3和6，主位成分发生变化的为例2。

例3和例6的译文将情态和连接附加语与时间性环境成分调换位置，英语通常将副词occasionally和soon放在句首的位置起到提示时间的作用，汉语“偶尔”可以放在句首修饰小句，但是更常见的用法还是用来修饰动词。“不久”放在句首时常添加补充成分“以后”，单独使用时一般也不放在句首位置。翻译这两个复项主位时都按照汉语习惯将其融入时间性环境成分小句中作句子的主位。

例 2 的译文将句中的表示跨度的环境成分“从范库弗峰的绘制到现在 / 自从范库弗峰水路图出现到现在”前置做主位，将原文主位 nearly as great a change…译作述位成分“(已经)发生了巨大的变化”。从原文的主位到译文的述位，从已知信息变为新信息，虽然能够传达原文概念意义，但是忽略了原文主述位顺序，改变了原文的信息结构，也就改变了其语篇意义，而这种改变是可以避免的。

一般带有时间或空间成分的主位汉译时，该时间或空间成分置于主题主位前或后均符合汉语习惯，但是在不影响译文语篇流畅性的前提下，应尽可能保持原文的主位顺序(例 5 和例 7)；带有方式成分的主位汉译时，一般也保持其位置不变(例 4)。总体上，复项主位在汉译过程中也基本保持原文主位成分和顺序，发生主位成分和语序变化的都是按照汉语语言习惯进行的调整，语义内容上基本不变，但语篇形式上变化较大。

## 三、句项主位英汉对比分析

句项主位最常见的是主从复合句的从句(修饰)前置形式，原文语料中的数量较多，下表是从句项主位中筛选出一种特殊结构——主位等价结构，对比分析译者对这类主位在翻译过程中是如何处理的。主位等价结构，即识别小句，小句的所有成分被组织成两个成分，这两个成分之间通过识别关系(动词 be 的某种形式)联系起来，这种关系是一种“等价符号”。

语料库中以 all that、one、that 和 what 引导句项主位的句子共 23 个，该句型主要表示关系过程，过程动词以 be 为主，少数为 enable、seem、come 等动词。

| | | |
|---|---|---|
| 1 | **All that** we have seen here enables us to see with serer vision the fountains among the summit-peaks to the east whence flowed the glaciers that ground soil for the surrounding forest... | 在这里所看到的一切使我们很清楚地看见山峰之间为周围森林打磨出土壤的冰川的源泉…… |
| 2 | One whose instep was not very strong **seemed** in danger of being blown down, or of being struck by others in case they should fall ... | 有一棵树，树根不够强壮，容易被风刮倒或者别的树倒下时会把它压倒…… |
| 3 | **That** richly modulated warble proceeding from the top of yonder birch, and which unpracticed ears would mistake for the voice of the scarlet tanager, comes from that rare visitant, the rose-breasted grosbeak. | 从那棵桦树顶上传来的极为柔和的颤鸣，常被无经验的人误认为是猩红丽唐纳雀的声音，出自那只罕见的候鸟——玫胸大嘴雀。 |

| | | |
|---|---|---|
| 4 | **One** that I measured in the King's River forest **was** 25 feet in diameter at the ground... | 我在金斯河森林测量的一棵树地面直径是二十五英尺…… |
| 5 | **All** that remains of them to tell their history **is** a series of interrupted fragments of channels, mostly choked with gravel, and buried beneath broad, thick sheets of lava. | 只剩下一系列残留的河道显示出它们曾经存在过;这些河道现在大部分被沙砾填满,埋藏在厚厚的熔岩层下面。 |
| 6 | **That** so many and such various notes should proceed from one throat is a marvel… | 如此众多而又不同的曲调竟出自同一个歌喉真可谓奇迹…… |
| 7 | **That** the domain of the sea is being extended over the land by the wearing away of its shores, **is well known**, but in these icy regions of Alaska, and even as far south as Vancouver Island, the coast rocks have been so short a time exposed to wave–action they are but little wasted as yet. | 众所周知,由于对陆地海岸的不断侵蚀,海洋疆域正在不断扩大,但是在阿拉斯的寒冷地带,甚至远在南方的温哥华岛,海岸岩石受到海浪作用的时间很短,到目前为止只被侵蚀掉了一点点。 |
| 8 | **That** the intruder should fare the same as the rightful occupants, and thrive with them, was more than ordinary potluck… | 闯入者与正当居住者有着同样的恐惧,况且,与后者一起成长,可不是家常便饭…… |
| 9 | **That** this whole system of fiords and channels was added to the domain of the sea by glacial action is to my mind certain. | 我(是)确信无疑,冰川运动已使整个峡湾及河槽系统融入大海的范畴。 |
| 10 | **What** benefit to the tree, directly or indirectly, is all this wealth of color of the | 秋天丰富的颜色对树木有什么直接或间接的好处吗? |
| 11 | **What** birds and animals learn by experience is greater cunning. | 鸟类和动物从经验中学到的是更多的狡猾。 |
| 12 | **What** comes first in the child is simple perception and memory and association of memories, and these make up the main sum of an animal's intelligence. | 小孩子首先是简单感觉与记忆和记忆的联系,这些构成了动物智慧的主要部分。 |
| 13 | **What** he wants is the truth about them, and this he will not get from our natural history romancers, nor from the casual, untrained observers… | 他想要的是真实,他不会从我们的自然史作家那里得到,也不能从随意的没有受过训练的观察者那里了解到…… |
| 14 | **What** I object **to is** hearing those things in animal life ascribed to reason that can be easier accounted for on the theory of instinct. | 我不赞成的是将动物生活中的那些事情归为理智,用本能的原理更容易解释。 |

| | | |
|---|---|---|
| 15 | **What** may be regarded as the separate songs of the Ouzel **are** exceedingly difficult of description, because they are so variable and at the same time so confluent. | 乌鸫独特的歌声到底什么样，我实在是描述不出来，因为它的歌声既有许多变化，同时又非常和谐。 |
| 16 | **What** may be the final upshot of this course of living **is** a question worth the attention of Darwin. | 这种生活历程的最终结果或许是一个直得达尔文重视的问题。 |
| 17 | **What** no man ever saw before **may** the next moment **be** revealed to you. | 下一刻向你展示的将会是以前人们从未见过的奥妙。 |
| 18 | **What** surprised me **was,** that, amid his busy occupation down in the heart of the old tree, he should have been so alert and watchful as to catch the slightest sound from without. | 令我惊奇的是，当啄木鸟在枯树洞中埋头苦干时，他竟然能如此机警地捕捉住外面那极其轻微的动静。 |
| 19 | **What** the dog fears, and what makes him put on his look of guilt and shame, **is** his master's anger. | 主人的愤怒才是狗害怕的，让狗表现出内疚和羞耻表情。 |
| 20 | **What** the writer really **saw** was what any one may see on the farm in June and July: she saw the parent crows foraging with their young in a field. | 作者看到的是任何人都可能在六、七月份的农场看到的情形：她看到大鸟和小鸟一起寻找食物。 |
| 21 | **What** there can be in that grand old church-tune that **is** so offensive to birds and squirrels I can't imagine. | 我实在想象不出这古老而恢宏的教堂音乐(是)在哪儿惹到了鸟类和松鼠。 |
| 22 | **What** the limits of its developments in the future may **be**, with the advantages of cheaper transportation and the invention of better methods in general, it is not easy to guess. | 一般而言，随着运输费用的降低、更好方法的发明，很难猜测未来养蜂业的发展还存在什么局限性。 |
| 23 | **What** the other conditions may **have been** that enabled Sequoia to establish itself upon these oldest and warmest portions of the main glacial soil-belt, I cannot say. | 也可能有其他条件促使美洲杉生长在主要冰川土壤带，但我不能确定。 |

译文中过程类型比较复杂，为了分析方便，将按例 1~3、4~21 和 22~23 三组进行分析。

例 1~3 中动词 enable、seem 和 come 表示的是关系过程，主位部分可以译成独立小句“有一棵树，树根不够强壮”“从那棵桦树顶上传来的极为柔和的颤鸣，常被无经验的人误认为是猩红丽唐纳雀的声音”或名词词组“所看到的一切”，原文主句中的过程动词译为与主位中动词并列的结构。因此，译文与原文主位成分不一致,语义也略有差异。

例 4~21 中主句中的过程动词均为 be 动词,汉译时一般将原文中的句项主位译为汉语"的"字结构,关系动词译为"是……"。如"鸟类和动物从经验中学到的是""他想要的是""我不赞成的是", 等等, 保持原文过程类型和语篇形式不变。也有译为按照汉语习惯说法做了适当调整,如"That so many and such various notes should proceed from one throat is a marvel",译为"……可谓奇迹。""That the domain of the sea is being extended over the land by the wearing away of its shores, is well known..."译为"众所周知……""That ... is to my mind certain."译为"我确信无疑"。其中后两者的过程类型都与原文不同,因此适当的转译都是以牺牲原文及物性过程和语篇形式为代价的,但是并不影响汉语读者对语义的理解。

例 22~23 属于倒装的投射小句,为了强调动词 guess 和 say 的内容,将其前置到句子开始位置作标记性主位成分。汉译时也基本保持了原文的语篇形式,将 guess 和 say 的内容前置。

当英汉小句的主位结构信息分布出现差异时,在英译汉中译者应适当改变英语的主位结构以符合汉语的表达习惯, 对比汉译句中的主述位结构分布,从中找出其恰当的汉译方法及翻译规律所在。总之,"英汉小句主述位结构有相似之处,但更多的是差异,通过主述位结构的对等和调换可实现英汉小句的等效互译。"[141]147 首先实现信息结构的对等,然后达到功能对等。

对于所研究的生态文学文本而言,为了使描写更加生动有力、贴近自然,原文作者采用标记性主位来增强语言表达效果, 能够给读者留下更加深刻的印象。汉译时为了保持语篇形式上的对等,译者首先要考虑在主位结构方面与原文保持一致,而根据译文语言习惯所做的结构调整,主要是为了满足译语读者的阅读习惯,实现译语读者心目中的顺畅自然。

## 第二节 衔接

黄振定(2003)认为"对于文学语篇来说最重要的是利用英汉互译的材料揭示英汉语篇各自衔接连贯的特点, 可以因此克服个人风格千变万化的问题,求得最具共性的对比基础,达到最能说明英汉语篇规律、最有实际意义的对比结果,从而确保对比的结果能够有效地指导翻译实践。"[142]40 尽管英汉语分属不同语系,但都是通过语法和词项衔接手段将句子内部和句子之间毫无关系的成分连接起来,使之成为具有特定的篇章功能和语法意义。运用现有的语料库研究手段和检索软件，主要分析语法衔接中的连接与照应手段，首先将对语法衔接中的连接方式进行统计，分析其中的并列和从属两类连接方式，再对照应手段中的人称指称和指示指称进行统计和分析。

## 一、连接词

针对原文中的连接手段进行检索，从检索结果中确定并列连词和从属连词的词频，再进一步检索处于句际间的并列连词和从属连词分布情况，以其中的高频词为语料，对比分析其在汉语中的体现方式及文体效果。

英语是形合性言，强调运用连接词连接语篇，使语篇的结构更加严谨，有较强的逻辑关系。由于生态文学文本旨在真实反映人类赖以生存的自然界面貌，体现和表达自然界万事万物之间内在的逻辑关系。因此，更注重连接词的使用，连接词是布局谋篇的重要手段之一。

文本中位居前三的并列连词分别表达转折(but)、时间(then)和增补(and)关系。这些连接词在汉译过程中并非都需要译出来，并不影响语篇形式的流畅和语义的传达。而从属连词中位列三甲的分别表示时间(when 和 after)和条件(if)关系，其中时间连词有两个，一个是参照点当下时间，一个是参照点之后的时间。时间连词的大量使用也能够反映文本特征，即作者按照考察对象的时间先后顺序进行描写。下面仅就这些衔接成分在语篇中的作用及其对应翻译情况进行分析。

### (一)并列连词

从原文语料库词频表可以看出，频次最高的并列连词依次为 but、then、and、yet、so 和 or 等，分别对这些词项进行检索和筛选，按照语料中从属连词出现的频次以及在句子中的位置统计结果显示。见表 6.4。

**表 6.4 原文语料库句首高频并列连词统计**

| 词项 | but | then | and | yet | so | or |
|---|---|---|---|---|---|---|
| 频次 | 1 507 | 576 | 11 595 | 299 | 71 | 2 175 |
| 小句间 | 756 | 130 | 4 141 | 60 | 44 | 559 |
| 句间 | 339 | 143 | 90 | 39 | 27 | 10 |

从 Excel 格式的英汉平行语料库中筛选出表 6.4 中并列连词再按照译文重新排序以了解其汉译情况，从统计表中可以看出译语类型。

下面对前三位并列关系连词 but，then 和 and 为例进行分析：

but 使句子与句子在衔接关系上形成转折关系，在汉译时都采用了保留原文连接词的方法，分别译为“但是”“可是”“然而”；then 表示句子间的时间顺序关系，汉译时也保留了连接词，译为“然后”“于是”“紧接着”；and 表达增补关系，是对前一句子语义内容的补充说明。可译为“并且”“而且”“另外”等连接词，一般不需要译出。英语语篇中，语义单位及其关系往往不确定，此时就需要连接词来明示它们之间的关系，连接词是一种十分重要的语言资源，是语言系统中低层级单位建构高层级单位的基本手段。汉语中的连接词虽然也很重要，但是没有它也能表达出句子间的语篇衔接关系。

| | |
|---|---|
| **And** though silent in its flight from the clouds, and when it is taking its place on rock, or tree, or grassy meadow, how soon the gentle snow finds a voice! | 尽管白雪从云端降下时静默无声，可一旦落在岩石、树木和草地上，这温柔的雪很快就会发出自己的声音！ |
| **And** while thus buzzing freely from fall to fall, he is frequently heard giving utterance to a long outdrawn train of unmodulated notes, in no way connected with his song, but corresponding closely with his flight in sustained vigor. | 就这样从一个瀑布到另一个瀑布嗡嗡地飞翔，我们能够听到这不合音律的漫长声音，这声音和它的歌声没有关系，倒是和它充满斗志的飞行极为相称。 |
| **But** among nearly all our familiar birds the serious cares of life seem to devolve almost entirely upon the female. | 然而，在我们熟悉的几乎所有的鸟类中，似乎谋生的重任全都压在雌鸟身上。 |
| **But** while the great volcanic cones built up along the axis still burned and smoked, the whole Sierra passed under the domain of ice and snow. | 可是这些沿着山脊中轴线堆积起来的巨大火山锥还在燃烧和冒烟，整个内华达山区被纳入了冰雪的统治。 |
| **Then** as if by a preconcerted signal, the throats are all atune. | 然后，似乎由一个预定好的信号所提示，所有的鸟儿都放开了歌喉。 |
| **Then** carefully scanning the fretted face of the precipice through the spray, I at length noticed a yellowish moss-cushion, growing on the edge of a level tablet within five or six feet of the outer folds of the fall. | 于是，透过飞溅的水花，我仔细观察岩层的表面，终于在离瀑布五六英尺远的一个水平岩台上找到了一团黄色苔垫。 |

从以上语料可以看出：原文和译文并列连词“and”的语义基本相同，但是汉语的并列连词可以省略并突显并列项的词性，汉语并列连词的功能单一，只表示并列关系，而英语并列连词还可以表示从属关系，在特定语境中还可以增加临时功能；分析还显示英语并列连词更多的是一种形式上的需要，而汉语并列连词则侧重于语义上的强调；原文和译文在转折连词“but”和时间连词“then”的

使用上基本相同。

**(二)从属连词**

再以原文语料库词连词频表中频次最高的从属连词为例,分别各个词项进行检索和筛选,按照从属连词在句子中的位置分类列表6.5。

**表6.5 原文语料库句首高频从属连词统计**

| 词项 | when | if | after | while | where | before |
|---|---|---|---|---|---|---|
| 频次 | 623 | 294 | 160 | 476 | 452 | 94 |
| 句内 | 506 | 214 | 99 | 451 | 443 | 85 |
| 句间 | 117 | 80 | 61 | 25 | 9 | 9 |

从Excel格式的英汉平行语料库中筛选出从属连词的汉译情况。

从词频表中可以看出,从属连词数量最多的依次为when,if和after,分布在句子间的从属连词数量也是如此。例如:

**When** I was strolling past the old fort I happened to meet one of the missionaries, who kindly asked me where I was going to take up my quarters. **当**我在古堡旁散步**时**,遇见了一位传教士,他热情地向我打招呼,并问我准备住在哪里。

**When** thus compelled to betake himself to a lake, he does not plunge into it at once like a duck, but always alights in the first place upon some rock or fallen pine along the shore. **当**它被迫到湖里觅食的**时候**,不会像鸭子那样立刻跳入湖里,而是首先落在岸边的岩石或枯木上。

对从属连词when的汉译情况进行统计分析,发现原文语料中when基本都表示时间概念,汉译时在很多情况下可以省略,或是翻译成时间状语,极个别情况下才表示非时间概念。英语中when是一个具有多功能和意义的高频词汇,作为从属连词,除了表示时间关系外,还可以表示因果、条件等意义。例如:

**When** the hunted deer rushes into the lake or pond, it does so, of course, with a view to escape its pursuers, and wherever it seeks refuge this is its sole purpose. 被猎杀的鹿冲进湖水或池塘,这样做当然是为了摆脱追击者,不论在哪里避难目的都是唯一的。(因果关系)

**When** attention is called to the method of Sequoia stream-making, it will be apprehended at once. **如果**知道了美洲杉产生溪流的方法，我们马上就会理解。(条件关系)

**When** this fails, she will no longer hit the mark or try to hit it. 没有太阳能量的

供应，他将无法射中目标或进行尝试。（条件关系）

When we look over a large section of history, we see that it is man's way, too, or Nature's way in man. **如果**我们回顾相当长的一段历史，我们会看到这也是人类的方式，或者说是人类中自然的方式。（条件关系）

对 after 的统计有一点复杂，它既可以作连接词也可以是介词，以语料库中的 after 为例，连接词用法略多于介词用法。汉译时也习惯于译为“后”或“之后”。

**After** they are fully ripe, they spread their shell-like scales and allow the brown-winged seeds to fly in the mellow air, while the empty cones remain to beautify the tree until the coming of a fresh crop. 完全成熟后，贝壳一样的鳞片会伸开、让褐色翅膀的种子飞到空中，而空果壳还会保留在树枝上装扮着树木直到新的树梢长出来。

**After** we passed between the two mountain rocks that guard the gate of the fiord, the view that was unfolded fixed every eye in wondering admiration. 当我们穿过守卫在海湾入口处的两座山峰**后**，前面的景色逐渐显露出来，这些美景吸引了每个人，并使得每个人的眼中都迸发出了惊奇而又赞赏的目光。

从属连词 if 最主要、最广泛的用法是引导条件状语从句。但是，检索发现有时 if 引导的状语从句并不侧重表示条件，而是表现时间、让步、选择和比较关系，用于表达请求或者强调。

**If** it would only thrive and sing well when caged, like the canary, how far it would surpass that bird! 倘若它像金丝雀那样，关在笼中也能长得好、唱得好，它将远远地超越后者。（条件关系）

**If** such a practice had been necessary for the continuance of the species, it would probably have been used. **如果**这种做法是物种延续必须的，它很可能已经使用了。（条件关系）

In Prince William Sound and Cook's Inlet many fine glaciers are displayed, pouring from the surrounding mountains; but to the north of latitude 62° few, if any, glaciers remain, the ground being mostly low and the snowfall light. 许多冰川从周围的山脉涌下来，进入威廉王子峡湾和库克水道；但是到了北纬 62 度以北，通常地势低、降雪少，残留下来的冰川即使有也很少。（让步关系）

语料显示从属连词 when 除了表示时间关系外，还有其他特定意义，汉译时需要按照汉语的行文特点、语序及衔接手段进行调整或转换；从属连词 after 汉译过程中，基本保持语篇位置的一致性；而从属连词 if 汉译为条件和让步关系。

## 二、指称照应

英汉语在语义重复出现上基本能够对应，但在指称照应上存在较大差距。语义上的重复出现包括完全相同的语义词汇直接重复和各种语义关系的词汇同现(上下义、同义、近义、反义、互补义,以及个体和集体概念)。指称照应主要指语篇内语言要素的上下照应,英汉语在这方面的差异可以从人称、指示和其他指称三方面进行分析。人称和指示照应具有语篇衔接意义,其他指称包括比较指称、语篇指称和零指称,等等。主要分析英汉语在人称和指示照应方面的异同,进而指出翻译过中在处理这两类指称照应时的基本策略。

### (一)人称照应

人称照应是指用人称代词及其相应的限定词和名词性所有格所表示的照应关系。Halliday 和 Hasan(2003)认为,"英语人称系统中第一人称、第二人称经常用于外指照应,一般不具有语篇功能,只有第三人称代词具有内在的语篇衔接功能。"[143]53 虽然汉语属于意合语言而英语属于形合语言,两者在人称照应系统之间不存在一一对应关系,但二者照应功能的差别并不大,二者主要体现在两种语言的人称代词的表达和形态的差异[144]60。胡壮麟(1994)认为对语篇人称照应的研究是探索语篇文体特征的一个重要途径[145]54。研究英汉两种语言的人称照应差异对于翻译具有重要意义,因为"就翻译转换,特别是英汉互译而言，人称照应是最具实践和理论价值的语篇现象"[146]142。对人称照应的准确理解和灵活处理是翻译成功的关键，人称代词看起来简单,使用起来却比较复杂。

1.数据选择

从原文语料库前 100 项高频词中筛选出人称代词的所有形式,我们发现排在前列的是 it 和 I,这里 it 除了作为人称代词外,也可以作为非人称代词,指时间、距离、天气等自然现象,还可以用作一些特殊句型的形式主语和形式宾语等。分类比较复杂,本书不作进一步分析。高频率的第一人称单数是生态散文的主要特点之一,英汉语用法一致,也不作进一步比较。下面选取词频表中段频次在一千次以上的人称代词作为语料进行比较和分析。即 they、their、them、he、his 和 we 6 个词项。

表 6.6 高频人称照应统计

| 顺序 | 频次 | 词项 | 顺序 | 频次 | 词项 |
|---|---|---|---|---|---|
| 1 | 2 932 | it | 9 | 1 017 | them |
| 2 | 2 808 | I | 10 | 787 | my |
| 3 | 1 410 | they | 11 | 613 | our |
| 4 | 1 384 | their | 12 | 457 | me |
| 5 | 1 366 | his | 13 | 455 | her |
| 6 | 1 338 | he | 14 | 438 | him |
| 7 | 1 291 | we | 15 | 429 | you |
| 8 | 1 289 | its | | | |

2.汉译分析

原文语料库中 they、their 和 them 共计 3 811 频次、he 和 his 共 2 704 频次、we 共 1 291 频次,译文语料库中"他们"1 741 频次、"他"1 153 频次、"我们"共 1 513 频次。

| 词项 | they、their 和 them | | he、him 和 his | we、us 和 our(s) |
|---|---|---|---|---|
| 频次 | 3 816 | | 3 142 | 2 222 |
| 词项 | 他们(的) | 它们(的) | 他(的) | 我们(的) |
| 频次 | 664 | 1 645 | 1 178 | 2 132 |

这里发现 they、their 和 them 有 664 项译为"他们(的)"、1 645 项译为"它们(的)",总译出率为 60.51%;he、him 和 his 中有 1 178 项译为"他(的)",译出率为 37.49%,不到原文的一半,因为作者经常用人称代词 he、him 和 his 指代描述的各种鸟类及其他动物,译者一般选择译为"它(的)"。通过 CUC ParaConc 0.3 软件对平行语料库进行检索,发现没有译出的其他人称代词大多根据上下文语境还原为具体指称的名词或其他代词。例如:

| | | |
|---|---|---|
| 1 | The walls of these park valleys of the Yosemite kind are made up of rocks mountains in size, partly separated from each other by narrow gorges and side-canons; and **they** are so sheer in front, and so compactly built together on a level floor, that, comprehensively seen, the parks **they** inclose look like immense halls or temples lighted from above. | 这些约塞米蒂式的园林的谷壁是由巨大如山的岩石构成的，又部分地被小峡谷和侧谷隔开，岩壁正面非常陡峭，从一个水平面上紧密地叠在一起,以至于整体上看,这些岩石围起的谷地就像顶部被阳光照明的大礼堂或寺庙一样。 |
| 2 | Westward, the general flank of the range is seen flowing sublimely away from the sharp summits, in smooth undulations; a sea of huge gray granite waves dotted with lakes and meadows, and fluted with stupendous canons that grow steadily deeper as **they** recede in the distance. | 向西看，山脉的侧面从尖利的主峰开始奔腾而去,形成流畅的波浪线;一片灰色花岗岩组成的海洋，点缀着湖泊和草地,分布着巨大的峡谷,随着距离的变远而渐渐加深。 |

| | | |
|---|---|---|
| 3 | Seeing a man for the first time, **he** approaches nearer and nearer, until within a few feet; then, with an angry outburst, he makes a sudden rush, all teeth and eyes, as if about to eat you up. | 第一次见到人的时候，它会慢慢地靠近，直到离人几步远；接着大叫一声冲过来，睁大眼睛，呲着牙，好像要把你吃掉。 |
| 4 | But from the west one sees nothing of the way **he** may be seeking until near the summit, after days have been spent in threading the forests growing on the main dividing ridges between the river canons. | 但是从西侧要花几天时间才能穿过两河之间分水岭上的森林，一直到山顶也看不到任何道路。 |

译者将例 1 中两处“they”分别还原为所指对象“岩壁”和“岩石”，将例 2 中一处“they”省略不译；将例 3 中两处“he”一个译为“它”，另一个省略不译，例 4 中的“he”也做省略处理。

原文语料库中“we、us 和 our(s)”频次为 2 222，与译文“我们(的)”频次(2 132)基本相当，但是我们发现这并不是原文与译文保持一致所取得的结果，因为检索发现译者对译文中有的人称代词“我们”做了重复翻译。例如：

(1)**We** sailed across the mouth of the happy inlet at fine speed, keeping a man at the bow to look out for the smallest of the bergs, not easily seen in the dim light, and another bailing the canoe as the tops of some of the white caps broke over us. **我们**很快驶出了小海湾口，因天色阴暗，**我们**始终保持有一个人站在船头，以防撞上水里的小冰山，另一个人负责把掉到船里的小冰块捡出去。

(2)These **we** finally reached, and, after exploring the country to the right, saw that bearing to the left was still the order. **我们**最终也这样做了。在走过了此地的右边之后，**我们**发现靠左侧走还是对的。

例 1 原文主语“we”汉译时在定式动词 keeping 前增加主语“我们”，由原文的修饰成分转换成了译文的并列小句；例 2 原文主语 we 搭配两个并列的动词 reached 和 saw，译文中重复主语“我们”，译为两个并列结构的句子，实际上不重复翻译也能够表达原文语义，还能够保证语篇形式上的一致性。另外，也有译文“我们”是从原文单数形式“I”转译而来。例如：

While climbing a bluff for a view of our course, [I] discovered moneses, one of my favorites, and saw many well-traveled deer-trails, though the island is cut off from the mainland and other islands by at least five or six miles of icy, berg-encumbered water.

当【我们】爬上断崖观察路线时，尽管这个小岛被一片至少有五六英里宽的布满冰山的寒冷水域将其与大陆和其他的岛屿分开，我还是发现了我所钟爱的芒尼兹，还看到了鹿群经过的痕迹。

必要的衔接手段是语句意义连贯性的保证,人称照应是英汉语篇章中重要的衔接手段;在使用人称代词连句构篇这一能上,英汉两种语言有着人类相同的思维、相同的理论基础,即语言表述经济性[147]42。

虽然英汉人称代词在照应功能上并无多大差别,但是两种语言的人称照应系统之间并不存在一一对应的关系。比如,在表达形式上,汉语在单数形式后面加上“们”等字表示复数,而英语不这样。英语人称代词有格的变化,而汉语没有。例如,“我”可以是“I”或“me”,“我们”可以是“we”或“us”。翻译过程中译者要充分了解原文的人称照应衔接特点以及译语的人称照应衔接模式。英汉人称照应主要差别在于人称代词的使用频度不同, 即英语人称照应手段使用更频繁。英语中常常用名词短语引出新话题,然后在下文中用人称代词来照应;而汉语中既可以用人称代词来照应,也可以直接重复该名词,还可以省略不用。

从形态上看,英语中的人称代词有性、数和格的变化,而汉语中除了第三人称有性的区别、所有格形式需要在人称代词后加“的”之外没有变化。汉语没有英语中丰富多变的人称代词系统,这就注定了汉语为避免表义模糊或造成歧义转而采取其他照应手段,例如,在单数形式的后面加“们”字表示复数意义,在人称代词后面加“的”字表示所有格意义。

从结构来看,汉语重意合而英语重形合。汉语的意合一般无需借助于词汇语法的衔接手段,仅靠词语和句子内涵意义的逻辑关系,便能构成连贯的语篇;而英语往往少不了词汇句法的显性连接,即从语言形式上把词语和句子组成语篇整体。所以相对于英语,汉语的省略较多。常见的省略有主语和宾语,这种人称代词的省略其实是零照应的一种表现形式,零照应是汉语语篇的特有手段[148]78。

**(二)指示照应**

指示照应是指用指示代词或相应的限定词及冠词等所表示的照应关系。在指示照应中, 说话者是通过指明事物在时间或空间上的远近来确定所指对象的。即在指示照应中,时空上的远近是以发话者所在的时间和位置作为参照点的。英汉两种语言经常用指示照应表达事物在时间或空间上的远近。英语的指示照应通常由指示代词(this,that,these,those)、指示副词(here,there,now,then)或定冠词(the)来实现[149]57。汉语语篇中具有指示照应功能的代词主要通过“这”“那”“这些”“那些”“这儿”“这里”“那儿”“那里”“这时”“那时”“这会儿”“那会儿”“这么”“那么”“这样”“那样”等来实现[150]52。汉语中的指示代词“这”或“那”,

后面可以加名词、量词或数量词加名词，形成相应的衍生词；此外，还有一些只能作限定词的近指词，如“此”“该”等修饰后面的名词，形成名词词组。

1.数据选择

首先从原文语料库中检索出指示代词、指示副词和定冠词在词频表中的次序以及各自的频次。如表 6.7。

**表 6.7　原文语料库中指示照应统计**

| 顺序 | 频次 | 词项 | 顺序 | 频次 | 词项 | 顺序 | 频次 | 词项 |
|---|---|---|---|---|---|---|---|---|
| 1 | 24 131 | the | 10 | 2 664 | that | 26 | 1 318 | this |
| 49 | 641 | there | 54 | 576 | then | 57 | 544 | these |
| 90 | 386 | now | 91 | 382 | here | 165 | 216 | those |

表 6.7 显示，除定冠词 the 以外（在其他英语语料中的使用频率也居于首位），使用频率最高的指示代词为 this 和 that，以原文语料库中的指示代词 this 和 that 为例，分析原文指示照应的汉译特点。

原文语料库中 this 和 that 的使用频率分别为 1 318 和 2 664 次，其中 that 的使用频率是 this 的两倍多，分别检索它们的共现语境发现：this 只有指示代词一种用法，而 that 除了具有指示作用外，大量用于从属关系的连接词。再结合 CLAWS 词性标注后的词频筛选，统计出其中表示指示照应的（检索项为 That_DD1）共 506 次、连词（检索项为 that_CST）用法共 2 068 次，其他为 that is、now that（检索项为 that_CS22）等用法。

2.汉译分析

首先从译文语料库（以“美国生态文学经典译丛”中的文本为例）中检索出汉语指示照应词“这”“那”“这个”“那个”的次序和频次。见表 6.8。

**表 6.8　译文语料库中指示照应统计**

| 次序 | 频次 | 词项 | 次序 | 频次 | 词项 |
|---|---|---|---|---|---|
| 17 | 1 473 | 这 | 70 | 506 | 那 |
| 70 | 506 | 那 | 683 | 63 | 那个 |
| 83 | 432 | 这个 | | | |

表 6.8 显示译文中近指照应共 1 906 次，远指照应共 569 次。而原文语料库中近指照应 this 出现频率为 1 318 次、远指照应 that 为 506 次，从数据上看两个语料中的指示照应并不一致，远指照应基本接近，而近指照应相差很多。

再利用英汉平行语料库检索软件 CUC ParaConc 0.3 检索出 this 作为指示照应用法的英汉平行句子进行分析。检索结果显示：指示代词 this 对应汉译有“这种、这个、这一、这座”，此外还有“今”“此”等译法，再检索“这”和“这个”，发现其对应的原文并非都是 this，还有 that 译过来的。例如：

**That** chief literally gave himself a sacrifice for his people.

**这位**首领是为人民牺牲的一个典型。

**That**, said my guide, pointing to the house, “is Cave City, and the cave is in that gray hill.”

导游指着房子跟我说：“**这**就是凯夫城洞，山洞就在这座灰色的山里。”

下面以语料库中位于句首的 this 和 that 为例进行分析。原文语料库中以 this 开头的句子共 233 个；以 that 开头的句子共 37 个，其中作为指示代词的有 25 个，另 12 个为连词用法，充当从句的先行词，形成名物化结构做主位成分。

首先统计语料中 24 个指示代词 that 的汉译情况，译为“那”的共 12 项（但是译文《阿拉斯加之旅》中有一处译为所指名词词组）；译为“这”的共 3 项；不译或译回所指名词词组的有 9 项（详见附录 7）。

然后统计语料库中 233 个指示代词 this 的汉译情况，译为“这”的共 148 项（以译文一为统计对象），占语料的 63.52%；译回所指名词词组或不译的有 65 项，占 27.90%；其他译为“此”、那、“今”的占 8.58%，如译为“此”的为 9 项，译为“那”的共 4 项，译为“今天”的 6 项（This morning 译为“今天早晨”、this day 译为“今天”）。

从语料中可以看出，英语语篇中的“this”和“that”所表达的距离概念较接近实际，而汉语语篇中“这”和“那”在表达时空距离时往往受心理或视觉的影响；英语语篇中“that”表示回指意义时常常译为汉语“这”；在英语语篇中，一般用“that”来指称同一篇章别人说的话或提到的事，而在汉语语篇中，这一指称功能可以用“这”来承担；英语中的“that”有时可以用来指称上文中提到的刚发生不久的事，而汉语中用“这”来表达；当发话者指称上文的陈述时，英语一般用“that”，汉语一般用“这”表达。

## 本章小结

事实上，标记性主位与语言语境以及语言使用者的语用目的和交际意图等因素有关。标记性主位可以帮助语言使用者传递不同类型的信息、转移信息焦点、突出句内或句际间的连贯，实现特殊的文体效果。功能语法认为，主位的作用在于传递已知信息。但是，在语用效果上，标记性主位可以用来转移小句信息焦点，突出句子里的重要信息；在语篇效果上，可以确保小句之间、句子之间以及段落之间的连贯。我们一般习惯于选择上文中提及或暗示过的信息作为句子的主位，加强语篇的连贯性。这就是标记性主位常常是以语篇主位开始，接下来可能是人际主位，最后是必不可少的经验成分，经验成分的呈现意味着主位成分的终止。标记性主位突出了某些重要信息，使行文结构更加合理。单个句子中主位的选择并没有特殊意义，但是语篇中主位的选择关系到整个语篇上下文的衔接与连贯。利奇等（1982）认为，标记性主位用于强调话语中上下文的衔接性，标记性主位的承上启下作用包含了 3 个方面的含义：段落之间，段落内部和分句之间前后呼应。在语篇建构过程中主要起着与上文衔接的语篇功能。运用标记性主位能够实现分句之间、段落内部或者段落之间语义的连贯，语义连接更紧密、表达更有力[151]126。

生态文学作品中标记性主位的使用使描写更加自然顺畅，给读者留下深刻的印象，增强语言表达效果。“译者不可能总循着原文的主位结构行文，由于两种语言在语序、句子重心、自然措辞等方面的差异，原文的主位结构有时只得放弃。”[152]178 如果原文中的标记性主位表达的是新信息，译者在翻译时需要按照汉语习惯将其放在述位的位置上。改变了原文的主述位结构，虽然语篇形式上不再对等，但是能够让译语读者充分了解原文语义，更好地表达了原文的信息内容，实现了功能上的对等。由此可见，“在翻译过程中，译者有必要考虑主位的选择问题，适当安排主位的推进模式才能使译文衔接得当、语义连贯，实现相应文体效果。”[153]116

另外，衔接手段在语篇建构过程中也起到重要的作用。英汉语篇在衔接手段方面存在着明显的差异，正确理解中英文在衔接方面的差异才能更准确、地道地使用这两种语言。英语一般具有明显的形态标记，句法规则严密、逻辑思维缜密；汉语句法则比较灵活，通过句子内部结构，借助修饰手段及上下文的内在逻辑关系实现语篇的连贯性。本章主要借助语料库检索软件，以并列连词（and、but、then）、从属连词（when、if、after）、第一人称（we 和 I）和指示代词（this 和 that）为例，分析了连接和照应这两种重要的语法衔接手段。

# 本书结语

## 一、研究总结

本书以约翰·缪尔的约翰·巴勒斯的4部生态作品及其译文为语料，运用系统功能语言学元功能理论，分析了Halliday的语言概念功能和语篇功能对生态文学文本翻译研究的指导作用，探讨了小型英汉平行语料库在基于系统功能语言学的翻译研究的可操作性，研究了将系统功能语言学理论用于翻译研究的可行性。作者首先以缪尔和巴勒斯两位美国生态文学作家的代表作品为语料，建成小型单语语料库和英汉平行语料库。其次，根据具体语料分析了缪尔和巴勒斯生态散文的语言特征。然后，通过英汉平行语料库对比分析了两种语言的各自语言特征及其对译文的影响，主要涉及及物性过程、环境成分、主位结构以及衔接形式4个方面。最后，从系统功能语言学的角度研究英汉翻译，显示出译者应当遵循的基本原则是原文和译文之间概念意义和语篇功能的对等。翻译文本应该根据文本自身具有的内涵以及遵循的可译性原则，并依照原文的生态结构，在目标语中展现出原文的概念意义与语篇功能，这是翻译的基本前提。本研究主要有以下几点发现。

### （一）缪尔和巴勒斯生态散文本身的基本语言特征方面

首先运用语料库检索软件WordSmith Tools 6.0和AntConc 3.4.1w分析原文在词汇、短语、句子等层面的特点。从检索的结果看，作者用词不算丰富，词汇变化并不大。其次原文语料库中作品的平均词长较短，整体语言较为简单，但各个文本平均句子长度略长，阅读难度相应略大。再次，原文语料库词频表显示系动词is位居第7位，排在它前面的均为虚词，而位列第八、九位的分别是代词it和I，加上大量虚词和短词的使用，显示出生态散文的写作视角为第一人称，时态上以一般现在时为主。另外，介词所占比例较大，体现文本关于时间、地点和方式的介词短语居多，而且词簇研究发现时间和地点性词簇占据绝对优势，与文本题材相吻合。通过关键词检索可以看出，4个文本中的关键词与文本主题完全一致。《加州的群山》的主题词为山，关键词表排在前列的也都是各种表示山脉的名词(例如 mountain、mountains、range 和 ranges)和专有名词(例如 Sierra);《阿拉斯加之旅》的主题词为冰川,关键词表中居于首位的是 glacier,再加上它的复数形式及其他衍生词,频次超过 500 次;《延龄草》主题词是鸟和鸟巢,关键词表中 nest 位于榜首,其次是 bird 和 birds;《自然之道》的主题是以鸟类为代表的各种动物,例如关键词表中的 nest、bird(s)和 animals。简言之,语料库软件检索功能能够揭示文学作品词汇及句子层面的基本语言特征，为缪尔和巴勒斯生态散文的分析提供了量化依据。

**(二)系统功能语言学的元功能理论在缪尔和巴勒斯生态散文分析中的应用方面**

因系统功能语言学是一种成熟的语言学理论，已经被广泛应用于语言研究与实践的各个领域,尤其是在翻译领域的研究前景更为广阔,首先以抽样方式确定和缩小研究范围。

1.就体现概念功能的及物性过程而言

样本中物质过程的句子比例最大,其次是关系过程。因此,本书首先从原文语料库动词词频表中选出不同及物性过程类型的高频动词举例分析。例如,以物质过程动词 make 为例分析原文中的物质过程在译文中的对等情况。按照概念对等的原则,译者优先选择保持物质过程的一致性,但为了适应汉语的语言表达习惯或思维方式，翻译过程中也有一部分过程类型发生了转换。其次,本书分析了语料中表示关系过程的动词 have 和 be 在翻译过程中过程类型的取舍情况。研究发现,译者尽可能保持了关系过程不变,发生变化的也有一定规律性,即关系过程倾向于向物质过程转换,只有少数转换为心理过程。然后,本书分析了表示心理关系过程的动词 see 的翻译情况,语料统计发现译者在翻译中完全保持了原文的心理过程类型。最后,本书分析了翻译过程中译者对存在过程的处理方式。英语存在过程小句（以 there be 句型为代表)中的存在主体与动词之间形成了一种施事关系,而汉语存在句中存在过程动词与存在主体之间形成了一种受事关系。英汉存在过程小句的主位成分也存在着较大差别,英语存在句的主位是 there,只有句法和语篇功能,语义指向性不强,汉语的主位是位于句首的时间或地点短语,存现动词之后的成分则为述位结构。此外,语料库显示英汉存在句中环境成分的差别也较大:英语环境成分位置较为灵活,可以在句首也可以在句末,而汉语时间或地点等环境成分一般位于句首；而且英语存在过程中环境成分必须有介词，汉语一般没有介词，英汉存在小句的差异性也体现了两种语言背后的文化和思维差异。

2.就体现语篇功能的主位结构而言

语料显示：英汉两种语言通常使用的都是非标记性主位，既由代词、普通或专有名词作中心语的名词词组以及名物化结构来充当，既是主位也是主语。研究主位结构有益于帮助人们了解和掌握有关信息的中心内容在语篇中的分布情况。如果能正确地划分各个小句和小句复合体的主位和述位，就可以确定信息起点及信息内容，在翻译的过程中只有准确把握原作者语意表达的侧重点，才能更好地了解作者所要表达的具体内容。

如果为了突出某种功能，英语中常将特定成分移到句首，占据突出的语篇位置，这就形成标记性主位。常作标记性主位的成分为介词词组、副词词组、名词词组以及名物化结构。陈述句中“标记性最强”的主位是补语，有时是介词短语，特别是在由介词和动词组成的固定搭配中的补足语，也可以充当主位。就标记性主位而言，翻译时要优先考虑保持其主位的标记性特征，但是第四章的样本分析显示近30%的英语标记性主位在汉译过程中发生改变，没有保持其语篇形式上的突出位置，因为翻译毕竟是一种跨语言和跨文化的交际过程，在这一过程中起作用的不是单个的单词或句子，而是由这些词句组成的语篇。不同语言的衔接手段也各有异同，使用上也各有侧重。所以，在翻译过程中，需要译者对原文和译语的衔接手段有深入的了解，并能熟练地运用这些衔接手段，才能使译文达到语义上的连贯，和原文在语篇层面上获得对等，即最大限度地实现意义和形式的对等。

**（三）译者与作者以文本为媒介的平等交流和对话方面**

本书所选语料的作者采用的是观察与记录相结合的方式，用翔实的数据来描写个人周围的自然状况。译文要最大限度地实现翻译过程中的概念功能对等要求，同时也努力保持其语篇形式与功能的对等。这是以系统功能语言学为视角的生态文学翻译实践的重要研究思路。

在生态散文的写作中，作者运用标记性主位使描写更为生动有力，贴切自然，增强了语言的表达效果，给读者留下了深刻的印象。英汉翻译过程中，为保持语篇形式上的对等，译者应优先选择与原文一致的主位结构，但是有些情况下，译者不得不对某些句子的主位结构进行调整，以适应汉语语用原则，实现汉语读者心目中的自然流畅。主位在形式上的标记性与否并不是译者首先考虑的问题，能够做到译文衔接得当、语义连贯，主位推进模式合理，实现应有的文体效果才是最重要的。

## 二、研究的应用与启示

本书将语言学理论、语料库研究方法和缪尔和巴勒斯生态散文翻译有机结合，体现了以系统功能语言学语言元功能理论的强大解释力、语料库研究方法的优越性以及二者对生态文学作品翻译研究的指导作用，为生态文学翻译研究提供了客观的评价依据和科学的理论解释。通过定量统计和定性分析，为译者和读者评价译文质量提供了新的视角，为生态文学作者与译者间的平等交流提供了理论依据。

某种程度上，以人为本的"译者中心意识"在翻译实践过程中要屈从于原文。相对于原创性写作，译者二次创作的空间和范围十分有限，必须在原文的内容和框架下适当地发挥自己的创造性。翻译过程中，只能根据它原本的概念意义与语篇形式，不能从根本上改变其概念意义或语篇意义，只有尊重原作者及原文的语言元功能，译文才能在译语文化中获得持久的生命力。

## 三、研究的缺失和局限

由于时间、篇幅以及个人研究能力等方面的原因，在语料库的选材与利用方面有很多不足之处。首先，在选材上，后续研究应该补充梭罗的《瓦尔登湖》《缅因森林》，以及利奥波德的《沙乡年鉴》等英汉文本进一步充实原文语料库和英汉平行语料库，为对比分析和论证提供更有力的依据。其次，在英汉概念功能和语篇功能的对比方面，可以进一步拓展研究平面和范围。如及物性分析中可以增加其他过程类别的分析以及在每个过程类别中选择词频表中更多的词条进行分析，从而丰富研究内容。例如，物质过程的分析，仅涉及动词 make，还可以进一步分析 come、go、do、reach 等其他表示物质过程的高频词汇；语篇功能中衔接成分的分析范围具有更大的拓展空间。例如，连接词的分析，只分析了句子间的连接词，而小句内部的连接词会具有更大的研究价值。所有不足以及更翔实的数据还有待大量语料库的进一步完善和研究，也是作者今后继续努力的方向，同时也为他人对本课题的探索留下一定的空间。

# 英汉术语对照表

## （一）

### 相关系统功能语言学英汉术语对照表
### ——主要摘自《系统功能语言学多维思考》

| | | | |
|---|---|---|---|
| Abitliy | 能力 | Experiential meaning | 经验意义 |
| Actor | 施动者 | External text | 外在语篇 |
| Agent | 施事 | Feature | 特征 |
| Anaphoric | 指前的 | Formality | 正式化 |
| Behavior | 行为 | Formalization | 形式化 |
| Behavioral process | 行为过程 | Function | 功能 |
| Beneficiary | 受益者 | Functional linguistics | 功能主义语言学 |
| Cataphoric | 指后的 | Functional sentence perspective | 功能句子观 |
| Clause | 小句 | Genre | 语类,体裁,类型 |
| Clause as theme | 句项主位 | Given information | 已知信息 |
| Cleft sentence | 分裂句 | Global coherence | 整体连贯 |
| Coextension | 相互扩展 | Goal | 目标,对象 |
| Coherence | 连贯 | Goods & services | 商品与服务 |
| Cohesion | 衔接 | Group | 词组 |
| Collocation | 搭配 | Hypotactic | 从属关系的 |
| Comment | 述题 | Hypotaxis | 从属关系 |
| Competence | (语言)能力 | Hypothesis | 假说,假设 |
| Complementarity | 互补性 | Ideational function | 概念功能 |
| Congruence | 一致性 | Ideational meaning | 概念意义 |
| Conjunction | 连接,连词 | Imperative | 祈使的 |
| Context | 语境,上下文 | implicature | 含义,蕴含 |
| Context of culture | 文化语境 | Indicative | 直陈的 |
| Context of situation | 情境语境 | Inference | 推理 |
| Coordination | 并列 | Information | 信息 |
| Correspondence | 对应 | Information structure | 信息结构 |
| Declarative | 陈述的 | Information unit | 信息单位 |
| Distribution | 分布 | Interpersonal function | 人际功能 |
| Dynamic | 动态的 | Interpersonal meaning | 人际意义 |
| Ellipsis | 省略 | Interpersonal theme | 人际主位 |
| Existential clause | 存在句 | Language acquisition device | 语言习得机制 |
| Existential process | 存在过程 | Language | 语言 |
| Exophoric | 指外的 | Lexical | 词汇的 |
| Experiential function | 经验功能 | Lexical cohesion | 词汇衔接 |

**续表**

| | | | |
|---|---|---|---|
| Logical function | 逻辑功能 | Repetition | 重复 |
| Logical meaning | 逻辑意义 | Rheme | 述位 |
| London School | 伦敦学派 | Simple theme | 单项主位 |
| Marked | 有标记的 | Structure | 结构 |
| Material process | 物质过程 | Style | 风格 |
| Mental process | 心理过程 | Subject | 主语 |
| Metafunction | 元功能 | Subordination | 从属 |
| Metalingual | 元语言的 | Substitution | 替代 |
| Modifier | 修饰成分 | Sub-system | 子系统 |
| Multiple theme | 复项主位 | System | 系统 |
| Narrative | 陈述性的 | Systemic-functional grammar | 系统功能语法 |
| Network | 网络 | Systemic-functional linguistics | 系统功能语言学 |
| New information | 新信息 | Tense | 时态 |
| Nominal group | 名词词组 | Text | 语篇 |
| Old information | 旧信息,已知信息 | Textual function | 语篇功能 |
| Paratactic | 并列关系的 | Textual meaning | 语篇意义 |
| Parataxis | 并列关系 | Textual theme | 语篇主位 |
| Participant | 参与者 | Texture | 语篇 |
| Patterns of thematic progression | 主位推进模式 | Thematic progression | 主位推进 |
| Performance | (语言)运用 | Thematic structure | 主位结构 |
| Person | 人称 | Theme | 主位 |
| Prague school | 布拉格学派 | Token | 标记 |
| Predicator | 预设 | Topic | 话题 |
| Presupposition | 假设 | Topical sentence | 主题句 |
| Probability | 盖然性,或然性 | Topical theme | 话题主位 |
| Process | 过程 | Transformation | 转换 |
| Proposition | 命题 | Transitivity | 及物性 |
| Pseudo-cleft sentence | 假分裂句 | Unit | 单位 |
| Rank | 级 | Unmarked | 无标记的 |
| Realization | 体现 | Variety | 变体 |
| Register | 语域 | Verbal group | 动词词组 |
| Relational process | 关系过程 | verbal process | 言语过程 |
| Relevance | 相关 | | |

# （二）

## 相关语料库语言学英汉术语对照表 摘自梁茂成、李文中、许家金《语料库应用教程》

| | |
|---|---|
| Alignment (of parallel texts) | （平行或对应）语料的对齐 |
| Annotate | 标注（动词） |
| Annotated text/corpus | 标注文本 / 语料库、赋码文本 / 语料库 |
| Annotation | 标注（名词） |
| ANSI/American National Standards Institute | 美国国家标准学会 |
| Bigram | 二元组、二元序列、二元结构 |
| Bilingual corpus | 双语语料库 |
| CA/Contrastive Analysis | 对比分析 |
| Chunk | 词块 |
| CIA/Contrastive Interlanguage Analysis | 中介语对比分析 |
| CLAWS/Constituent Likelihood Automatic Word-tagging System | CLAWS 词性赋码系统 |
| Cluster | 词簇、词丛 |
| Collocation | 搭配、词语搭配 |
| Concordance (line) | 索引（行） |
| Context | 语境、上下文 |
| Context word | 语境词 |
| Co-occurrence/Co-occurring | 共现、同现 |
| Corpus Linguistics | 语料库语言学 |
| Corpus, pl. corpora | 语料库 |
| Corpus-based | 基于语料库的 |
| Corpus-based translation studies | 基于语料库的翻译研究、语料库翻译学、基于语料库的译学研究 |
| Corpus-driven | 语料库驱动的 |
| Corpus size | 库容 |
| Corpus stylistics | 语料库文体学 |
| Explicitation | 显化 |
| Frequency | 频数、频率 |
| Frequency list | 词频表 |
| Genre | 语体、体裁 |
| Grammatical patterning | 语法形式 |
| Implicitation | 隐化 |
| Index/indexing | （建）索引 |
| Key keywords | 关键主题词 |
| Keyness | 主体性、关键性 |
| Keywords | 主题词 |
| KWIC/Key Word in Context | 语境中的关键词、语境共现（方式） |
| KWIC sort | 语境共现排序、索引行排序 |
| Lemma, pl. lemmata/lemmas | 词目、原形词、词元 |
| Lemmatization | 词形还原、词元化 |
| Lemmatizer | 词形还原工具、词元化工具 |

**续表**

| | |
|---|---|
| Lexical density | 词汇密度 |
| Lexical patterning | 词语形式、词汇形式 |
| Lexical priming | 词汇触发理论、词汇启动理论 |
| Lexical richness | 词汇丰富度 |
| Log-likelihood ratio | 对数似然比、对数似然率 |
| Manual annotation | 手工标注 |
| Markup/mark-up | 标记、置标 |
| Metadata | 元信息 |
| Meta-metadata | 元元信息 |
| MF/MD approach/multi-feature/multi-dimensional analysis | 多特征 / 多维度分析法 |
| Monolingual corpus | 单语语料库 |
| Multilingual corpus | 多语语料库 |
| MI/mutual information | 互信息、互现信息 |
| N-gram | N 元组、N 元序列、N 元结构、N 元词、多词序列 |
| Normalization | 标准化、(翻译)规范化、泛化 |
| Normalized frequency | 标准化频率、标称频率、归一频率 |
| Parallel corpus | 平行语料库、对应语料库 |
| Parole linguistics | 言语语言学 |
| Parsed corpus | 句法标注的语料库、树库 |
| Parser | 句法分析器 |
| Parsing | 句法标注、句法分析 |
| Phraseological unit/sequence | 短语单位 / 序列 |
| Plain text | 纯文本 |
| POSgram | 赋码序列、码串 |
| POS sequence | 赋码序列、码串 |
| POS tagging/Part-of-Speech tagging | 词性赋码、词性标注、词性附码 |
| POS tagger | 词性赋码器、词性赋码工具 |
| Probability | 概率 |
| Range | 分布(范围)、跨度 |
| Raw text/corpus | 生文本 / 生语料 |
| Reference corpus | 参照语料库 |
| Regex/RE/RegExp/regular expressions | 正则表达式、正则式 |
| Register variation | 语域变异 |
| Relative frequency | 相对频率 |
| Representative/representativeness | 代表性(的) |
| Sample n./v. | 样本;取样、采样、抽样 |
| Sampling | 取样、采样、抽样 |
| Search term | 检索项 |
| Search word | 检索词 |
| Segmentation | 切分、分词 |
| Semantic association | 语义联想 |
| Semantic preference | 语义倾向、语义趋向 |
| Semantic prosody | 语义韵 |
| Sentence alignment | 句对齐、句级对齐 |

**续表**

| | |
|---|---|
| Simplification | 简化 |
| Standardized type/token ratio | 标准化类符/形符比、标准化类/形比、标准化型次比 |
| Standardized TTR/STTR | 标准化类符/形符比、标准化类/形比、标准化型次比 |
| Tag | 赋码、标记、附码 |
| Standardized TTR/STTR | 标准化类符/形符比、标准化类/形比、标准化型次比 |
| Tag | 赋码、标记、附码 |
| Tagger | 赋码器、赋码工具、标注工具 |
| Tagging | 赋码、标注、附码 |
| Text | 文本 |
| Text type | 文体、文类 |
| Text category | 文体、文类 |
| TEI/Text Encoding Initiative | TEI 文本编码计划 |
| Token | 形符、词次 |
| Token definition/word definition | 形符界定、单词界定 |
| Tokenization | 分词 |
| Tokenizer | 分词工具 |
| Translation memory | 翻译记忆(库) |
| Translation norms | 翻译规范 |
| Translation universals/Universal features of translation | 翻译共性、翻译普遍特征 |
| Translational corpus | 翻译语料库 |
| Trigram | 三元组、三元序列、三元结构 |
| T-score | T 值 |
| Type | 类符、词种、词型 |
| TTR | 类符/形符比、类/形比、型次比 |
| Type/token ratio | 类符/形符比、类/形比、型次比 |
| Unicode | 通用码 |
| Unit of meaning | 意义单位 |
| Wildcard | 通配符 |
| Word alignment | 词对齐、词级对齐 |
| Word form | 词形 |
| Word list | 词表 |
| Z score | Z 值 |

# 附 录

## 附录1:样本中的连接关系——结构连词(一)

| 原文 | 译文 |
| --- | --- |
| Though of such stupendous depth, these famous canons **are** not raw, gloomy, jagged-walled gorges, savage and inaccessible. | 这些著名的峡谷虽然深度惊人，却不是阴冷潮湿、昏暗无光、怪石嶙峋而又难以抵达的地方。 |
| With rough passages here and there they **still make** delightful **pathways** for the mountaineer, conducting from the fertile lowlands to the highest icy fountains, as a kind of mountain streets full of charming life and light, graded and sculptured by the ancient glaciers, and presenting, throughout all their courses, a rich variety of novel and attractive scenery, the most attractive that has **yet** been discovered in the mountain-ranges of the world. | 由于古老冰川的刻蚀作用，到处都有粗糙的小径，所以依然是登山运动员们提供了首选路线。这些小径从肥沃低地通往冰冷高山源泉，一路上充满了迷人的生机和光彩，到处是各种各样新奇迷人的景致，是全世界山脉中能见到的最迷人的风光。 |
| **As** the snaw fa's in the river, A moment white, then lost forever, **sang** Burns, in illustrating the fleeting character of human pleasure. | 就像雪花落到河里,一瞬间变白,然后永远消失。彭斯用这样的诗句来描述人类快乐转瞬即逝的特性。 |
| The first snowflakes that fall into the Sierra rivers **vanish** thus suddenly; **but** in great storms, when the temperature is low, the abundance of the snow at length **chills** the water nearly to the freezing-point, **and then**, of course, it **ceases to melt and consume** the snow so suddenly. | 因此,落入内华达山区河流的第一片雪花会转瞬间消失；但是在暴风雪中,气温很低的时候,大量掉入的雪花最后会把水温降到接近冰点,河水当然就不能将雪花转瞬间融化和消耗殆尽了。 |
| The falling flakes and crystals **form** cloud-like masses of blue sludge, which are swept forward with the current and carried down to warmer climates many miles distant, **while** some are lodged against logs and rocks and projecting points of the banks, and last for days, piled high above the level of the water, and show white again, instead of being at once "lost forever," while the rivers themselves **are** at length **lost** for months during the snowy period. | 飘落着的雪花和冰晶体形成云一样大堆大堆的蓝色淤泥,随着水流掠过,被带到许多英里以外气候较为温暖的地带,有些寄存在原木、岩石和河岸突出的地点,能持续很多天,堆积得高出水面，再次变白，而不是立刻“永远消失”。而最后，河流本身却会在多雪的季节消失上好几个月。 |
| The snow **is** first **built** out from the banks in bossy, over-curling drifts, compacting and cementing **until** the streams are spanned. | 落雪开始在河岸上堆积起来，紧密而牢固,直到河流被完全束缚住。 |
| They **then flow** in the dark beneath a continuous covering across the snowy zone, which is about thirty miles wide. | 在跨度约为30英里的积雪地区,这些河流就在这样的连续覆盖物下的黑暗中流淌。 |
| All the Sierra rivers and their tributaries in these high regions **are** thus **lost** every winter, **as if** another glacial period had come on. | 在海拔较高的地区，所有的内华达山区河流及其支流在每年冬天的时候都会消失,好像冰川时代已经再次到来。 |
| Not a drop of running water **is to be seen** excepting at a few points where large falls occur, **though** the rush and rumble of the heavier currents may still be heard. | 除了有巨大瀑布的少数几个地方,看不到一点流水的影子，虽然还能听到水流的奔涌和轰鸣声。 |

续表

| 原文 | 译文 |
| --- | --- |
| Toward spring, **when** the weather is warm during the day and frosty at night, repeated thawing and freezing and new layers of snow **render** the bridging-masses dense and firm, **so that** one may safely walk across the streams, or even lead a horse across them without danger of falling through. | 到了春天，白天温暖，夜晚寒冷，持续不断的融化和冰冻，以及一层层新雪，形成密集结实的连绵状物质，使人们可以安全地走过河流，甚至牵着马走过也没有掉下去的危险。 |
| The most lasting of the winter bridges, thawing from below as well as from above, because of warm currents of air passing through the tunnels, **are** strikingly **arched and sculptured**; and by the occasional freezing of the oozing, dripping water of the ceiling they become brightly and picturesquely icy. | 由于有温暖气流从冰桥下面通过，最耐久的冰桥会从上面和底部同时融化，被蚀刻成令人惊心的拱形；从拱顶渗漏和滴落的水会偶尔结冻，变成灿烂如画的冰凌。 |
| In some of the reaches, **where** there is a free margin, we may **walk through** them. | 在一些不受影响的河段，我们可以在这些冰桥下面穿过。 |
| Probably in a state of wild nature birds never **make mistakes**, **but where** they come in contact with our civilization and are confronted by new conditions, they very naturally make mistakes. | 野外状态的鸟类很可能从不出错，但一接触到人类文明，面临着新的环境条件时，它们会自然而然地犯错误， |
| **For instance**, their cunning in nest-building sometimes **deserts** them. | 例如，它们筑巢中的狡猾有时会反而背弃它们。 |
| The art of the bird is **to conceal** its nest both as to position and as to material, **but** now and then it is **betrayed** into weaving into its structure showy and bizarre bits of this or that, which give its secret away, and which seem to violate all the traditions of its kind. | 鸟类的艺术是隐藏鸟巢的位置和材料。不过，有时因为它们编织的建筑过于炫耀和奇异而被出卖，暴露了秘密，这似乎违反它们种族的所有传统。 |
| **Still** another nest I have seen **built upon** a large, showy foundation of the paperlike flowers of antennaria, or everlasting. | 我还见过建造在纸一般的蜡菊或灰毛菊大而显眼的花座上的鸟巢。 |
| All the past generations of her tribe **have built upon** natural and, **therefore**, neutral sites, usually under shelving and overhanging rocks, and the art of adapting the nest to its surroundings, blending it with them, has been highly developed. | 它所有部落过去世世代代都是在自然的也因此是中立位置上建造鸟巢，通常是在架子和悬崖下，让巢适合环境、融于其中的艺术得到了高度发展。 |

续表

| 原文 | 译文 |
| --- | --- |
| Toward spring, **when** the weather is warm during the day and frosty at night, repeated thawing and freezing and new layers of snow **render** the bridging-masses dense and firm, **so that** one may safely walk across the streams, or even lead a horse across them without danger of falling through. | 到了春天,白天温暖,夜晚寒冷,持续不断的融化和冰冻,以及一层层新雪,形成密集结实的连绵状物质，使人们可以安全地走过河流，甚至牵着马走过也没有掉下去的危险。 |
| **But** this **is** not true as a rule. | 但是按规律说这不是真的。 |
| The new bud is **formed** in the axil of the old leaf **long before** the leaves are ready to fall. | 早在叶子脱落之前，新芽就在旧的叶腋间形成了。 |
| **Examine** the fallen leaves of these trees, and you will **see** the cavity in the base of each **where** the new bud was cradled. | 查看这些树的落叶，你会发现新芽孕育的地方有凹陷。 |
| They **are** tidy, energetic trees, **and** can turn **over** a new leaf without hesitation. | 它们是清洁、有活力的树,可以毫不犹豫地开始新的生活。 |
| "The young will **need** this knowledge," says the human parent , "**and so** we will **impart** it to them now." | "小孩子将需要这些知识，"人类的父母会这样说,"所以现在要传递给他们。" |
| **But** the animal parent **has** consciously no knowledge to impart, only fear or suspicion. | 但是动物的父母没有知识要传递,只有恐惧和怀疑。 |
| I can well **believe** that the setter bitch spoken of by the President punished her pup **when** it flushed a bird, – she had been punished herself for the same offense, – **but** that the act was expressive of anything more than her present anger, that she was in any sense trying to train and instruct her pup, there is no proof. | 我绝对相信总统所说的，狗惩罚它的把鸟惊飞的小狗，它自己也被同样的冒犯惩罚过,但是没有证据说明,这种行为除了它在生气还有别的意义,或者它是有意识在训练和指导小狗。 |

注:附录中译文和译文(一)出自安徽人民出版社译本;译文(二)出自三联书店和鹭江出版社译本。

缪尔. 阿拉斯加的冰川[M]. 胡森,译. 厦门:鹭江出版社,2011.

缪尔. 阿拉斯加之旅[M]. 马永波,张伟,译. 合肥:安徽人民出版社,2012.

缪尔. 加州的群山[M]. 马永波,王雪玲,译. 合肥:安徽人民出版社,2012.

巴勒斯. 醒来的森林[M]. 程虹,译. 北京:三联书店,2012.

巴勒斯. 延龄草[M]. 马永波,邢崇,译. 合肥:安徽人民出版社,2012.

巴勒斯. 自然之道[M]. 马永波,杨于军,译. 合肥:安徽人民出版社,2012.

# 附录1:样本中的连接关系——结构连词(二)

| 原文 | 译文一 | 译文二 |
| --- | --- | --- |
| **And** yonder, glistening amid the irised spray, **is** still more striking revelation of warm life in the socalled howling waste, – a half-dozen whales, their broad backs like glaciated bosses of granite heaving aloft in near view, spouting lustily, drawing a long breath, and plunging down home in colossal health and comfort. | 远处,被色彩斑斓的浪花所包围着,发出点点亮光的是六七条鲸鱼,在这片咆哮着的荒凉海面上,没有什么比这些庞然大物更引人注目了。它们宽大的后背,就像冻结在冰里的花岗岩一样光滑。鲸鱼深吸一口气,用力喷射出一条条水柱,之后水柱又急速下降,然后它们便一头扎进舒适的海洋。 | 远处,被折射出虹彩的浪花所簇拥着、闪闪发亮的是六七条鲸鱼。在咆哮怒吼的大海上,没有比发现这些庞然人物更让人感到惊喜的了。它们宽宽的背脊就像被冰封的花岗岩浮雕一样光滑,这些海洋“巨人”在人们能看得见的海面上起伏翻腾着,它们活泼地喷射着水杆,深深地吸一口气,然后便美美地一头扎进“家”——海洋的怀抱。 |
| **But think** of the hearts of these whales, beating warm against the sea, day and night, through dark and light, on and on for centuries; how the red blood must **rush and gurgle** in and out, bucketfuls, barrelfuls at a beat! | 再想想这些鲸鱼的心脏,日日夜夜,穿梭过光明与黑暗,一个世纪又一个世纪地与大海不停做着斗争;每跳动一下,大量红色的鲜血便汩汩地从心脏冲出,流向各条血管。 | 回过头来再想想那些鲸鱼,它们不畏风暴,日日夜夜穿梭于光明与黑暗之中,一个世纪一个世纪地与大海奋勇搏击。它们的这种勇气,怎能不令有志男儿热血沸腾! |
| It **was built by** our Government shortly after the purchase of Alaska, **and was abandoned** in 1872, reoccupied by the military in 1875, **and** finally abandoned and sold to private parties in 1877. | 府刚把阿拉斯加买过来后不久便建造这个要塞,但1872年,它被舍弃。1875年又被军队重新占据,最终又将其抛弃,在1877年的时候卖给了私人团体。 | 阿拉斯加被美国买过来不久,由政府出资兴建了这个要塞,1872年它被丢弃在一边。到1875年它被军方重新占领,可好景不长,事隔不久就又无人问津了,直到1877年它又被辗转卖到了私人团体的手中。 |
| The ground occupied by the fort, by being carefully leveled and drained **was** dry, **though** formerly a portion of the general swamp, showing how easily the whole town could have been improved. | 要塞所在的地方当初是片沼泽,但经过仔细的填平和排水,此处变得干燥舒适。显然改善整个小镇还是很容易。 | 尽管被要塞占用的这块上地,以前是整个沼泽地带的一部分,但经过军方仔细认真的排水和填平整理后,如今它变得既干燥又坚硬。可见,只要有心,想改善整个小镇的地理状况也并非很难。 |
| **But** in spite of disorder and squalor, shaded with clouds, washed and wiped by rain and sea winds, it **was** triumphantly salubrious through all the seasons. | 尽管这里一片杂乱,肮脏不堪,且成天乌云密布,但由于雨水、海风的不断冲刷洗礼,使得这里气候清爽,对人的健康大有裨益。 | 尽管兰格尔岛显得有些杂乱无章和肮脏不堪,而且天空中总是彤云密布,岛上终年被雨水冲刷、海风吹刮,这里的气候对人的健康却是大有裨益的。 |
| **And though** the houses seemed to rest uneasily among the miry rocks and stumps, squirming at all angles **as if** they had been tossed and twisted by earthquake shocks, and showing but little more relation to one another than may be observed among moraine boulders, Wrangell **was** a tranquil place. | 岛上的房屋似乎很不安地被放置在泥泞的岩石和树桩间似的,又像是由于地震而导致它们各个角度的扭曲变形。据观察这些坐落于在冰碛巨砾上的房屋,它们之间的联系并不大。兰格尔是一个宁静的地方。 | 岛上的房屋远远看上去就像是被什么人很吃力地摆放在肮脏的岩石和树桩中间似的,又像是经历过地震所带来的上下颠簸和剧烈撕扯,歪歪扭扭地排列着。尽管这样,但就当时看来,这些躺在冰碛大石头上的房屋彼此还无大碍,相当安全。兰格尔岛真是一个世外桃源。 |

**续表**

| 原文 | 译文一 | 译文二 |
|---|---|---|
| I never **heard** a noisy brawl in the streets, or a clap of thunder, **and** the waves seldom **spoke** much above a whisper along the beach. | 走在街道上，我从来都没有听到过聒噪的争吵，甚至雷都不会轰鸣，就连涌上沙滩的海浪也很少发出大的声响，只是沙沙地在海岸吟唱。 | 在街上，我从来没有听见过聒噪的声响，就连滚滚的雷声也很少入耳，海浪总是在岸边浅吟低唱。 |
| The cloudless days **are** calm, pearl-gray, and brooding in tone, inclining to rest and peace; the islands **seem to drowse and float** on the glassy water, **and** in the woods scarce a leaf stirs. | 万里无云的时候，风平浪静，天空呈现淡淡的珍珠色，云低低地笼罩着大地，极其平和与安宁。<br>小岛漂浮在清澈透明的水面上，似乎昏昏欲睡，就连岛上森林里的树叶也一动不动，没有了往日的喧闹，仿佛一切都进入了梦乡。 | 而在万里无云的日子里，似乎正在静静地小憩。<br>天空下的小岛仿佛被这浓浓的睡意所感染，趴在明净如镜的水面上一动不动，似乎也要香甜入梦。<br>就连林子里的树叶也停止了喧闹嬉戏，一切都好像进入了甜蜜的梦乡。 |
| **Thence** for three miles the trail **leads through** a forest of short, closely planted trees to the second North Fork of the Stickeen, **where** a still greater deposit of stratified gravel is displayed, a section at least six hundred feet thick resting on a red jaspery formation. | 从这里要想到达斯蒂金河的第二个北汊口，山道向前再延伸 3 英里还要穿过一片密密生长着低矮树木的森林。<br>在那里更大片的沙砾层层沉积下来，有一部分至少有 600 英尺厚，看上去就像是堆积在一起的红玛瑙。 | 就在这里，卡西亚山道又向前延伸了 3 英里，穿过斯迪汀冰河的第二个北汊口。<br>这儿附近有一片矮矮的茂密森林，森林里的地面上全是沙石沉积物，从横断面看，这堆沉积物至少有 600 英尺厚，这些沙砾正处在红宝石矿的形成过程中。 |
| **And** yonder bluebird with the earth tinge on his breast and the sky **tinge** on his back, – did he come down out of the heaven on that bright March morning when he told us so softly and plaintively that, if we pleased, spring had come? | 远处那只蓝知更鸟，胸膛带有大地的颜色，它的背部披着天空的色彩，在明媚的 3 月的早晨，它是否从天堂而来？当它如此温柔而哀怨地告诉我们，如果我们高兴，春天已经到来？ | 那边那只腹部带着大地的原色、身披蓝天之色泽的蓝鸲——他是否在一个明媚的 3 月从天而降，轻柔而又多情地告诉我们，如果我们乐意，春天已经来临？ |
| **Indeed, there is** nothing in the return of the birds more curious and suggestive than in the first appearance, or rumors of the appearance, of this little blue-coat. | 事实上，鸟儿归来，没有任何比它首次亮相或者说是首次露面时的那种窃窃私语，更能引起好奇和联想的了。 | 的确，在众鸟归来时，没有任何情景比得上这只小蓝鸟的初次露面，或者说是露面时的那种窃窃私语，更令人好奇和富有启示。 |
| The bird at first **seems** a mere wandering voice in the air: one **hears** its call or carol on some bright March morning, **but is uncertain of** its source or direction; it **falls like a drop** of rain when no cloud is visible; one **looks and listens**, but to no purpose. | 起初，鸟儿似乎只是在空气中游荡的声音：在某个阳春 3 月的清晨，人们听到了它们的交谈或颂歌，但尚不清楚来自何处或何方；它像无云时飘落的雨滴样降临；你只是望着、听着，却不带任何目的。 | 起初，这鸟儿似乎只是天中一种奇妙的声音：在阳春 3 月的某个清晨，你可以听到他的鸣叫与歌声，但却说不准它来自何处或哪个方向。<br>它的飘然而至，就像没有一丝云而落下的一滴雨。你只是望着、听着，却不带任何目的。 |

**续表**

| 原文 | 译文一 | 译文二 |
|---|---|---|
| The weather **changes,** perhaps a cold snap with snow **comes on,** and it may **be** a week before I hear the not again, and this time or the next perchance **see** this bird sitting on a stake in the fence lifting his wing **as** he calls cheerily to his mate. | 天气变化,也许寒潮夹带着降雪袭来,那么,要等到一个星期以后,我才能再次听到鸟鸣,偶然看到鸟儿栖在围栏的木桩上，展开羽翼,高兴地与它的伴侣交谈。 | 天气瞬息万变。<br>或许降雪会带来一段乍寒,那么,我要等一周以后才能再听到那种鸟鸣，没准我会看到那鸟儿栖在篱桩上,扬着翅膀,欢快地向他的配偶鸣叫。 |
| Their boldness **increases till** one sees them hovering with a saucy, inquiring air about barns and out-buildings, peeping into dove-cotes and stable windows, inspecting knotholes and pump-trees, intent only on a place to nest. | 它们的胆子越来越大,直到敢于飞到谷仓和建筑物周围,以莽撞而又疑问的神态盘旋,偷窥鸽舍和马厩的窗口,检查结孔和树心腐烂的树,目的只是找一个地方筑巢。 | 他们肆无忌惮地飞着叫着直到他们飞至谷仓和马厩。<br>这时他们开始以活泼而询问的神态盘旋,瞥望鸽舍和马厩的窗,审视节孔与腐心的树木，一心一意寻找栖身之处。 |
| **But** as the season advances they **drift** more into the background. | 但随着季节的推进,它们更多地迁回到偏僻的地方。 | 但是随着季节的逼进，他们又流落到偏僻的地方。 |
| **I remember hearing but** one robin during the whole trip. | 我记得在整个旅行期间只听过一只知更鸟的鸣唱。 | 在整个旅途中，我记得只听到一只知更鸟的啼鸣。 |

# 附录 2:英文样本标记性主位转译分布

| 原文 | 译文 |
|---|---|
| **How** neatly and thoroughly the maples, the ashes, the birches, the elm **clean up**. | 枫树、水曲柳、桦树和榆树清理得多么整齐和彻底。 |
| **Not** a drop of running water is to be seen excepting at a few points where large falls occur, though the rush and rumble of the heavier currents may still be heard. | 除了有巨大瀑布的少数几个地方,看不到一点流水的影子，虽然还能听到水流的奔涌和轰鸣声。 |
| **Why** the beech, the oak, and the hickory cling to their old leaves **is** not clear. | 还不清楚为什么山毛榉、橡树和山核桃会依附它们的旧叶子。 |
| **With** rough passages here and there they still **make** delightful **pathways** for the mountaineer, conducting from the fertile lowlands to the highest icy fountains, as a kind of mountain streets full of charming life and light, graded and sculptured by the ancient glaciers, and presenting, throughout all their courses, a rich variety of novel and attractive scenery, the most attractive that has yet been discovered in the mountain-ranges of the world. | 由于古老冰川的刻蚀作用，到处都有粗糙的小径，所以依然是登山运动员们提供了首选路线。这些小径从肥沃低地通往冰冷高山源泉，一路上充满了迷人的生机和光彩，到处是各种各样新奇迷人的景致，是全世界山脉中能见到的最迷人的风光。 |
| **Probably in a state of wild nature** birds never make mistakes, but where they come in contact with our civilization and are confronted by new conditions, they very naturally make mistakes. | 野外状态的鸟类很可能从不出错,但一接触到人类文明，面临着新的环境条件时,它们会自然而然地犯错误。 |
| **In some of the reaches**, where there is a free margin, we may **walk through** them. | 在一些不受影响的河段，我们可以在这些冰桥下面穿过。 |
| **Still** another nest I have seen **built upon** a large, showy foundation of the paperlike flowers of antennaria, or everlasting. | 我还见过建造在纸一般的蜡菊或灰毛菊大而显眼的花座上的鸟巢。 |
| **Thence for three** miles the trail **leads through** a forest of short, closely planted trees to the second North Fork of the Stickeen, where a still greater deposit of stratified gravel is displayed, a section at least six hundred feet thick resting on a red jaspery formation. | 从这里要想到达斯蒂金河的第二个北汊口，山道向前再延伸 3 英里还要穿过一片密密生长着低矮树木的森林。在那里更大片的沙砾层层沉积下来，有一部分至少有 600 英尺厚，看上去就像是堆积在一起的红玛瑙。 |
| **With** only two species of our trees known to me might the swelling bud **push off** the old leaf. | 据我所知,我们的树木中只有两种,膨胀的新芽会把旧叶挤掉。 |

# 附录 3：样本位于句首的介词短语型环境成分(一)

| 原文 | 译文 |
| --- | --- |
| **At the end of June** only here and there may the mountaineer find a secure snow–bridge. | 到了6月底，登山者们只能偶尔在河上找到安全的雪桥了。 |
| **In June** the thinnest parts of the winter ceiling, and those most exposed to sunshine, begin to give way, forming dark, rugged–edged, pit–like sinks, at the bottom of which the rushing water may be seen. | 6月，河面上冰层最薄的部分和在阳光下暴露得最多的地方开始融化，形成黑暗的、边缘参差不齐的深坑，其底部还能看见湍湍的流水。 |
| **In some of the reaches**, where there is a free margin, we may walk through them. | 在一些不受影响的河段，我们可以在这些冰桥下面穿过。 |
| **In the sumach and button–ball or plane–tree** the new bud is formed immediately under the base of the old leaf–stalk, by which it is covered like a cap. | 在漆树和悬铃树上，新芽是在旧的叶柄基础上形成的，像戴了一个小帽子。 |
| **Toward spring**, when the weather is warm during the day and frosty at night, repeated thawing and freezing and new layers of snow **render** the bridging–masses dense and firm, **so that** one may safely walk across the streams, or even lead a horse across them without danger of falling through. | 到了春天，白天温暖，夜晚寒冷，积雪不断的融化和结冻，再加上一层层新雪，形成密集结实的连绵状物质，使人们可以安全地走过河流，甚至牵着马走过也没有掉下去的危险。 |
| **With only two species of our trees** known to me might the swelling bud push off the old leaf. | 据我所知，我们的树木中只有两种，膨胀的新芽会把旧叶挤掉。 |
| **With rough passages** here and there **they still make delightful pathways** for the mountaineer, conducting from the fertile lowlands to the highest icy fountains, as a kind of mountain streets full of charming life and light, graded and sculptured by the ancient glaciers, and presenting, throughout all their courses, a rich variety of novel and attractive scenery, the most attractive that has yet been discovered in the mountain–ranges of the world. | 由于古老冰川的刻蚀作用，到处都有粗糙的小径，所以依然是登山运动员们提供了首选路线。这些小径从肥沃低地通往冰冷高山源泉，一路上充满了迷人的生机和光彩，到处是各种各样新奇迷人的景致，是全世界山脉中能见到的最迷人的风光。 |

# 附录3：样本位于句首的介词短语型环境成分(二)

| 原文 | 译文一 | 译文二 |
| --- | --- | --- |
| **From "Ward's,"** seventeen miles beyond Telegraph, and about fourteen hundred feet above sea-level, the trail ascends a gravel ridge to a pine-and-fir-covered plateau twenty-one hundred feet above the sea. | 位于泰勒格拉夫河17英里以外的"沃德斯"海拔大约在1 400英尺左右。卡西阿尔山道从这里登上了一片由沙砾堆成的山岭，一直到位于海拔2 100英尺长满松树和冷杉的高原。 | 从"沃德斯"到远处的泰勒格拉夫河大约有17英里，海拔在1 400英尺左右，卡西亚山道由此爬上了一座由沙石构成的山岭，然后进入了一个海拔2 100英尺高的、长满青松和银杉的高原。 |
| **In summer** the rain **comes** straight down, steamy and tepid. | 夏季的阵雨会突然直泻而下，空气中弥漫着潮湿和闷热。 | 夏日，雨水当空直泻而下，四处茫茫一片，大有一种剑拔弩张、追风逐电之势。 |
| **In the fort** and about it **there were** a few good, clean homes, which shone all the more brightly in their sombre surroundings. | 在要塞及其周围，有一些建筑干净整洁，在周围阴沉沉的环境的衬托下显得尤为耀眼。 | 在要塞及其周围，有一些建造得有模有样、整洁有序的房屋，这些房屋为它们晦暗的周围环境平添了些许亮丽的色彩。 |
| **To the east,** various Kills unite with the Big Ingin to form the Esopus, which flows into the Hudson. | 东部，各种各样的水道与大因金溪组成哎索普斯河，流入哈德逊河， | 东部的百川与大因金溪汇合组成了伊索珀斯河，流入哈德逊河。 |

# 附录4:副词+介词短语型环境成分

| 原文 | 译文一 | 译文二 |
| --- | --- | --- |
| **But as the season advances** they **drift** more into the background. | 但随着季节的推进,它们更多地迁回到偏僻的地方。 | 但是随着季节的逼进,他们又流落到偏僻的地方。 |
| **But in spite of** disorder and squalor, shaded with clouds, washed and wiped by rain and sea winds, it **was** triumphantly salubrious through all the seasons. | 尽管这里一片杂乱,肮脏不堪,且成天乌云密布,但由于雨水、海风的不断冲刷洗礼,使得这里气候清爽,对人的健康大有裨益。 | 尽管兰格尔岛显得有些杂乱无章和肮脏不堪,而且天空中总是彤云密布,岛上终年被雨水冲刷、海风吹刮,这里的气候对人的健康却是大有裨益的。 |
| **Probably in a state of wild nature birds** never **make mistakes**, but where they come in contact with our civilization and are confronted by new conditions, they very naturally make mistakes. | 野外状态的鸟类很可能从不出错,但一接触到人类文明,面临着新的环境条件时,它们会自然而然地犯错误。 | |
| **Thence for three miles the trail leads through** a forest of short, closely planted trees to the second North Fork of the Stickeen, where a still greater deposit of stratified gravel is displayed, a section at least six hundred feet thick resting on a red jaspery formation. | 从这里要想到达斯蒂金河的第二个北汊口,山道向前再延伸3英里还要穿过一片密密生长着低矮树木的森林。在那里更大片的沙砾层层沉积下来,有一部分至少有600英尺厚,看上去就像是堆积在一起的红玛瑙。 | 就在这里,卡西亚山道又向前延伸了3英里,穿过斯迪汀冰河的第二个北汊口。这儿附近有一片矮矮的茂密森林,森林里的地面上全是沙石沉积物,从横断面看,这堆沉积物至少有600英尺厚,这些沙砾正处在红宝石矿的形成过程中。 |

# 附录5:动词Make及物性汉译对照表(一)

| 原文 | 译文 |
| --- | --- |
| Slipping from the heights, gathering in avalanches, it booms and roars like thunder, and **makes** a glorious **show** as it sweeps down the mountain-side, arrayed in long, silken streamers and wreathing, swirling films of crystal dust. | 积雪雷一样轰鸣着从高处滑下，聚集成雪崩,当它们从山坡上滑过,会形成一排排长长的丝绸般的飘带，和盘旋的晶 莹的烟尘,真是一幅辉煌景象。 |
| While thus flying through the air, a small portion **makes** good its **escape**, and remains in the sky as vapor. | 因此,在空中飞舞的时候,会有一小部分顺利逃掉,作为蒸汽留在空中。 |
| On the north wall of the canon, a little below the Diamond Cascade, a glittering side stream **makes** its **appearance**, seeming to leap directly out of the sky.<br>It makes its finest appearance in the months of June and July. | 北面山谷的岩壁略低于菱形瀑布,有一条闪闪发光的河流好像是从天上直接飞跃而来。 |
| It **makes** its finest **appearance** in the months of June and July. | 六七月份是云杉最美的月份。 |
| Then, after the shrunken mass of leaves and stalks of the dead vegetation crinkle and turn to dust beneath the foot, as if it had been baked in an oven, Hemizonia virgata, a slender, unobtrusive little plant, from six inches to three feet high, suddenly **makes its appearance** in patches miles in extent, like a resurrection of the bloom of April. | 再往后，死去植被的茎叶像被放在烤箱里烘烤一样渐渐萎缩，变成脚下的尘土，菊科草是一种很不显眼的细长植物,一般6英寸到3英尺高,突然一片片地出现几英里的范围内，就像4月花期的复苏。 |
| The brave woodpeckers were clinging to the snowless sides of the larger boles and overarching branches of the camp trees, **making** short **flights** from side to side of the grove, pecking now and then at the acorns they had stored in the bark, and chattering aimlessly as if unable to keep still, yet evidently putting in the time in a very dull way, like storm-bound travelers at a country tavern. | 勇敢的啄木鸟依附在较粗的树干上没有雪的一面和树木拱形的树枝上,在树林里从一端飞到另一端，不时地啄食它们储藏在树皮里的橡果，发出漫无目的的唠叨声，好像一刻也无法保持安静。显然它们就像被困在乡村客栈的旅行者一样，通过一个很无趣的方式打发时间。 |
| For ducks go ashore as soon as they finish feeding in undisturbed places, and very often **make long flights** overland from lake to lake or field to field. | 因为鸭子是在平静的水面进食后快速上岸,而且是在陆地上长途飞行,从一个湖泊到另一个湖泊，从一块田地到另一块田地。 |
| The birds **were** assembled beneath leafy shade, or **made** short, languid **flights** in search of food, all save the majestic buzzard; with broad wings out-spread he sailed the warm air unwearily from ridge to ridge, seeming to enjoy the fervid sunshine like a butterfly. | 小鸟在树荫底下聚集，或者没精打采地飞一小段路去觅食。而强悍的美国秃鹰似乎丝毫不受影响。阳光下,展开双翅、不知疲倦地从飞跃一个个山脊,像蝴蝶一样享受炙热的阳光。 |
| They **make many journeys**, not extensive ones, it is true; but our own little journeys, away and back again, are only little more than tree-wavings - many of them not so much. | 事实上,虽然幅度不大,但树木一直在运动；我们来来往往的运动并不比树木的摇晃远多少。 |

**续表**

| 原文 | 译文 |
|---|---|
| A few years later, other botanists **made** short **journeys** from the coast into the lower woods. | 几年以后，其他植物学家开始沿着海岸进入海拔较低的森林里进行短途旅行。 |
| A good, strong traveler, who knows the way and the weather, might easily **make a safe excursion** through it from Yosemite Valley on snow-shoes during some tranquil time, when the storms are hushed. | 在暴风雪停息的平静日子里，了解道路和天气的优秀而强壮的旅行者，穿着雪鞋能很容易地从约塞米蒂峡谷安全穿过。 |
| Perhaps their sticky spawn was carried in on the feet of ducks or other birds, else their progenitors must **have made** some exciting excursions through the woods and up the sides of the canons. | 可能他们黏性的卵被野鸭或其他鸟类的脚带进去的，或者他们的祖先穿过树林在山谷上面进行了一些令人兴奋的旅行。 |
| In the course of a **trip I made** during the summer of that year through Monterey, San Luis Obispo, Santa Barbara, Ventura, and Los Angeles counties, the deplorable effects of the drought were everywhere visible - leafless fields, dead and dying cattle, dead bees, and half-dead people with dusty, doleful faces. | 那年夏天在我旅行途中，穿过蒙特雷、圣路易斯奥比斯波、圣塔芭芭拉、本图拉和洛杉矶地区，悲惨的干旱景象随处可见——无叶的庄稼、死了和垂死的牛、死蜜蜂以及面色阴沉、半死不活的人。 |
| My first visit to Bloody canon **was made** in the summer of 1869, under circumstances well calculated to heighten the impressions that are the peculiar offspring of mountains. | 1869 年夏天，我第一次游览了血色峡谷，山脉中特别良好的环境提升了我对它的好感。 |
| The Steller jays **were** of course **making** more **noisy stir** than all the other birds combined; ever coming and going with loud bluster, screaming as if each had a lump of melting sludge in his throat, and taking good care to improve the favorable opportunity afforded by the storm to steal from the acorn stores of the woodpeckers. | 当然，黑冠蓝鸦的动静要比其他所有的鸟儿加在一起还要大；不停地嚎叫着来来去去，发出嗓子里像塞了一块烂泥一样的尖叫，它充分利用暴风雪提供的机会窃取啄木鸟在橡树里储藏的食物。 |
| Then the noble trees are hushed in the hazy light, and drip with balsam; the cones are ripe, and the seeds, with their ample purple wings, mottle the air like flocks of butterflies; while deer feeding in the flowery openings between the groves, and birds and squirrels in the branches, **make a pleasant stir** which enriches the deep, brooding calm of the wilderness, and gives a peculiar impressiveness to every tree. | 在朦胧的日光下，高大的树林很安静，滴下香脂；球果成熟后，种子上带着宽大的紫色翅膀，像一群群蝴蝶点缀在空中；鹿在树丛之间绚丽的空地觅食，树枝上的鸟和灰鼠兴高采烈地运动，为荒野中的极度静谧增添了活力，每一棵树都令人难忘。 |
| Throughout the entire ascent they did not **make a single awkward step**, or an unsuccessful effort of any kind. | 整个攀登过程中，没有一只野绵羊显得脚步笨拙或者攀不上去。 |
| The hylas **make** a delightfully pure and tranquil **music** after sunset; and coyotes, the little, despised dogs of the wilderness, brave, hardy fellows, looking like withered wisps of hay, bark in chorus for hours. | 雨蛙在日落后唱着愉快而平静的歌；郊狼，荒野中这种遭人鄙视的小狗，勇猛而强悍，看着像一捆捆干草，却会齐声嚎叫几个小时。 |

续表

| 原文 | 译文 |
| --- | --- |
| My brave companions lay in the snow, without food, and with only the partial shelter of the short trees, yet they **made** no **sign** of suffering or faint-heartedness. | 我勇敢的同伴则躺在雪地里，没有食物、只有矮树林的部分遮挡，然而它们没有丝毫受苦或者胆怯的样子。 |
| Most birds under similar circumstances fancy themselves pursued, and become suspiciously uneasy; but, instead of growing nervous about it, he **made** his usual **dippings**, and sang one of his most tranquil strains. | 在这种情况下，其他鸟类一定会认为自己已经成为我追逐的目标而变得不安起来，但是，它不但没有因此而不安，还像往常一样飞上飞下，唱着它最平静的歌。 |
| After cautiously casting about, I **made choice** of the tallest of a group of Douglas Spruces that were growing close together like a tuft of grass, no one of which seemed likely to fall unless all the rest fell with it. | 选来选去，我选中一棵最高的道格拉斯云杉，云杉林像一片草丛一样紧密地生长在一起，除非周围的树都被刮倒了，否则这里的树一棵也不会倒。 |
| Nature has **made** him **master** forester and committed most of her coniferous crops to his paws. | 大自然让它成为森林的主人，大多数的松类植物的成长都依赖它们。 |
| They went off immediately in search of them, and no sooner were they all out of sight than I picked up my three cones and some twigs of the trees and made the quickest possible retreat, hurrying back to the camp, which I reached before dusk .... | 他们立刻去寻找松塔了，他们一离开我的视线，我就立刻拾起三颗松塔和一些松树嫩枝，尽快地撤退，匆匆赶回宿营地，我在黄昏前赶了回来…… |
| The essences of the pressed leaves seem to fill every pore of one's body, the sounds of falling water **make a soothing hush**, while the spaces between the grand spires afford noble openings through which to gaze dreamily into the starry sky. | 压扁树叶的精华似乎对人体的每个毛孔都有好处，落水的声音给人抚慰心灵的静寂，而大树冠之间的空隙足够大，通过这里仰望着梦一般群星闪烁的天空。 |
| Columbine grows on the drier margins with tall larkspurs and lupines waist-deep in grasses and sedges; several species of castilleia also **make** a bright **show** in beds of blue and white violets and daisies. | 耧斗菜与高大的飞燕草、羽扇豆以及齐腰深的杂草和莎草一起生长在干燥的草地边缘；另外，几种灵泉花也在蓝色紫罗兰和白色雏菊的花园里展示着它们的亮丽。 |
| Turning now to the northward, there in the immediate foreground is the glorious Sierra Crown, with Cathedral Peak, a temple of marvelous architecture, a few degrees to the left of it; the gray, massive form of Mammoth Mountain to the right; while Mounts Ord, Gibbs, Dana, Conness, Tower Peak, Castle Peak, Silver Mountain, and a host of noble companions, as yet nameless, **make** a sublime **show** along the axis of the range. | 现在转向北方，最前面的地方是壮观的内华达王冠，它的左边几度远就是教堂峰——一座神奇的殿堂；右边是巨大的灰色猛犸峰；而奥德山、吉布斯峰、达纳山、康内斯峰、尖塔峰、城堡峰、银山，以及一群雄壮的无名山峰，沿着山脉的中轴线形成宏伟的奇观。 |
| I sang and whistled more than a dozen airs, and as the music changed his eyes sparkled, and he turned his head quickly from side to side, but **made** no other **response**. | 我又吹唱了十多首曲子，当曲子变化时，它的眼睛也跟着烁烁放光，头部迅速地转来转去，这也是它唯一的肢体反应。 |

**续表**

| 原文 | 译文 |
|---|---|
| Both ewes and rams **made** the frightful **descent** without evincing any extraordinary concern, hugging the rock closely, and controlling the velocity of their half falling, half leaping movements by striking at short intervals and holding back with their cushioned, rubber feet upon small ledges and roughened inclines until near the bottom, when they "sailed off" into the free air and alighted on their feet, but with their bodies so nearly in a vertical position that they appeared to be diving. | 无论公母,一律从危险的悬崖跳下,没有任何不安,紧紧抓住岩石,通过不停地碰撞岩面来控制着,用橡皮软垫一样的脚在粗糙的岩壁和破面上抑制着半落半跳的速度直到崖底。它们自由地在空中滑行,着力点落在脚上,但是身体几乎保持垂直,就像在跳崖。 |
| For 100 feet or so above the fall the **ascent was made** possible only by tough cushions of club-moss that clung to the rock. | 在大约100英尺高的瀑布上,大概只能通过附着在岩石上坚韧的石松垫下来。 |
| The gestures of the various trees **made** a delightful **study**. | 树木姿态各异值得进一步研究。 |
| In addition to what has been already given on the subject, I will only **make** this one **statement**. | 关于这个话题,除了已经说明的,我只能作出这样的陈述。 |
| All the species we have been sketching **make departures** more or less distant from the typical spire form, but none goes so far as this. | 我们简略描述的各种松树多少有点偏离典型的尖塔状树冠,但是却没有单针松偏离得这么远。 |
| None but a shepherd could **make** such a **track**, and after tracing it a few minutes I began to fear that he might be seeking pasturage; for what else could he be seeking? | 只有牧羊犬能走出这样的痕迹,追踪了几分钟后,我开始害怕他可能在寻找牧草;除此之外他还能寻找什么? |
| Dragon-flies shoot in vigorous zigzags through the dancing swarms, and a rich profusion of butterflies - the leguminosae of insects - **make a fine addition** to the general show. | 蜻蜓在舞动的蜂群中活泼地蜿蜒穿梭,大量的蝴蝶——豆科植物里的昆虫——为整个表演增添了气氛。 |
| Indians gathering the ripe nuts **make** a striking **picture**. | 印第安人采集果实的场面非常引人注目。 |
| New and strange things seldom fail to **make strong impressions**, and are therefore frequently over-rated; so that, lest I should never see my friends in England to inform them verbally of this most beautiful and immensely grand tree, I shall here state the dimensions of the largest I could find among several that had been blown down by the wind. | 新奇的事物一定会给人留下深刻的印象,而且常常被过高地估计;因此,我担心见到英国的朋友时无法用语言来告诉他们这棵最美丽的巨树,现在我要描述一下我在这里看到的被风吹倒的最大一棵树。 |
| Then, after a long rest in the levels of Little Yosemite, it **makes** its grandest **display** in the famous Nevada Fall. | 在约塞米蒂小平原里休息很长一段时间以后,又在著名的内华达瀑布展示出它最辉煌的画面。 |
| A constant thudding and bumping is kept up; some of the larger cones chancing to fall on old logs **make** the forest **reecho** with the sound. | 森林里到处是松果落地的声音;偶尔还有较大球果碰巧落在原木上产生的回音。 |

续表

| 原文 | 译文 |
| --- | --- |
| I then **made** him **place** his bow and quiver of arrows beside my gun, and striking a light gave him a smoke out of my own pipe and a present of a few beads. | 然后，我让他把弓和箭袋放在我的枪旁边，点着火让他抽了一口我的烟袋，给他几个珠子作为礼物。 |
| It falls into a smooth, glassy sleep, stirred only by the night-wind, which, coming down the canon, **makes it croon and mutter** in ripples along its broidered shores. | 它平稳而明净地入眠，只有来自峡谷的夜风将它扰动，让它沿着装饰一新的湖岸在波纹中低语。 |
| When the north winds in winter **are making** upward **sweeps over** the curving summits of the High Sierra, the fact is sometimes published with flying snow-banners a mile long. | 当冬天的北风卷过内华达山脉曲折的山峰时，刮起的雪旗有时有一英里长。 |
| When very shallow they become dry toward the end of summer; but because their basins are ground out of seamless stone they suffer no loss save from evaporation alone; and the great depth of snow that falls, lasting into June, **makes** their dry season **short** in any case. | 当湖水变浅时，他们在接近夏末时会干涸；但是由于湖盆底下是无缝的岩石，除了蒸发之外，他们不遭受其他的损失；当雪下得很厚时，能持续到6月，尽可能地使干涸的季节缩短。 |
| Though only a few inches long, so intense is his fiery vigor and restlessness, he stirs every grove with wild life, and **makes himself more important** than even the huge bears that shuffle through the tangled underbrush beneath him. | 虽然只有几英寸长，但这些生命力旺盛和不知疲倦的小动物用野性的生命给每一片树林带来了生机，也使得它们甚至比蹒跚走过错杂灌木丛的大熊还重要。 |
| The rough places **are** then **made** smooth, the death and decay of the year is covered gently and kindly, and the ground seems as clean as the sky. | 原本粗糙的地方也变得平滑起来，白雪轻轻地掩盖了一年中死亡或腐烂的残骸，地面似乎和天空一样洁净。 |
| In studying the fate of our forest king, we have thus far considered the action of purely natural causes only; but, unfortunately, man is in the woods, and waste and pure destruction **are making rapid** headway. | 在研究森林之王命运的过程中，我们只考虑了纯自然因素；但是，不幸的是，人类也生活在其中，浪费和纯粹的破坏也加速了它灭亡的进程。 |
| The meaning of this correspondence between moraines and shadows **was** afterward **made plain**. | 冰碛和影子一致的意思我稍后会解释到。 |
| The generous crop of nutritious nuts which the Nut Pine yields **makes it a favorite** with Indians, bears, and squirrels. | 灰松结出的坚果很有营养，深受印第安人、熊和松鼠喜欢。 |
| It is not particular in its choice of soil – wet or dry, smooth or rocky, it **makes** out to live well on them all. | 它在土壤的干湿，以及岩面的平坦方面没有特殊的要求，在各种土地条件下都能生长完好。 |
| A dry spot a little way back from the margin of a Silver Fir lily garden **makes** a glorious campground, especially where the slope is toward the east and opens a view of the distant peaks along the summit of the range. | 冷杉林边缘稍微往后一点儿是一片干地，百合园把这里装饰得分外漂亮，尤其是在面朝东的斜坡上，能够远眺沿着山脉延伸的远处山峰。 |

**续表**

| 原文 | 译文 |
|---|---|
| Chamaebatia foliolosa, a little shrub about a foot high, with flowers like the strawberry, **makes** handsome carpets beneath the pines, and seems to be a favorite with the bees; while pines themselves furnish unlimited quantities of pollen and honey-dew. | 熊苜蓿灌木丛只有约一英尺高，开花类似草莓，在松树下形成漂亮的地毯，似乎是蜜蜂的最爱；而松树本身也提供大量的花粉和蜂蜜。 |
| Out of the clouds of spray at the foot of the fall the battered, roaring river gropes its way, **makes** another mile of cascades and rapids, rests a moment in Emerald Pool, then plunges over the grand cliff of the Vernal Fall, and goes thundering and chafing down a boulder-choked gorge of tremendous depth and wildness into the tranquil reaches of the old Yosemite lake basin. | 冲出瀑布脚下的朦胧水花，汹涌、呼啸的河流继续摸索着前进，又形成一个一英里长的瀑布和急流，河流在绿宝石潭休息了一会之后，又冲下青春瀑布的宏伟悬崖，然后，雷鸣般地穿过巨砾遍布的深深峡谷和荒野，进入约塞米蒂古湖盆宁静的河段。 |
| A man unsuccessful in everything else hears the interesting story of the profits and comforts of bee-keeping, and concludes to try it; he buys a few colonies, or gets them from some overstocked ranch on shares, takes them back to the foot of some canon, where the pasturage is fresh, squats on the land, with, or without, the permission of the owner, sets up his hives, **makes** a box-cabin for himself, scarcely bigger than a bee-hive, and awaits his fortune. | 一个在其他方面都不成功的人听说养蜂有利润还舒服的有趣故事，决定试一下；他买了一些蜂群，或者通过分担盈亏的方式从进货过多的蜂场得到蜜蜂，把它们带到山谷脚下，那里的牧草很新鲜；经过或没经过牧场主人的允许，蹲在地上搭起蜂房，给自己建一个比蜂房大不了多少的箱式木屋，开始等候好运来临。 |
| The needles have a glossy polish, and the sunshine sifting through them **makes** them **burn** with silvery luster, while their number and elastic temper tell delightfully in the winds. | 松针表面光滑，阳光透过松针发出银色的光泽，在风中能清楚地了解它们的数量和柔韧性。 |
| Detached torrents and avalanches from the main wind-flood overhead were rushing wildly down the narrow side canons, and over the precipitous walls, with loud resounding roar, rousing the pines to enthusiastic action, and **making** the whole valley **vibrate** as though it were an instrument being played. | 大风从头顶掠过，带着雪崩和一股股雪的洪流，疯狂地涌入狭窄的峡谷，伴着极其洪亮的轰鸣声，越过陡峭的谷壁，唤起松树热情的回应，整个山谷都跟着震动，好像正在被弹奏的乐器。 |
| When in full bloom, a single tree seems to be visited at times by a whole hive of bees at once, and the deep hum of such a multitude **makes the listener guess** that more than the ordinary work of honey-winning must be going on. | 当花朵盛开时，每一棵树似乎不时地有整群的蜜蜂来采蜜，如此众多的低沉嗡嗡声会使听众认为一场不寻常的采蜜比赛正在进行。 |
| Seeing a man for the first time, he approaches nearer and nearer, until within a few feet; then, with an angry outburst, he **makes a sudden rush**, all teeth and eyes, as if about to eat you up. | 第一次见到人的时候，它会慢慢地靠近，直到离人几步远；接着大叫一声冲过来，睁大眼睛，呲着牙，好像要把你吃掉。 |

续表

| 原文 | 译文 |
| --- | --- |
| The inclination of the glacier is quite moderate at the head, and, as the sun had softened the n é v é , I **made** safe and rapid **progress**, running and sliding, and keeping up a sharp outlook for crevasses. | 开始的时候冰川的坡度相当和缓,阳光已经使得冰层变软,我快速、安全地前进,边跑边滑,始终小心地注意着冰上的裂缝。 |
| The Ouzel seldom swims more than a few yards on the surface, for, not being web-footed, he **makes** rather **slow progress,** but by means of his strong, crisp wings he swims, or rather flies, with celerity under the surface, often to considerable distances. | 乌鸫在湖面上游不了几码远，因为它们的脚趾间没有薄膜，它们滑水的速度很慢，但是它强壮有力的翅膀能使它在湖面上敏捷地游、或者不如说飞很远的距离。 |
| I found most of the robins cowering on the lee side of the larger branches where the snow could not fall upon them, while two or three of the more enterprising **were making desperate efforts** to reach the mistletoe berries by clinging nervously to the under side of the snow-crowned masses, back downward, like woodpeckers. | 我发现大多数知更鸟都蜷缩在粗大的树枝挡风的地方，这样雪就不会直接落到它们身上，而两三个有冒险精神的知更鸟像啄木鸟一样北部朝下,颤颤巍巍地倒挂在白雪覆盖的树枝下,竭尽全力地去够槲寄生的浆果。 |
| Then flying out thirty or forty yards, more or less, according to the character of the bottom, he alights with a dainty glint on the surface, swims about, looks down, finally **makes up his mind**, and disappears with a sharp stroke of his wings. | 然后根据湖底的情况飞出三四十英尺远,轻轻地落在湖面上,再优雅地盘旋着侦察湖底的情况,最后下定决心,用力拍打着翅膀潜入水底。 |
| I thus **made my way** into a wilderness of crumbling spires and battlements, built together in bewildering combinations, and glazed in many places with a thin coating of ice, which I had to hammer off with stones. | 于是我一直爬到了一片由破碎山尖和混乱山垛组成的荒野，很多地方由于罩着一层薄冰而熠熠生辉，我必须用石头把它们砸开才能继续行进。 |
| And I had just completed a hasty survey of the region, and **made my way** down to winter quarters, when one of the grandest flood-storms that I ever saw broke on the mountains. | 我充满考察一下这个地区，就往下走,这时,山上爆发了我所见过的最大洪水。 |
| A series of rugged zigzags enabled me to **make my way down** into the weird under-world of the crevasse. | 一系列崎岖蜿蜒的路径使我能够下到裂隙下面怪异的世界。 |
| After spending an hour or two with my favorite, I **made my way** across the valley, boring and wallowing through the drifts, to learn as definitely as possible how the other birds were spending their time. | 与我最爱的小家伙一起待了一两个小时后，我在夹着大雪的狂风中跌跌撞撞地穿过山谷，去了解一下其他鸟是如何度过它们最难熬的季节。 |
| My general plan was simply this: to scale the canon wall, cross over to the eastern flank of the range, and then **make my way** southward to the northern spurs of Mount Ritter in compliance with the intervening topography; for to push on directly southward from camp through the innumerable peaks and pinnacles that adorn this portion of the axis of the range, however interesting, would take too much time, besides being extremely difficult and dangerous at this time of year. | 我的大致计划是这样：攀登峡谷的峭壁,到山脉的东坡去,然后向南到李特尔山的北山嘴；这么做根据的是干涉地形学的原则：因为如果直接从露营地出发，穿过山脉中轴线上的无数山峰和山尖向南行进,无论多么有趣,都要花费很多时间,而且,在这个时候穿越也是一年中极为困难和危险的。 |

**续表**

| 原文 | 译文 |
|---|---|
| I persisted, however, creeping on all fours, and shuffling up the smoothest places on my back, as I had often done on burnished granite, until, after slipping several times, I was compelled to retrace my course to the bottom, and **make my way** around the west end of the lake, and thence up to the summit of the divide between the head waters of Rush Creek and the northernmost tributaries of the San Joaquin. | 但是我还是坚持手足并用地攀登，背朝下慢慢滑过最光滑的地方，像我以前攀登光滑的花岗岩一样，但是我滑落了好几次，最后只好从北坡沿原路返回山脚，再一路行至湖西岸的尽头，从那里爬上拉什湾源头和圣华金河最北边支流的水源之间的分水岭上。 |
| But, leaving wheels and animals out of the question, the free mountaineer with a sack of bread on his shoulders and an ax to cut steps in ice and frozen snow can **make his way** across the range almost everywhere, and at any time of year when the weather is calm. | 但是，如果不考虑车轮和动物的话，只要天气好，从山脉的任何地方，肩上扛着一袋面包、在冰雪中用斧头为自己开路的自由登山者都有翻越过去的可能性。 |
| Most of them **make their way** to the foot-hills of the mountains, or to the trees that line the banks of the rivers, where some hollow log or trunk may be found. | 大多数都会到山脉的丘陵地带，或者河流两岸的树上，那里会找到一些有空洞的原木或者树干。 |
| With rough passages here and there they still **make** delightful **pathways** for the mountaineer, conducting from the fertile lowlands to the highest icy fountains, as a kind of mountain streets full of charming life and light, graded and sculptured by the ancient glaciers, and presenting, throughout all their courses, a rich variety of novel and attractive scenery, the most attractive that has yet been discovered in the mountain-ranges of the world. | 由于古老冰川的刻蚀作用，到处都有粗糙的小径，所以依然是登山运动员们提供了首选路线。这些小径从肥沃低地通往冰冷高山源泉，一路上充满了迷人的生机和光彩，到处是各种各样新奇迷人的景致，是全世界山脉中能见到的最迷人的风光。 |
| The walls of these park valleys of the Yosemite kind **are made up of** rocks mountains in size, partly separated from each other by narrow gorges and side-canons; and they are so sheer in front, and so compactly built together on a level floor, that, comprehensively seen, the parks they inclose look like immense halls or temples lighted from above. | 这些约塞米蒂式的园林的谷壁是由巨大如山的岩石构成的，又部分地被小峡谷和侧谷隔开，岩壁正面非常陡峭，从一个水平面上紧密地叠在一起，以至于整体上看，这些岩石围起的谷地就像顶部被阳光照明的大礼堂或寺庙一样。 |
| The zone in general **is made up of** low, tawny, waving foot-hills, roughened here and there with brush and trees, and outcropping masses of slate, colored gray and red with lichens. | 大体上，这个地区由低洼崎岖的褐色山丘组成，不时点缀着粗糙的灌木和树林，有大块儿突出的板岩，因长满苔藓而呈现出灰色和红色。 |
| Other companies **are made up of** trees near the prime of life, exquisitely harmonized to one another in form and gesture, as if Nature had culled them one by one with nice discrimination from all the rest of the woods. | 接近盛年时期，周围的树木彼此间在外形和姿态上都非常和谐，好像这里的每一个树都是大自然从众多树木中精心地挑选出来的。 |

**续表**

| 原文 | 译文 |
| --- | --- |
| The fertile cones are bright grass-green, measuring about two inches in length by one and a half in thickness, and **are made up of** about forty firm rhomboidal scales densely packed, with from five to eight seeds at the base of each. | 饱满的球果串呈鲜草绿色，长约两英寸、厚约一英寸半、由大约 40 个牢固的长菱形鳞片紧密地挤在一起组成，每个鳞片底下里有五到八粒种子。 |
| Coniferous trees, in general, seldom possess individual character, such as is manifest among Oaks and Elms. But the California forests **are made up of** a greater number of distinct species than any other in the world. | 一般来说，针叶树不像橡树和榆树那样有个性。但是,加利福尼亚的森林里有世界上最为丰富多样的树种。 |
| The coniferous woods of Canada, and the Carolinas, and Florida, **are made up of** trees that resemble one another about as nearly as blades of grass, and grow close together in much the same way. | 在加拿大、卡罗莱纳州、佛罗里达的针叶松林里，所有的树木发出的声音都很相似，就像茂密的草叶发出的声音一样千篇一律。 |
| Where the soil happens to be composed of the finer qualities of glacial detritus and the water is not in excess, the nearest approach **is made by** the vegetation to that of the lake-meadow. | 那里的土壤恰好由大量良好的冰川岩屑组成,而且水量并不过多,到达湖泊草地最近的方法是由植被所决定的。 |
| How well they sing in the wind, and how strikingly harmonious an effect **is made by** the immense cylindrical cones that depend loosely from the ends of the main branches! | 在风中发出优美的声音，巨大的圆柱树干和周围随意生长着的大树枝之间搭配的十分和谐。 |
| Some conception of their lavish abundance may **be made from** the fact that, from one standpoint on the summit of Red Mountain, a day's journey to the east of Yosemite Valley, no fewer than forty-two are displayed within a radius of ten miles. | 距离约塞米蒂峡谷东面大概一天的路程,以红山顶峰某一个位置为圆心,方圆 10 英里内至少有 42 个湖泊，这样的事实给人留下湖泊众多的印象。 |
| A rough approximation to the average duration of these mountain lakes may **be made from** data already suggested, but I cannot stop here to present the subject in detail. | 根据现有的数据可能会粗略估计出这些山脉湖泊平均寿命，但是我不能留在这里详细研究这个话题。 |
| He seemed surprised at seeing me, so I sat down with him on the live-oak log he had been cutting, and **made haste to give a reason** for my appearance in his solitude, explaining that I was anxious to find out something about the mountains, and meant to make my way up Eaton Creek next morning. | 看到我时似乎感到很奇怪，所以我跟他一起坐在一个他砍出的槲树桩上，向他解释我出现在这里的原因，我说我渴望了解这些山脉，明天早晨要到伊顿山涧去。 |

**续表**

| 原文 | 译文 |
|---|---|
| I must now **make haste to** give some nearer views of representative specimens lying at different elevations on the main lake-belt, confining myself to descriptions of the features most characteristic of each. | 现在我必须对位于主湖泊带不同高度、具有代表性的湖泊做一个匆忙的近景观察，仅局限于描述每一个湖泊的主要特点。 |
| I **make haste to** mention these facts, to show upon how substantial a foundation the importance I ascribe to him rests. | 我在这里提到这些，只是为了一会儿将要谈到它们重要性做一个铺垫。 |
| They never **make haste**, however, and seem to have no dread of storms, many of the strongest only going down leisurely to bare, wind-swept ridges, to feed on bushes and dry bunch-grass, and then returning up into the snow. | 但是,它们并不匆忙,好像不怎么害怕暴风雪，许多健壮的野绵羊还是休闲地来到被风卷过光秃秃的山脊觅食矮树丛和一簇簇的枯草，然后再冒着暴风雪返回。 |
| Then, warned by the sky, cautious mountaineers, together with the wild sheep, deer, and most of the birds and bears, **make haste to** the lowlands or foot-hills; and burrowing marmots, mountain beavers, wood rats, and such people go into winter quarters, some of them not again to see the light of day until the general awakening and resurrection of the spring in June or July. | 然后,根据天空的警示,谨慎的登山者们和野羊、鹿、大部分鸟类和熊一样,匆忙来到低地或者山麓小丘地带;洞穴旱獭、山狸、林鼠等都会进入冬天的住处，其中一些直到六七月春季到来才会苏醒,重新回到日光之中。 |
| Then of course I made haste to see it. | 当然,我就迫不及待地要去考察它。 |

# 附录 5:动词 Make 及物性汉译对照表(二)

| 原文 | 译文 |
|---|---|
| **I made my bed** in a nook of the pine-thicket, where the branches were pressed and crinkled overhead like a roof, and bent down around the sides. | 我在松树丛的隐蔽处搭了床，这里的树枝都被压得扁扁的，卷曲在上面像个屋顶,并且在周围弯垂下来。 |
| After lying loose and lost for awhile, I **made** a sunrise **fire**, went down to the lake, dashed water on my head, and dipped a cupful for tea. | 我先放松地躺着,发了一会儿呆,然后生了一堆旺盛的篝火，到湖边往头上浇了些水,舀了一杯水准备煮茶。 |
| After this discovery, I **made** excursions over all the High Sierra, pushing my explorations summer after summer, and discovered that what at first sight in the distance looked like extensive snow fields, were in great part glaciers, busily at work completing the sculpture of the summit-peaks so grandly blocked out by their giant predecessors. | 发现它之后，我利用所有夏季考察了整个内华达山脉，发现从远处看起来像广阔雪原的地方大都是冰川，它们在忙着完成对山顶的雕琢，这些工程是以前的巨大冰川所计划好的。 |

续表

| 原文 | 译文 |
|---|---|
| When the short twilight faded, I kindled a sunny fire, **made** a cup of tea, and lay down to rest and look at the stars. | 当短暂的微光退去，我点燃一堆明亮的篝火，煮了一杯茶，躺下来休息，望着星空。 |
| During his first summer on the waters of the Columbia he **made** Fort Vancouver his headquarters, making excursions from this Hudson Bay post in every direction. | 在哥伦比亚流域的第一个夏天，他把温哥华堡作为总部，以哈得逊湾为起点四面远足。 |
| With my pencil I **made** a rough **sketch** of the cone and pine tree which I wanted to obtain, and drew his attention to it, when he instantly pointed with his hand to the hills fifteen or twenty miles distant towards the south; and when I expressed my intention of going thither, cheerfully set out to accompany me. | 我用铅笔画了一个我想要的松塔和松树草图，唤起了他的注意，他立刻用手指着朝南 15 或 20 英里远的小山；当我表达了想要前去的意图时，他高兴地陪着我前往。 |
| Then I sought a camp-ground on the river-bank, **made** a cupful of tea, and lay down to sleep on a smooth place among the yellow leaves of an aspen grove. | 然后，我在河岸上找了个宿营地，冲了一杯茶，躺在白杨林的黄叶子中间一个平滑的地方休息。 |
| Contact with Nature, and the habits of observation acquired in gold-seeking, **had made** them all, to some extent, collectors, and, like wood-rats, they had gathered all kinds of odd specimens into their cabins, and now required me to examine them. | 在寻找金矿的过程中与大自然广泛接触，和善于观察的习惯使他们在某种程度上成了收藏家——就像林鼠一样——他们在自己的小木屋里收藏着各种奇怪的标本，他们非常希望我能去帮他们鉴定一下。 |
| But of late years plows and sheep **have made sad havoc** in these glorious pastures, destroying tens of thousands of the flowery acres like a fire, and banishing many species of the best honey-plants to rocky cliffs and fence-corners, while, on the other hand, cultivation thus far has given no adequate compensation, at least in kind; only acres of alfalfa for miles of the richest wild pasture, ornamental roses and honeysuckles around cottage doors for cascades of wild roses in the dells, and small, square orchards and orange-groves for broad mountain belts of chaparral. | 但近几年，耕地和放牧极大地破坏了这些曾经很壮丽的牧场，就像一场大火把几万亩的花园彻底摧毁了，最美丽的蜜蜂园仅限于悬崖峭壁上和极为偏僻的地方，另一方面，大量开垦至少在植物种类上没有得到适当的弥补；幽谷中野玫瑰丛里的农舍附近只种植了几英亩的苜蓿，这里原来是几英里长的各种野草原，草原里点缀着美丽的玫瑰和金银花；现在广阔的高山灌木林带上只有几小片儿果树林和橙子园。 |
| But, though these luxuriant, shaggy river-beds were thus distinct from the smooth, treeless plain, they **made** no **heavy dividing** lines in general views. | 虽然这些富饶、粗糙的河床与平坦、无树的平原差异显著，但是它们总体上没有明显的界线。 |

续表

| 原文 | 译文 |
|---|---|
| Violets **made** their appearance in the first week of February, and toward the end of this month the warmer portions of the plain were already golden with myriads of the flowers of rayed compositae. | 紫罗兰在2月的第一周开花，到2月底，平原上比较暖和的区域已经一片金黄，开满了有无数有纹路的菊花。 |
| All these colored belts blending smoothly **make** a wall of light ineffably fine, and as beautiful as a rainbow, yet firm as adamant. | 这些彩带和谐地交织在一起，形成了一道美如彩虹、坚如磐石、光芒四射的屏障。 |
| But they are mostly far apart, and **make** scarce any mark in general views. | 但是这些小镇都相隔甚远，放眼望去几乎看不到它们的影子。 |
| Here **make** ground for a meadow; there, for a garden and grove, making it smooth and fine for small daisies and violets and beds of heathy bryanthus, spicing it well with crystals, garnet feldspar, and zircon. | 这里，安排一块儿草地；那里，要成为一块儿平整精致的花园和树林，适合小雏菊和紫罗兰，以及丛生的线香石南，还要用水晶、深红色的长石和锆石为它增添情趣。 |
| Indians, usually so little curious about geological phenomena, have come to me occasionally and asked me, "What **makeum** the ground so smooth at Lake Tenaya?" | 通常很不关心地质现象的印第安人偶尔会过来问我："是什么把地面弄得像蒂娜亚湖一样光滑啊？" |
| After feasting awhile on the view, I proceeded to **make camp** in a sheltered grove a little way back from the meadow, where pine-boughs could be obtained for beds, and where there was plenty of dry wood for fires, while the artists ran here and there, along the river-bends and up the sides of the canon, choosing foregrounds for sketches. | 欣赏了一会儿美景之后，我开始在草地后面不远的一块有遮蔽的小树林里搭帐篷，那里有能搭床的松枝，还有大量能生火的干木头，这时候，两个艺术家正四处奔跑着，沿着河湾与峡谷两边，寻找做素描的前景。 |
| All the passes **make** their steepest ascents on the eastern flank. | 东部支脉的所有山口都是陡峭的坡路。 |
| Rock-ferns, too, are here, such as allosorus, pellaea, and cheilanthes, making handsome rosettes on the drier fissures; and the delicate maidenhair, cistoperis, and woodsia hide back in mossy grottoes, moistened by some trickling rill; and then the orange wall-flower holds up its showy panicles here and there in the sunshine, and bahia **makes** bosses of gold. | 岩石蕨类也能生长在这里，比如珠蕨属、旱蕨属和碎米蕨属(亦属铁线蕨亚科)，在干燥的岩缝中形成美丽的玫瑰形；精致的掌叶钱线蕨、铁线蕨和岩蕨隐藏在生苔的岩穴里，被某个涓滴的细流滋润着；橙色的桂竹香在阳光下撑起它炫耀的花序，百喜草呈现出金子般的颜色。 |
| When prospectors, hunters, ranch hands, etc., touch their "bottom dollar" and find themselves out of employment, they say, "Well, I can at least go to the Sugar Pines and **make** shingles." | 当采矿者、猎人、牧场工人等兜里没钱，而且失业时，他们会说："那么，我至少可以去砍糖松、做木瓦"。 |

续表

| 原文 | 译文 |
| --- | --- |
| The majestic crowns, approaching each other in bold curves, **make** a glorious canopy through which the tempered sunbeams pour, silvering the needles, and gilding the massive boles, and flowery, park-like ground, into a scene of enchantment. | 大幅度弯曲的树冠互相靠近，形成一个美丽的华盖，温和的阳光从中透射下来，给松针镀上一层银色，给高大的树干镀上一层金色，公园一样绚丽的地面呈现出一幅迷人的画面。 |
| It is not particular in its choice of soil – wet or dry, smooth or rocky, it **makes out** to live well on them all. | 它在土壤的干湿，以及岩面的平坦方面没有特殊的要求，在各种土地条件下都能生长完好。 |
| The needles, which have accumulated for centuries, **make fine beds**, a fact well known to other mountaineers, such as deer and wild sheep, who paw out oval hollows and lie beneath the larger trees in safe and comfortable concealment. | 积累了几个世纪的松针形成了舒适的床，这是所有的山里动物都知道的事实，比如鹿和野绵羊会在大树下扒出个椭圆形的洞安全、舒适地隐藏在里面休息。 |
| Alder, Maple, and Nuttall's Flowering Dogwood **make** beautiful bowers over swift, cool streams at an elevation of from 3000 to 5000 feet, mixed more or less with willows and cottonwood; and above these in lake basins the aspen forms fine ornamental groves, and lets its light shine gloriously in the autumn months. | 桤木、枫树、槭树和纳托尔盛开的山茱萸在海拔 3 000 到 5 000 英尺凉爽的急流上搭成美丽的凉棚，中间混合着少许柳树和棉白杨；再往上，湖盆里的白杨形成装饰性的美丽树林，秋季的阳光在树林中闪着金色光辉。 |
| The leaves **make** beautiful masses of purple in the spring, and yellow in ripe autumn; while its acorns are eagerly gathered by Indians, squirrels, and woodpeckers. | 树叶在春季呈现出美丽的紫色、秋季成熟后则变成黄色；它的橡果深受印第安人、松鼠和啄木鸟喜欢。 |
| After dark, when our tea **was made** and a rousing fire had been built, we began to make our plans. | 天黑以后，升起篝火、煮好茶以后，我们开始制订计划。 |
| Breakfast of bread and tea was soon **made**. | 很快做好了面包就茶的早餐。 |
| The surface **was** pitted with oval hollows, **made by** stones and drifted pine-needles that had melted themselves into the mass by the radiation of absorbed sun-heat. | 雪地上有很多椭圆形坑洞，那是石头和堆积的松针吸收了太阳辐射的热量，融化了冰雪而形成的。 |
| A trail **was made** through it about the time of the Mono gold excitement, in the year 1858, by adventurous miners and prospectors – men who would build a trail down the throat of darkest Erebus on the way to gold. | 在 1858 年莫诺淘金热时期，冒险的矿工和勘探者们沿着黑暗区域的咽喉踩出了一条通往采金地的小径。 |
| Early next morning I **made up** a bundle of bread, tied my note-book to my belt, and strode away in the bracing air, full of eager, indefinite hope. | 第二天一大早，我装好了一捆面包，把笔记本系在腰带上，大踏步地走在令人振奋的空气中，心中充满了热切而模糊的希望。 |
| A trail **had been made** down the mountain-side from the north, and all the gardens and meadows were destroyed by a horde of hoofed locusts, as if swept by fire. | 从山脉北坡开始开辟出了一条小径，所有的草地和牧场都被一群蹄形的蝗虫破坏了，好像被火扫荡过一样。 |

续表

| 原文 | 译文 |
| --- | --- |
| His first visit to the Pacific Coast **was made** in the year 1825. | 道格拉斯于1825年首次游览太平洋海岸。 |
| Some idea of their temper may be drawn from the fact that, notwithstanding they are so long, the vibrations that giverise to the peculiar shimmering of the light **are made** at the rate of about two hundred and fifty per minute. | 关于音调调整的某个想法可以从以下事实中得出，尽管松针很长，但是发出光线闪动一样微小的颤动，频率约为每分钟250次。 |
| The winter snow is indeed such a ceiling, lasting half the year; while the pressed, shorn surface **is made** yet smoother by violent winds, armed with cutting sand–grains, that beat down any shoot that offers to rise much above the general level, and carve the dead trunks and branches in beautiful patterns. | 冬雪确实像个持续半年的天花板；积雪的表面被猛烈的寒风压平、剪光，寒风中的锋利沙砾把突出的嫩枝都剪掉了，把死去的树干和树枝修剪成各种美丽的形状。 |
| The shafts of the pine and libocedrus **were** brown and purple, and most of the foliage was well tinged with yellow; the laurel groves, with the pale undersides of their leaves turned upward, **made** masses of gray; and then there was many a dash of chocolate color from clumps of manzanita, and jet of vivid crimson from the bark of the madronos, while the ground on the hillsides, appearing here and there through openings between the groves, displayed masses of pale purple and brown. | 松树和翠柏的树干呈褐色和紫色；大部分叶子呈黄色；小树林里，月桂树的白色树叶背面上翘，形成灰色的团状；石兰科的常绿灌木多为淡巧克力色，浆果鹃的树皮呈鲜艳的深红色，而透过树林空隙看到山坡的地面上呈现一片片白紫色和棕色。 |
| Other importations **were made**, from time to time, by way of the Isthmus, and, though great pains were taken to insure success, about one half usually died on the way. | 不断有蜜蜂从巴拿马地峡输入进来，虽然为了确保成功付出很大努力，但是，通常会有一半左右的蜜蜂死在途中。 |
| My third camp **was made** near the middle of the general basin, at the head of a long system of cascades from ten to 200 feet high, one following the other in close succession down a rocky, inaccessible canon, making a total descent of nearly 1700 feet. | 第3个宿营地靠近盆地的中心，在10到200英尺高的小瀑布长长的水流源头，流水一连串地接连落入难以接近的岩石山谷，总落差大约有1 700英尺。 |

# 附录 6:方式环境成分

## (1)with 短语

| 原文 | 译文一 | 译文二 |
|---|---|---|
| **With a few strokes of their huge paws** the bears uncover the entire establishment, and, before time is given for a general buzz, bees old and young, larvae, honey, stings, nest, and all are taken in one ravishing mouthful. | 它们用巨大的爪子拍打几下就掀开整个巢穴,还没来得及叫,老蜂、幼蜂、幼虫、蜂蜜、蜂刺、巢穴,甚至连窝都被吞入贪婪的大嘴里。 | |
| **With alternate haste and deliberation** eruption succeeded eruption till the old volcano surpassed even its present sublime height. | 随着火山时缓时急的交替喷发,古老的火山甚至超过了它现在的雄伟高度。 | |
| **With inexpressible delight** you wade out into the grassy sun-lake, feeling yourself contained in one of Nature's most sacred chambers, withdrawn from the sterner influences of the mountains, secure from all intrusion, secure from yourself, free in the universal beauty. | 当你无比欣喜地步入这绿草如茵的日光湖泊时,感觉自己融入大自然最神圣的空间里,远离苛刻山脉的影响,不受个人和环境的侵扰,自由地享受这普遍的美景。 | |
| **With my pencil** I made a rough sketch of the cone and pine tree which I wanted to obtain, and drew his attention to it, when he instantly pointed with his hand to the hills fifteen or twenty miles distant towards the south; and when I expressed my intention of going thither, cheerfully set out to accompany me. | 我用铅笔画了一个我想要的松塔和松树草图,唤起了他的注意,他立刻用手指着朝南 15 或 20 英里远的小山;当我表达了想要前去的意图时,他高兴地陪着我前往。 | |
| **With rough passages** here and there they still make delightful pathways for the mountaineer, conducting from the fertile lowlands to the highest icy fountains, as a kind of mountain streets full of charming life and light, graded and sculptured by the ancient glaciers, and presenting, throughout all their courses, a rich variety of novel and attractive scenery, the most attractive that has yet been discovered in the mountain-ranges of the world. | 由于古老冰川的刻蚀作用,到处都有粗糙的小径,所以依然是登山运动员们提供了首选路线。这些小径从肥沃低地通往冰冷高山源泉,一路上充满了迷人的生机和光彩,到处是各种各样新奇迷人的景致,是全世界山脉中能见到的最迷人的风光。 | |

续表

| 原文 | 译文一 | 译文二 |
|---|---|---|
| **With the exception of** little spots not visible in general views, the entire surface is covered with them, massed in close hedge growth, sweeping gracefully down into every gorge and hollow, and swelling over every ridge and summit in shaggy, ungovernable exuberance, offering more honey to the acre for half the year than the most crowded clover-field. | 除了个别地方,我们的视野中看不到它,整个表面都被覆盖着厚厚的灌木丛,缓缓地延伸到每一座灌峡谷和洼地,蓬松、无法控制的丛生灌木林使每一个山脊和山峰都向上膨起来,这片田地半年出产的花蜜比最茂密的苜蓿地还多。 | |
| **With these magnificent ice-characters** so vividly before us it is not easy to realize that the old glacier that made them vanished tens of centuries ago; for, excepting the vegetation that has sprung up, and the changes effected by an earthquake that hurled rock-avalanches from the weaker headlands, the basin as a whole presents the same appearance that it did when first brought to light. | 随着这些壮丽的冰川特点如此生动地展现在我们面前,很难意识到古冰川让他们十多个世纪以前就消失了;因为除了长出的植被,被从不太结实的岬角上投下岩石的地震所导致的变化,湖盆从整体上还是保持着初见阳光时的同样面貌。 | |
| **With a smile of relief** he then led us into his large fort house to the seat of honor prepared for us. | 带着欣慰的微笑,他引领我们来到了他大城堡式的房子里,让我们坐在早已准备好的座位上。 | 随后，他面带轻松笑容引领我们进入他的大房子，并请我们在已经准备好的贵宾席上就座。 |
| **With crackers** in my pocket and a light rubber coat that a kind Hebrew passenger on the steamer Gertrude loaned me, I was ready for anything that might offer, my hopes for the grand view rising and falling as the clouds rose and fell. | 我将饼干和一件很轻的橡胶雨衣放入口袋。这件雨衣是我在“格特鲁德”号轮船上结识的一位好心的犹太人乘客借给我的。我已经做好了应对即将出现的任何突发情况的准备。我迫切地想看到盛大景观的愿望随着天空中乌云的升降而忽上忽下。 | 一位和蔼可亲的希伯来人把他乘坐的一艘轻快的橡皮艇——“格特兽德”号借给了我。我兜里揣着饼干,吃的、用的、该准备的一切都准备妥当,就等天气一声令下,随时整装待发。我心中对雄伟景色的渴望，随着乌云的上下翻滚而变得起伏不定。 |
| **With plenty of provisions** packed in boxes, and blankets and warm clothing in rubber or canvas bags, you may be truly independent, and enter into partnership with Nature; to be carried with the winds and currents, accept the noble invitations offered all along your way to enter the mountain fiords, the homes of the waterfalls and glaciers, and encamp almost every night beneath hospitable trees. | 箱子里装满大量的给养,橡胶袋或帆布袋子里装上毯子和暖和的衣物,这样你就真的独立了，可以与大自然为伍,与之进行亲密接触。在海上乘风破浪，领略着沿岸独特的风景，接受大自然盛情的邀请,一直航行到山脉的峡湾地带,那里是瀑布与冰川的家园,并且每夜都能在好客的大树下扎营入眠。 | 你只要带上装满供给品的箱子，以及装有毛毯和保暖外套的橡胶袋或帆布袋，就可以独立前行，有机会开始成为大自然的朋友了。依靠风流和水流的推动，接受大自然的高贵邀请，沿着水路进入瀑布和冰川的家——山间峡湾，几乎每晚你都可以露宿在好客的树林之中。 |

续表

| 原文 | 译文一 | 译文二 |
|---|---|---|
| **With the same tools** not one in a thousand of our skilled mechanics could do as good work. | 如果让现代的熟练技工用当时的工具，可能 1 000 个人中也没有一个能做出如此精致的图案。 | 用同样的工具，即使我们 1 000 个身怀绝技的人也做不出这么完美的作品。 |
| **With the tent-poles** we broke a lane for the canoe for a little distance; but it was slow work, and we soon saw that we could not reach the glacier before dark. | 于是我们用帐篷杆戳碎冰面，开拓出一条小径，不过这项工作进展的很慢，在天黑之前我们是到不了冰川脚下了。 | 大家曾用帐篷竿子为小船开辟了一段距离不长的水道，但作用不大，不久便意识到按如此速度前进，恐怕天黑以前到不了那里的冰川。 |
| **With the utmost caution** I picked my way through the sparkling bergs, and after an hour or two of this nerve-trying work, when I was perhaps less than halfway across and dreading the loss of the frail canoe which would include the loss of myself, I came to a pack of very large bergs which loomed threateningly, offering no visible thoroughfare. | 我小心翼翼地在闪闪发光的冰山之间艰难地向前行进着。担心会迷路甚至丢掉性命，在经过一两个小时这样紧张的摸索前行之后，我觉得大概在走过了一小半的路程时，我遇到了隐约可见的令人生畏的大冰山群，它们拦在那里使我看不到任何出路，只好一会向左划，一会向右划来寻找出路。 | 我如履薄冰般地在闪闪发光的冰山群中穿行，紧张地划行一两个小时之后，发觉才走了不到一半的路程，而且越来越担心我会和这只不堪一击的独木舟一起全军覆没。眼看着我离一大群隐约可见的巨大冰山越来越近，却还是找不到能穿过去的水道。 |
| **With this grand object** in view I left San Francisco in May, 1879, on the steamer Dakota, without any definite plan, as with the exception of a few of the Oregon peaks and their forests all the wild north was new to me. | 虽然并无确切详密的计划，我还是怀揣着理想，于 1879 年 5 月，乘坐“达科他”汽轮起航离开了旧金山。此行除了俄勒冈的一些山峰和森林外，荒凉的北方的一切对我来说都很新奇。 | 1879 年 5 月，怀着企盼已久的愿望，我乘坐“达科他”号汽轮，从旧金山起航，溯流北上。尽管没有确切详密的计划，但我还是雄心勃勃地出发了，我对俄勒冈峰、大森林乃至整个狂野的北方，充满了强烈的好奇。 |
| **With what grateful enthusiasm** the trees welcomed the life-giving rain! | 狂风劲雨中树木也表现出了无限的活力， | 树木带着强烈的感激之情迎接着给予它们生命的雨水的到来！ |
| **With a celerity** that would at least have done credit to a bear, I regained the ground, having caught but a momentary glimpse of the country, but enough to convince me no lake was near. | 刹那间，我像只笨熊似的跌落在地，只是匆忙地瞥了一眼乡村概貌，但这一眼足以使我相信近处没有湖。 | 于是，我以熊一般的敏捷滑到地面，只来得及匆忙瞥了一眼这片乡村，但这足以使我确信附近没有湖。 |
| **With June** the cup is full, our hearts are satisfied, there is no more to be desired. | 到了 6 月，我们已经饱尽眼福、心满意足、无所期盼。 | 到了 6 月，我们已经大饱眼福，心满意足，没有了更多的渴望。 |
| **With man** comes flies and moths, and insects of all kinds in greater abundance; new plants and weeds are introduced, and, with the clearing up of the country, are sowed broadcast over the land. | 与人类共同到来的还有苍蝇与飞蛾，以及大量的昆虫；新的植物与种子被引进；并且随着乡村土地的开垦，这些植物与种子被广泛地播种于大地上。 | 苍蝇和蛾虫伴随着人类一起到来，还有大量各种各样的昆虫，在开垦乡间土地时，会有新引进的植物和杂草广泛播撒在土地上。 |

**续表**

| 原文 | 译文一 | 译文二 |
|---|---|---|
| **With me** the cuckoo does not arrive till June; and often the goldfinch, the kingbird, the scarlet tanager delay their coming till then. | 依我看，杜鹃6月才到，通常金翅雀，极乐鸟和猩红丽唐纳雀也是在6月姗姗来迟。 | 依我看，布谷鸟直到9月才到，往往金翅雀、食蜂鹟、红色唐纳雀也会推迟到那时才姗姗而来。 |
| **With me** this flower is associated, not merely with the awakening of Robin, for he has been awake for some weeks, but with the universal awakening and rehabilitation of nature. | 这种花不仅表明知更鸟的苏醒，因为他已经醒来了几周了，而且预示着宇宙的苏醒和自然的复原。 | 这种花与我有联系，不仅表明知更鸟的苏醒，因为它已被唤醒几个星期，而且预示着宇宙的觉醒和自然的复苏。 |
| **With moss and boughs** seats were arranged, – one in the bow for the marksman, and one in the stern for the oarsman. | 船中的座位由苔藓及大树枝制成，一个位于船首，供射击手坐，另一个位于船尾，供桨手坐。 | 船中的座位由苔藓及大树枝制成——一个在船首，供射手坐；另一个在船尾，供桨手坐。 |
| **With my thumb** I broke the thin wall, and the young, which were full–fledged, looked out upon the world for the first time. | 我用大拇指一捅，薄薄的墙就破了。洞内羽毛已丰的幼鸟，初次看到外面的世界。 | 我用拇指捅破了薄薄的巢壁，羽毛已丰的幼鸟第一次注视着外面的世界。 |
| **With rueful countenances** we contemplated the irreparable loss our commissariat had sustained by this mishap; but remembering there was virtue in ashes, we poked the half–consumed fish from the bed of coals and ate them, and they were good. | 我们神情悲哀地望着由于这一意外而造成的不可挽回的损失，因为眼下鳟鱼几乎是我们唯一的食物，但是，想起在灰烬中或许还有些能吃的东西，我们从炭火里拣起烧糊的鱼，拨开鱼身，吃了起来，味道还真不错。 | 我们懊恼地望着由于这一意外而造成的不可挽回的损失，因为那是我们唯一的粮食补给。但想起在灰中或许还有些能吃的，我们从火中拨起半烧焦的鱼，吃了起来，味道还不错。 |
| **With** slow, leisurely movement, rarely vibrating his pinions, he mounts and mounts in an ascending spiral till he appears a mere speck against the summer sky; then, if the mood seizes him, with wings half closed, like a bent bow, he will cleave the air almost perpendicularly, as if intent on dashing himself to pieces against the earth; but on nearing the ground he suddenly mounts again on broad, expanded wing, as if rebounding upon the air, and sails leisurely away. | 缓慢自在地飞翔着，甚至连翅膀都不怎么抖动，他以螺旋式上升，直到成为夏日天空中的一个斑点。然后，他灵机一动，缩起双翅，如同一道弯弓，从空中直劈而下，像是要将自己摔得粉身碎骨。可是在将要着地的一刹那，他又陡然展翅高飞，弹向空中，自由自在地飞往别处。 | 它缓慢从容地飞行，双翼几乎不动，一步步向上盘旋，直至化为夏日蓝天中的一个小黑点。接着，它兴致突至，双翼半合，像一只弯弓，从空中直劈而下，似乎要将自己摔得粉身碎骨。但就在接近地面的一刹那，似乎又受了空气的反作用，突然再次弹向苍穹，舒展双翼，自由自在飞往别处。 |
| **With the bluebirds** the male is useful as well as ornamental. | 但就蓝鸲而言，雄鸟充当的角色不仅仅是陪衬，而且非常实用。 | 对于蓝知更鸟，雄性充当的角色不仅仅是陪衬，而且非常实用。 |
| **With the citizen** in his chamber, it is not morning, but breakfast–time. | 当一个居民在卧室醒来时，那不是清晨，而是早饭时间。 | 对于室内醒来的居民，这不是早晨，而是早餐时间。 |

续表

| 原文 | 译文一 | 译文二 |
| --- | --- | --- |
| **With their beaks** still loaded, they move around with a frightened look, and refuse to approach the nest till I have moved off and lain down behind a log. | 口中衔物，他们带着恐惧的神态盘旋着，直到我离开，伏身于一根圆木后面，才肯接近雀巢。 | 它们嘴里仍旧叼着东西，带着恐惧的神态盘旋着，拒绝接近巢穴，直到我走开，伏在一根圆木后面。 |
| **With woodpeckers and kindred species**, and with birds that burrow in the ground, as bank swallows, kingfishers, etc., it is a necessity. | 就啄木鸟及其同类，以及诸如崖沙燕、翠鸟等在地上掘洞栖息的鸟类而言，它是一种必要的生存条件。 | **对**于啄木鸟及其同类，以及在地上挖洞的鸟类，如堤燕、翠鸟等，它是一种必要的生存条件。 |
| **With him** you are alone and not alone; you have both companionship and solitude. | 有它在身边，你是一个人却不孤单；你同时享有独处和陪伴。 | |
| **With me** the peepers become silent in early May, and, I suppose, leave the marshes for their life in the woods. | 我知道5月初小蛙就不叫了，离开沼泽到树林里生活。 | |
| **With one** on each side, how could they fly with the nest between them? | 一边一个，带着巢在中间它们怎么飞呀？ | |
| **With only two species of our trees** known to me might the swelling bud push off the old leaf. | 据我所知，我们的树木中只有两种，膨胀的新芽会把旧叶挤掉。 | |
| **With** our phalarope and a few Australian birds, the position of the two sexes as indicated above is reversed, the females having the ornaments and bright colors and doing the courting, while the male does the incubating. | 我们的瓣蹼鹬和一些澳大利亚鸟类，之于上述所说两性的角色是掉转的，雌性有装饰性的华丽颜色，吸引异性，而雄性孵卵。 | |
| **With** some of our common birds, such as the woodpeckers, the chickadee, and the swallows, both sexes take part in nest-building. | 我们常见的有啄木鸟、无冠山雀和燕子，不过双方都参与筑巢。 | |
| **With the nature** student, the human interest in the wild creatures – by which I mean our interest in them as living, struggling beings – dominates the scientific interest, or our interest in them merely as subjects for comparison and classification. | 对自然学生来说，人类对野生动物作为生存、斗争的生物的兴趣主宰着科学兴趣，或者我们对它们的兴趣只是作为对比和分类的实验材料。 | |
| **With the wild creatures** we sometimes see one instinct overcoming another, as when fear drives a bird to desert its nest, or when the instinct of migration leads a pair of swallows to desert their unfledged young. | 在野生动物身上，我们有时会看到一种本能压倒另一种，如恐惧驱使鸟放弃巢穴，迁徙的本能让一对燕子抛弃羽毛还不丰满的小燕。 | |

续表

| 原文 | 译文一 | 译文二 |
|---|---|---|
| **With them,** knowledge does not fade into ignorance, as it does in man; the contrast is like that between night and day, with no twilight between. | 对于它们,知识不会像对人类一样退化成无知;其对比有如夜与昼,中间没有黄昏。 | |
| **With us** the same hawk hides its nest in a tree in the dense woods, because the farmers unwisely hunt and destroy it. | 而我们知道,同样的红尾鹰把它的巢隐藏在密林深处,因为农民不明智地猎杀它们。 | |
| **With what spunk and spirit** he defends himself against his enemies! | 抵抗敌人的时候多么勇敢和精神! | |

## (2)by 短语

| 原文 | 译文一 | 译文二 |
|---|---|---|
| **By means** of their powerful teeth and claws they can gnaw and tear open almost any hive conveniently accessible. | 依靠强大的牙齿和爪子,它们可以啮食、撕开周围的物体以便够到所有的蜂房。 | |
| **By** no other trees are they rendered so extensively and impressively visible, not even by the lordly tropic palms or tree-ferns responsive to the gentlest breeze. | 不仅仅气派的热带棕榈或桫椤能够应和微风,所有的树木都能让我们感受到风的无处不在和显而易见。 | |
| **By the end** of January four species of plants were in flower, and five or six mosses had already adjusted their hoods and were in the prime of life; but the flowers were not sufficiently numerous as yet to affect greatly the general green of the young leaves. | 到了 1 月底, 有 4 种植物开花,五六种苔藓已经调整盔状花瓣,处在最佳生长期;但花朵数量不够充足,还不能发幅度影响嫩叶整体的绿色。 | |
| **By the end of** this month, most of the species had ripened their seeds, but undecayed, still seemed to be in bloom from the numerous corolla-like involucres and whorls of chaffy scales of the compositae. | 到 4 月底,大多数植物的种子已经成熟, 但没有落下来,菊花上无数花冠状的花被和环生的壳状鳞苞似乎仍在盛开的样子。 | |

**续表**

| 原文 | 译文一 | 译文二 |
| --- | --- | --- |
| **By the time** the sapling is five or six hundred years old this spiry, feathery, juvenile habit merges into the firm, rounded dome form of middle age, which in turn takes on the eccentric picturesqueness of old age. | 幼树到了五六百岁时，毛茸茸的尖塔状青年树貌逐渐变成中年时期刚毅的圆丘形，然后又呈现出老年时期奇特、生动的形象。 | |
| **By this time** my performance must have lasted nearly half an hour. | 我的音乐演出持续了将近半个小时， | |
| **By four o'clock** we had our tents set, a fire made and some coffee, while the snow as falling fast. | 大概4点钟的时候我们搭好了帐篷，生好了火并煮好了咖啡，此时雪已下得更密。 | 到4点钟时，我们支好了帐篷，生起一堆篝火，煮了些咖啡，这时雪开始下大了。 |
| **By keeping close inshore and working hard**, we made about ten miles by two or three o'clock, when, the tide having turned against us, we could make scarce any headway, and therefore landed in a sheltered cove a few miles up the west side of Lynn Canal. | 一路上都沿着岸边努力地向前划行。下午两三点钟的时候，我们大约前行了10英里的路程，而此时潮水也改变了方向，使我们再也不能前行，因此我们只好在林恩运河西面几英里处的一个小海湾登陆了。 | 我们沿着海岸努力地划着，所以在两三个小时内船行驶了10英里。就在这时，潮汐发生变化. 直奔我们袭来，我们寸步难行，只好在林恩运河西侧几英里以外的一个被遮蔽得很严的小湾上登陆了。 |
| **By noon** we came in sight of a fleet of icebergs from Hutli Bay. | 时值中午，我们见到从休特勒海湾漂来的冰山群。 | 大约中午时我们看见了一群从休特勒海湾漂来的冰山群。 |
| **By** a little trout brook in a low part of the woods adjoining the clearing, I had a good time pursuing and identifying a number of warblers, –the speckled Canada, the black–throated blue, the yellow–rumped, and Audubon's warbler. | 在与开垦地接壤的那片矮林子里有一条游着鳟鱼的小溪，我在小溪边愉快地度过了一段时光，寻找和辨认了多种莺类——带斑加拿大威森莺、黑喉蓝莺、黄腰林莺以及奥杜邦莺。 | 在毗邻开垦地的那片矮林子里有一条小鳟鱼溪，我在此度过了一段愉快的日子，追寻和识别了许多莺类——加拿大斑点莺、黑喉蓝莺、黄腰莺和奥杜邦莺。 |
| **By and** by I could hear them as I ran. | 渐渐地，我边跑边能听到它们的叫声了： | 渐渐地，我边跑边能听到它们的叫声了。 |
| **By August**, mother hen will lead forth her third brood, and I had a March pullet that came off with a family of her own in September. | 到了8月，母鸡将要孵化第三窝蛋。我有一只3月孵出的小母鸡在9月份时已经有了自己的小家庭。 | 到了8月份，母鸡会孵出第三窝蛋，我有一只3月份孵出的小母鸡，在9月份已经有了自己的家。 |
| **By far** the greater number are hoppers. | 迄今为止，多数地鸟都是跳跃者。 | 到目前为止，多数地鸟都是跳跃者。 |

**续表**

| 原文 | 译文一 | 译文二 |
|---|---|---|
| **By far** the greater number of our land-birds are either warblers, vireos, flycatchers, thrushes, or finches. | 迄今为止,多数我们的地鸟大都属于莺、绿鹃、翔食雀、鸫或雀类。 | 到目前为止,大部分陆生鸟不是莺、绿鹃、翔食雀、鸫。就是雀科鸣鸟。 |
| **By far** the most abundant species of woodpecker about Washington is the red-headed. | 迄今在华盛顿一带最多的啄木鸟是红头啄木鸟。 | 到目前为止,华盛顿周围数量最多的啄木鸟是红头啄木鸟。 |
| **By** many gentle, indirect approaches, I perceived that part of his tail-feathers were undeveloped. | 通过多次小心翼翼、间接的接触,我注意到他尾部的羽毛未丰。 | 通过多次温和的、间接的接触,我注意到它的尾羽未丰。 |
| **By** midsummer the blackbirds became so bold as to venture within this court. | 到了仲夏时分,拟八哥变得胆大妄为,竟贸然进入这个内院。 | 到了仲夏时节,鹩哥变得非常胆大,敢于冒险来到这个院子里。 |
| **By** slow degrees he compassed the bird about with his elastic mouth; his head flattened, his neck writhed and swelled, and two or three undulatory movements of his glistening body finished the work. | 它不慌不忙地用有弹性的嘴吞下那只鸟。它把头放平,脖子蠕动着,吞咽着,随着它那闪光的身子起伏了两三下,就干完了这活。 | 一点点它把鸟儿塞进它富有弹性的大口,它的头变平,脖子蠕动着、吞咽着,随着它那闪光的身子起伏了两三下,就完成了这个过程。 |
| **By** the 1st of April they are very noticeable in warm, damp places along the borders of the woods and in half-cleared fields, but by May these localities are clouded with them. | 至 4 月初,她们在没有完全开垦的原野及林子的交界处那些温暖湿润的地方令人注目,但是到了 5 月,她们在这些地方已是繁花似锦。 | 4 月初,他们主要生长在温暖潮湿的地方,在树林和尚未完全开垦的土地之间交界的地方比较显眼,但到了 5 月份这些地方已经是繁花似锦了。 |
| **By the lake**, I met that orchard beauty, the cedar waxwing, spending his vacation in the assumed character of a flycatcher, whose part he performed with great accuracy and deliberation. | 在湖畔,我遇见了那个果园中的尤物,雪松太平鸟。正在度假的雪松太平鸟,其特征常使人误认为是翔食雀,因为他把后者的风貌举止模仿得惟妙惟肖。 | 在湖边,我遇到了那个果园美人——雪松太平鸟。正在度假的雪松太平鸟,其特征常使人误以为是翔食雀,因为它对后者的模仿实在是精确从容。 |
| **By the same run** grow watercresses and two kinds of anemones, – the Pennsylvania and the grove anemone. | 在同一条小溪边,长着水田芹与两种银莲花——宾夕法尼亚银莲花及林银莲花。 | 这汪清泉旁还生长着水芹和两种银莲花——宾夕法尼亚银莲花和丛林银莲花。 |
| **By the time** both are here and the pairs have begun to prospect for a place to nest, sugar-making is over, the last vestige of snow has disappeared, and the plow is brightening its mould-board in the new furrow. | 当双方到达,夫妻开始寻求筑巢之地时,产糖期结束,最后的雪迹已经融化,犁铧闪闪发光,翻出一道道新土。 | 夫妻俩都到这里的时候,就开始为筑巢勘探地点,那时,糖枫树的产糖期已经结束,最后的残雪已经消失,犁铧在新翻出的道道新土中闪闪发亮。 |

续表

| 原文 | 译文一 | 译文二 |
| --- | --- | --- |
| **By this time** I had got beyond the nervous point, and had come round to perfect coolness and composure again, but preternaturally vigilant and keen. | 此刻，我已经度过了紧张阶段，恢复了沉着与镇静，而且格外机警与敏锐。 | 这时，我已经度过了紧张阶段，完全恢复了冷静和沉着，但又异常警惕和敏锐。 |
| **By this time** the hepatica, anemone saxifrage, arbutus, houstonia, and bloodroot may be counted on. | 此时，你可以看到地钱、银莲花、虎耳草，杨梅、北美茜草及血根草。 | 这时你能看到地钱儿、银莲花、虎耳草、野草莓、茜草和血根草的花。 |
| **By roosting close together** and quite filling a treetop, there must result some economy of heat. | 栖息在一起，挤满树梢，它们会节省热量。 | |
| **By this greed of the jay** the wingless nuts take flight, oaks are planted amid the pines, and chestnuts amid the hemlocks. | 松鸡的贪婪让没有翅膀的坚果飞翔、橡树在松树间生长、栗子在铁杉之间生长。 | |

# 附录 7:指示照应 that 例文

| 原文 | 译文一 | 译文二 |
|---|---|---|
| **That** bit of bright scarlet on yonder dead hemlock, glowing like a live coal against the dark background, seeming almost too brilliant for the severe northern climate, is his relative, the scarlet tanager. | 那棵枯铁杉树上的一团璀璨的红色，像一块燃烧的炭火，在阴暗的背景上闪烁,似乎在这寒冷的北部气候里过于明艳,那是大嘴雀的亲属,猩红丽唐纳雀。 | 那棵枯萎的铁杉树上有团光亮的红色,在阴暗的背景上,像块燃烧闪烁的炭火，在这北部的严酷气候里似乎过于灿烂了，那是它的亲属——猩红色唐纳雀。 |
| **That** little sparrow, as you will observe, is less skilled. | 正如你会观察到,那只小雀的技能就比较逊色了。 | 那只小雀,如你所见,它没有什么技巧。 |
| **That** richly modulated warble proceeding from the top of yonder birch, and which unpracticed ears would mistake for the voice of the scarlet tanager, comes from that rare visitant, the rose-breasted grosbeak. | 从那棵桦树顶上传来的极为柔和的颤鸣,常被无经验的人误认为是猩红丽唐纳雀的声音,出自那只罕见的候鸟——玫胸大嘴雀。 | 那丰富的调整过的颤音来自于那边白桦树的顶端，如果听力不够熟练，会将它错听成深红色唐纳雀的声音,这种声音来自非常稀有的候鸟——玫胸大嘴雀。 |
| **That** sharp, uninterrupted, but still continued warble, which before one has learned to discriminate closely, he is apt to confound with the red-eyed vireo's, is that of the solitary warbling vireo, - a bird slightly larger, much rarer, and with a louder less cheerful and happy strain. | 那声尖细、连贯,而待续不停的颤鸣,通常被不善于仔细辨别的人误认为是红眼绿鹃的鸣叫,而实际上,那啼鸣来自独居的歌绿鹃——一种稍大的、更罕见的鸟,其鸣啭更洪亮,但不那么欢快。 | 那尖锐、连贯且持续不停的颤鸣，会被不善于仔细辨别的人误认为是红眼绿鹃的鸣叫，而实际上这是歌绿鹃的孤独鸣叫——一种稍大些、更为罕见的鸟，其鸣声更为洪亮,但不那么欢快。 |
| **That** was a wild, stormy, rainy night. | 那天夜里狂风大作，暴雨肆虐。 | 那是一个狂风暴雨的夜晚， |
| **That** forenoon a large mass fell from it, damming its draining stream, which at length broke the dam, and the resulting flood swept forward thousands of small bergs across the mud-flat into the fiord. | 午前一大块冰川从它上面落下阻塞了河道，冲毁了大坝，最终导致洪水席卷着成千上万的小冰山,横扫泥滩流入海湾。 | 那天上午一大块冰川从它上面掉下来,堵塞了河流,最终河水携带着数以千计的小冰山冲破堤坝,漫过泥滩,一起流进了峡湾。 |
| **That** is the fact. | 那是真的。 | |
| **That** is what he or she would do under like conditions. | 那就是他在类似情况中会做的。 | |
| **That**, of course, would be a much nearer approach to the human code, and is too much to expect. | 如果那样,当然就相当接近人类的行为准则了,但不应该期待它们做得到。 | |
| **That** big crack or opening which was not large enough to admit their bodies seemed to have a powerful fascination for them. | 那个不够容纳它们身体的裂缝似乎对它们有强大的吸引力。 | |

续表

| 原文 | 译文一 | 译文二 |
| --- | --- | --- |
| **That** night a fox, presumably the same one, came and ate such parts of the body of the hawk as protruded from beneath the stone. | 那天晚上，一只狐狸，可能是同一只，来吃掉了石头下露出的鹰的部分身体。 | |
| **That** blunt nose of his is as tender as a baby's, and he is snuffed out by a blow that would hardly bewilder for a moment any other forest animal, unless it be the skunk, another sluggish noncombatant of our woodlands. | 它那只迟钝的鼻子像婴儿的一样柔软，猫毫不犹豫就能辨别出它的气味，不会和任何森林动物混淆，除非是臭鼬，另一个迟钝、没有战斗力的林中动物。 | |
| **That** chief literally gave himself a sacrifice for his people. | 这位首领是为人民牺牲的一个典型。 | 为了他的人民，斯迪汀首领完全把自己作为祭品献了出去。 |
| **That**, said my guide, pointing to the house, "is Cave City, and the cave is in that gray hill." | 导游指着房子跟我说："这就是凯夫城洞，山洞就在这座灰色的山里。" | |
| **That** is the kind of animal they is – beats anything else that goes on four legs. | 它们就是这么了不起——胜得过任何四足动物。 | |
| **That** food to last a month or two may thus be procured in less than an hour is a striking illustration of the fruitfulness of these Alaskan waters. | 在不到一小时的时间里就能捕获一两个月所需的食物，这便是阿拉斯加水产丰富的最好证明了。 | 就这样我们用了不到一个小时的时间就获得了能够维持一两个月的食物，显然，阿拉斯加的河流水产丰富。 |
| **That** most freely used is a sort of cotton–bearing plant which grows in old wornout fields. | 最常用的材料是一种结棉花的植物，生长在荒芜的田野里。 | 最常用的是种结棉桃的植物，生长在荒弃的田里。 |
| **That** on the north side is now being carried off or buried. lithe last of the main ice foundation is melting and the moraine material re–formed over and over again, and the fallen tree–trunks, decayed or half decayed or in a fair state of preservation, are also unburied and buried again or carried off to the terminal or lateral moraine. | 北坡的森林也正在经历着被带走与被掩埋的过程。随着最后的主冰川的融化，冰碛物质一遍又一遍地重组，腐烂、半腐烂或是保存完好的滚落下来的树干，不断重复着被掩埋、被暴露或是被带去与终碛、侧碛混合在一起的过程。 | 而在小岛北部的树木化石也正被带走或埋葬。停留在冰雪发源地的最后一部分冰川正在融化，冰碛一次又一次地反复生成；倒下的树干，或者被完全腐蚀，或者被半腐蚀，有的甚至还保存完好。它们有的显露出来，有的被重新埋葬，还有的被冲卷到终碛或侧面的冰碛上。 |
| **That** birds and beasts do communicate with each other, who can doubt? | 鸟类和四足动物确有互相交流，谁能怀疑呢？ | |
| **That** lusty caw–aw, caw–aw that one hears in spring and summer, like the voice of authority or command, what does it mean? | 春天夏天欢快的"噢——噢"声，像权威或命令，是什么意思呢？ | |

**续表**

| 原文 | 译文一 | 译文二 |
|---|---|---|
| **That** animals learn by experience in a limited way is very certain. | 动物有限地通过经验学习是确定的。 | |
| **That** this is true of wild birds, there is no proof. | 野鸟是否也这样,没有证据。 | |
| **That** imitation has much to do with it admits of little doubt. | 有模仿的成分是毫无疑问的。 | |
| **That** tongue of hers is a currycomb, plus warmth and moisture and flexibility. | 狗舔伤口无疑是一种安慰和放松。 | |

注:因指示照应 this 语料过长,不在这里列出。

# 参考文献

[1] [2][3] [74]马永波. 美国四生态作家[J]. 红岩，2009，(S2)：87–110.

[4] 朱新福. 美国生态文学研究[D]. 苏州：苏州大学，2005：10.

[5] 孙会军，郑庆珠. 系统功能理论与翻译理论研究[J]. 外语与外语教学，2000，(10)：53–56.

[6] [7] [8] [10] 李忠华. 韩礼德翻译研究述评[J]. 北京科技大学学报(社会科学版)，2013，(2)：17–23.

[9] HALLIDAY M A K. Towards a theory of good translation [A]. E STEINER & C YALLOP (eds.). Exploring translation and multilingual text production: beyond content [C]. Berlin and New York: Mouton de Gruyter, 2001: 13–18.

[11] [29] 司显柱. 系统功能语言学路向翻译研究述评 [ J ]. 外语研究，2007，(4)：85–89.

[12] 张美芳，钱宏. 翻译研究领域的“功能”概念[J]. 中国翻译，2007，(3)：10–16.

[13] [45] BELL R T. Translation and translating: theory and practice [M]. London: Longman, 1991, Beijing: Foreign Language Teaching and Research Press, 2001: F36, 39.

[14] [25] 孙会军，郑庆珠. 语言学与翻译研究导引[M]. 南京：南京大学出版社，2012：147，148.

[15] HATIM B & I MASON. Discourse and the translator [M]. London and New York: Longman, 1990, Shanghai: Shanghai Foreign Language Education Press, 2001: 36.

[16] [17] [19] [26] [28] 张美芳. 翻译研究的功能途径[M]. 上海：上海外语教育出版社，2005: 37–38, 45, 50, 15, VII–VIII.

[18] BAKER M. In other words: a coursebook on translation [M]. London and New York: Routledge, 1992, Beijing: Foreign Language Teaching and Research Press, 2000: 124.

[20] MUNDAY J. System in translation: a computer-assisted systemic approach to the analysis of the translation of Garcia Marquez [D]. Brodford: University of Bradford, UK, 1997: 3.

[21] 谭载喜. 译学研究中的理论话题:发展动态与当下两对主要矛盾[J]. 外国语，2014,(4):4-6.

[22] 王东风. 中国翻译研究的过去,现在和未来[J]. 外国语,2014,(4):7-8.

[23] 张敬源. 功能语言学与翻译研究[M]. 北京:外语教育与研究出版社,2010:2.

[24] 胡壮麟,朱永生,张德禄. 系统功能语法概论[M]. 长沙:湖南教育出版社，1989:188-189.

[27] 黄国文. 论翻译研究中的概念功能对等 [A]. 中国英汉语比较研究会第八次全国学术研讨会论文摘要汇编[C]. 2008:84.

[30] 司显柱,陶阳. 中国系统功能语言学视角翻译研究十年探索:回顾与展望[J]. 中国外语,2014,(3):99-105.

[31] CRYSTAL D. A dictionary of linguistics and phonetics [Z]. 3rd ed. Oxford: Blackwell, 1991: 86.

[32] 胡开宝， 毛鹏飞. 国外语料库翻译学研究述评 [J]. 当代语言学,2012,(4): 380-395.

[33] [48] 廖七一. 语料库与翻译研究[J]. 外语教学与研究,2000,(5):380-384.

[34] [64] 罗选民,董娜,黎土旺. 语料库与翻译研究——兼评 Maeve Olohan 的《翻译研究语料库入门》[J]. 外语与外语教学,2005,(12):52-56.

[35] 胡显耀. 基于语料库的汉语翻译小说词语特征研究[J]. 外语教学与研究，2007,(3):214-220.

[36] 柯飞. 翻译中的隐和显[J]. 外语教学与研究,2005,(4):303-307.

[37] [40] BAKER M. Corpus linguistics and translation studies: implications and applications [A]. M BAKER, G FRANCIS & E TOGNINI-BONELLI (eds.). Text and technology: in honour of John Sinclair [C]. Amsterdam and Philadelphia: John Benjamins, 1993: 233-250.

[38] [39] 胡开宝. 语料库翻译学研究导引 [C]. 南京： 南京大学出版社,2012: 127,174.

[41] LAVIOSA S. The corpus-based approach: a new paradigm in translation studies [J]. Meta, 1998, (4): 474-479.

[42] [43] LAVIOSA S. Corpus-based translation studies: theory, findings and applications [M]. Amsterdam: Rodopi, 2002: 5, 2.

[44] LAVIOSA S. Corpus linguistics in translation studies [A]. C MILLAN & F BARTRINA. The Routledge handbook of translation studies [C]. London and New York: Routledge Taylor & Francis Group, 2013: 228-240.

[46] [47] [58] [68] OLOHAN M. Introducing corpora in translation studies [M]. London and New York: Routledge Taylor & Francis Group, 2004: 25, 91, 167, 122-143.

[49] 黄立波,王克非. 语料库翻译学:课题与进展[J]. 外语教学与研究,2011,(6):911-922.

[50] [105] 黄立波. 基于汉英/英汉平行语料库的翻译共性研究[M]. 上海:复旦大学出版社,2007:49-50,51.

[51] 王家义. 译文分析的语料库途径[J]. 外语学刊,2011,(1):128-131.

[52] [53] [54] [55] 宋庆伟, 匡华, 吴建平. 国内语料库翻译学 20 年述评(1993-2012)[J]. 上海翻译,2013,(2):25-29.

[56] 李晓红, 卫乃兴. 双语视角下词语内涵与语义韵研究 [J]. 现代外语,2012,(1):30-38.

[57] 胡显耀,曾佳. 基于语料库的翻译共性研究新趋势[J]. 解放军外国语学院学报,2011,(1):56-62.

[59] BAKER M. The role of corpora in investigating the linguistic behaviour of professional translators [J]. International Journal of Corpus Linguistics, 1999, (2): 281-298.

[60] [61] [62] [63] [67] 陈伟. 文学平行语料库及其描述性翻译研究[J]. 贵州工业大学学报(社会科学版),2007,(3):90-92.

[65] [66] KENNY D. Lexis and creativity in translation: a corpus-based study [M]. Manchester: St. Jerome, 2001: 211, 59.

[69] BOSSEAUX C. Point of view in translation: a corpus-based study of French translations of Virginia Woolf's *To The Lighthouse* [J]. Across Languages and Cultures, 2004, (1): 107-122.

[70] BOSSEAUX C. Who's afraid of Virginia Woolf? A corpus-based study of the French translations of *The Waves* [J]. Meta, 2006, (3): 599-610.

[71] MALMKJAER K. Translational stylistics: Dulcken's translations of Hans Chris-

tian Andersen [J]. Language and Literature, 2004, (1): 13–24.

[72] HOEY M. Lexical priming and translation [A]. A KRUGER, K WALLMARCH & J MUNDAY (eds.). Corpus–based translation studies: research and applications [C]. London: Continuum International Publishing House, 2011: 153–168.

[73] 王雁.《傲慢与偏见》的语料库检索分析[J]. 江苏教育学院学报(社会科学版),2007,(2):100–102.

[75] [77] [78] 程虹. 自然与心灵的交融——论美国自然文学的起源,发展与现状[D]. 北京:中国社会科学院研究生院,2000:3,2,2.

[76] 金涛. 关注生态的美国自然文学[N]. 中国科学报,2012–11–23 (6).

[79] 夏光武. 美国生态文学[M]. 上海:学林出版社,2009:V.

[80] 姜桂华. 生态文学大有可为[N]. 人民日报,2004–06–29 (16).

[81] 王颖. 约翰·巴勒斯[J]. 世界文化,2008,(4):14–15.

[82] 肖维青. 自建语料库与翻译批评[J]. 外语研究,2005,(4):60–65.

[83] BAKER M. Towards a methodology for investigating the style of a literary translator [J]. Target, 2000, (2): 241–266.

[84] 杨秀珍,续娜,刘美瑜. 基于语料库的《暮光之城》系列小说词汇特点初探[J]. 长春理工大学学报(社会科学版),2010,(2):71–73.

[85] 杨惠中. 语料库语言学导论[M]. 上海:上海外语教育出版社,2002:168.

[86] 王克非,胡显耀. 基于语料库的翻译汉语词汇特征研究[J]. 中国翻译,2008,(6):16–21.

[87] 肖普勤,黄凤枝. 基于语料库的文学作品分析方法初探[J]. 美中外语,2005,(8):41–43.

[88] 冯庆华. 母语文化下的译者风格——《红楼梦》霍克斯与闵福德译本研究[M]. 上海:上海外语教育出版社,2008:246.

[89] 李晓培,高东军.《冷山》的语料库检索分析[J]. 四川教育学院学报,2010,(5):83–85.

[90] 何安平.《用语料库研究语言》导读[A]. J A THOMAS & M H SHORT. Using corpora for language research [C]. 北京:外语教学与研究出版社,2001:28.

[91] [96] 贝尔. 翻译与翻译过程:理论与实践[M]. 秦洪武,译. 北京:外语教学与研究出版社,2005:158,168.

[92] [93] [97] [98] 胡壮麟,朱永生,张德禄,等. 系统功能语言学概论(修订版)[M].

2 版. 北京:北京大学出版社,2008:74,75,89,103-104.

[94] [95] [99] [106] [127] [139] HALLIDAY M A K. An introduction to functional grammar [M]. 2nd. ed. London: Edward Arnold, 1994, Beijing: Foreign Language Teaching and Research Press, 2000: 108, 143, 69, 151, 10, 37.

[100] 朱永生. 主位推进模式与语篇分析[J]. 外语教学与研究,1995,(03):6-12.

[101] [103] [140] 胡壮麟,朱永生,张德禄,等. 系统功能语言学概论(修订版)[M]. 北京:北京大学出版社,2005:172,182,162.

[102] [145] 胡壮麟. 语篇的衔接与连贯[M]. 上海:上海外语教育出版社,1994:112,54.

[104] [123] 李发根. 及物性过程理论与英汉语义功能等效翻译[J]. 西安外国语学院学报, 2004a,(2):26-30.

[107] 赵艳芳. 认知语言学概论[M]. 上海:上海外语教育出版社,2001:48.

[108] 李杰. 存在过程的时空隐喻性——There-be 句型的主位问题再探讨 [J]. 外语学刊,2005,(3):65-73.

[109] 许闽安. 翻译中语篇的主位结构与信息结构[J]. 南京工程学院学报(社会科学版),2006,(2):14-18.

[110] [114] [116] [119] 梅忠波,何树林,颜小英. 语篇衔接手段与英汉翻译中的语篇构建[J]. 东华理工大学学报(社会科学版),2009,(4):326-330.

[111] 曲英梅. 基于语料库的英汉动名化对比研究[D]. 东北师范大学,2009:110.

[112] 左岩. 汉英部分语篇衔接手段的差异 [J]. 外语教学与研究,1995,(3):124-127.

[113] 赵春华. 语法衔接在英汉互译中的差异与处理 [J]. 外语与外语教学,2007,(7):47-50.

[115] 梅忠波. 语篇翻译与文化语境规约 [J]. 东华理工学院学报 (社会科学版),2007,(4):62-68.

[117] KAPLAN R B. Cultural thought in intercultural education [J]. Language Learning, 1966, (16): 58-63.

[118] 张明林. 语篇分析与汉英翻译[J]. 外语与外语教学,1999,(12):43-49.

[120] 黄国文. 翻译研究中的“元功能对等”[J]. 中国外语,2014,(2):97-102.

[121] 任绍增. 从语篇角度考察英语句法结构[J]. 外国语,2001,(6):4-12.

[122] 李发根. 小句经验功能与翻译[J]. 外语与外语教学,2004b,(7):46-50.

[124] 黄国文. 翻译研究的语言学探索[M]. 上海:上海外语教育出版社,2006:21.

[125] 蒲璞,胡显耀. 从文本特征定量分析看《桃花源记》英译本的词语操作常规[J]. 重庆交通大学学报(社会科学版),2012,(2):122–126.

[126] 程晓堂, 梁淑雯. 及物性理论对英汉翻译中转译的启示 [J]. 外语与外语教学,2008,(12):42–45.

[128] 邓微. 英语存在句及其翻译[J]. 时代文学,2008,(3):187–188.

[129] NIDA E A & C R TABER. The theory and practice of translation [M]. Leiden: E. J Brill, 1974: 12.

[130] [131] 王勃然. 论介词空间隐喻的认知理据及其现实意义——以 at–on–in 为例[J]. 东北大学学报(社会科学版),2007,(4):359–362.

[132] 郑丹,杨玉晨. 论词汇与语法的一体性——语料库语言研究给予的启示[J]. 外语学刊,2010,(5):65–68.

[133] LEE D Y W. Corpora and discourse analysis: new ways of doing old things [A]. K BHATIA, J FLOWERDEW & R H JONES (eds.). Advances in discourse studies [C]. London and New York: Routledge Taylor & Francis Group, 2008: 86–99.

[134] [136] [137] 滕延江,李平. 基于语料库的语篇分析范式研究[J]. 外语学刊,2012,(1):94–98.

[135] 吴军. 语料库与英语语法教学[J]. 外语学刊,2010,(1):104–107.

[138] NEUBERT A & G M SHREVE. Translation as text [M]. Kent: The Kent State U–niversity Press, 1992: 43.

[141] 刁海宇,李慧燕. 从英汉小句的主述位结构看英汉小句翻译[J]. 湖北函授大学学报,2009,(4):147–138.

[142] 黄振定. 英汉文学语篇对比与翻译[J]. 外语与外语教学,2003,(8):39–41.

[143] [149] HALLIDAY M A K & R HASAN. Cohesion in English [M]. London: Long–man, 1976, Beijing: Foreign Language Teaching and Research Press, 2003: 53, 57.

[144] 孙庆文. 英汉照应性对比研究 [J]. 赤峰学院学报(汉文哲学社会科学版),2005,(5):60–62.

[146] 李运兴. 语篇翻译引论[M]. 北京:中国对外翻译出版公司,2001:142.

[147] 刘礼进. 英汉人称代词回指和预指比较研究[J]. 外国语,1997,(6):40–44.

[148] 许保芳,赵红岩. 汉英人称照应对比分析——从《祝福》汉英版本看汉英两

种语言的人称照应差异[J]. 中国海洋大学学报(社会科学版),2005,(5):77-80.

[150] 陈定安. 隐含比较与翻译[M]. 北京:中国对外翻译出版公司,1997:52.

[151] LEECH G N, M DEUCHAR & R HOOGENRAAD. English grammar for today: a new introduction [Z]. London: Macmillan, 1982, 2nd. ed. London: Macmillan, 2005: 126.

[152] 郭著章,李庆生. 英汉互译实用教程[M]. 武汉:武汉大学出版社,1997:178.

[153] 艾琳. 主位的标记性及其对翻译的启示 [J]. 江南大学学报(人文社会科学版),2008,(2):112-116.